面向“十二五”高等教育课程改革项目研究成果

U0827046

纳税实务

主　编　赵文红
参　编　陈养锋　林　琳
　　　　张春瑜　黄　敏

北京理工大学出版社
BEIJING INSTITUTE OF TECHNOLOGY PRESS

内容简介

本教材以会计岗位的涉税工作为着眼点，讲授我国现行税种的基本内容。在阐述每个税种的概念、征税对象及税目、纳税人、税率设置等主要税法要素的基础上，重点讲授每种税在不同的情境下如何判定应税范围、适用税率、确定计税依据和计算应纳税额，如何填报纳税申报表。

图书在版编目（CIP）数据

纳税实务／赵文红主编．—北京：北京理工大学出版社，2011.7
ISBN 978－7－5640－4579－1

Ⅰ．①纳…　Ⅱ．①赵…　Ⅲ．①纳税－中国－教材　Ⅳ．①F812.42

中国版本图书馆 CIP 数据核字（2011）第 093352 号

出版发行／北京理工大学出版社
社　　址／北京市海淀区中关村南大街 5 号
邮　　编／100081
电　　话／（010）68914775（办公室）　68944990（批销中心）　68911084（读者服务部）
网　　址／http：//www.bitpress.com.cn
经　　销／全国各地新华书店
印　　刷／北京市通州富达印刷厂
开　　本／710 毫米×1000 毫米　1/16
印　　张／17.5
字　　数／327 千字
版　　次／2011 年 7 月第 1 版　　2011 年 7 月第 1 次印刷
印　　数／1～1500 册　　责任校对／陈玉梅
总 定 价／42.00 元（共 2 册）　　责任印制／吴皓云

前　言

随着教育改革的推进，满足培养财经类专业学生职业能力的需要，建立和完善教育教材教参体系，逐渐成为一个重要课题。如何能将岗位工作与课堂教学紧密结合，不同的专业、不同的岗位有着各自的方式和途径。在这样的大环境下，我们集多年教学经验和体会，结合国家相应的资格考试要求，在当地税务机关和企业相关人员的协助下，对涉税业务岗位职责经过归纳、提炼、设计，编写了本教材。

本教材以会计岗位的涉税工作为着眼点，在介绍基本税收理论的基础上，系统讲述了我国现行主要税种的基本法规政策，每种税在不同的情境下如何判定应税范围、适用税率、确定计税依据和计算应纳税额，如何填报纳税申报表。本教材具有以下四个特点。

第一，学习角色明确。本教材以纳税人的角度、以如何办理涉税事宜为目的讲述税制内容。

第二，符合初级岗位能力要求。学校毕业的学生一般是从本岗位的基础工作做起，所以要求的专业技能水平达到初级职业资格即可。本教材参考会计初级资格考试的范围和要求，对其有所要求的内容，力求全面覆盖；对不涉及的知识点和能力要求，也做基本讲述，以保证税制体系的完整。另外，考虑到初级会计资格考试需要，将《税收征收管理法》按照考试要求整理为《税收征收管理法概述》，作为补充资料附后，便于考生学习。

第三，编写模式和内容新颖。本书按照税种设置项目，按照纳税人办理纳税申报的工作过程设置任务，将实际工作过程与如何贯彻执行税收法规相结合。编写所依据的是最新的税收法规，保证了教材内容的新颖。教材中穿插有提示、归纳、拓展、思考等小窗口，有助于学生对政策的理解和操作技能的掌握。

第四，注重业务操作。将理论讲解与技能训练集于一体，以业务需要带出税收政策，依此贯穿整个技能环节。学生完成了课堂实践，也就掌握了税制基本内容，会处理相关涉税业务。为配合基础知识的巩固和技能的强化，教材后附有《纳税实务实训教程》，也便于复习和学习效果检查。

本教材共分 10 个项目，由赵文红担任主编，负责编写大纲和统稿工作。教材编写具体分工为：项目 1、项目 4、附录由赵文红执笔，项目 2 由陈养锋执笔，项目 3、项目 10 由林琳执笔，项目 5、项目 6 由张春瑜执笔，项目 7、项目 8、项目 9 由黄敏执笔。

《纳税实务实训教程》编写具体分工同教材编写具体分工。

本教材适用于财务会计、会计与审计、财务管理等专业，也可作为会计初级资格考试的参考资料和实际工作人员的入门读物。

本教材在编写过程中，得到了有关业界专家、北京理工大学出版社的大力支持，在此深表感谢。

由于水平和经验有限，教材中难免有错误和不足之处，望专家学者和各位读者批评指正。

编　者

目　录

项目 1

认 识 税 收

实际岗位

涉及税收业务的各种岗位。

工作任务

认识税收的基本概念。

教学目的

通过“项目 1”的学习和实训，达到：

* 了解税收的概念、特点及税收理论基本常识。
* 掌握税法构成要素，理解各要素的含义。

任务一　了解税收的基本概念

基本内容学习

税收是一个人们十分熟悉的古老的经济范畴。从它产生到今天，经历了不同的社会形态，有着几千年的历史。

所谓税收，是指国家为了满足社会公共需要，凭借其政治权力，按照法律预先规定的标准，强制、无偿地参与社会产品的分配，取得财政收入的一种形式。

基本内容应用

税收是国家取得财政收的一种形式。

要求：依据税收定义，分析理解税收这种收入形式的主体、分配的对象、目的、特征、实现的依据。

处理：

税收分配的主体是国家；国家征税的目的是为了满足社会公共需要；税收具有无偿性、强制性和固定性的特征；税收分配的对象是社会产品或其价值；税收实现的依据是政治权力。

小李与经过培训的小赵，就税收基本理论进行探讨：

情境一　了解税收目的

小赵说："通过学习我才明白，税收的目的原来是为了满足国家的公共需要。"小李问："你能说得明确些吗？"

【业务处理】

小赵回答说：

公共需要是指满足社会公共利益的需要，比如维护社会公共秩序、补救市场失灵、防洪抗旱、环境保护、国家安全等。公共需要具有整体性，无差异性，不同于私人需要。提供公共需要，必须以巨额的资金支出为基础，而且无直接利益获取，所以只能由国家而不是市场来满足人们的需要。

思　考

能举例说明哪些是私人需要吗？

情境二　明确征税主体

小李问："如何理解'征税以国家为主体'？"

【业务处理】

小赵回答说：

"以国家为主体"是指在税收分配中，国家居主导地位。对经营活动及收益征何种税、征多少税、如何征税、通过征税应达到的目的，等等，都是由国家确定的，体现着国家的意志，纳税人只能服从。

情境三　理解税收的"三性"

小赵问："你知道什么是税收的'三性'吗？"小李回答："不就是无偿性、

强制性和固定性嘛。”小赵又问：“为什么不能是有偿性、自愿性、变动性呢?”小李说：“请你解释一下吧。”

【业务处理】

小赵回答说：

1. 无偿性

税收的无偿性是指国家征税后，纳税人缴纳的实物或货币转为国家所有，国家不需要直接给纳税人任何代价、承诺或报酬，也不再将税款直接返还给纳税人；纳税人也不能在法律规定的权利之外提出任何利益要求和回报。

因为税收目的的特点，决定了税收的无偿性。无偿性是税收“三性”的核心，居中心地位。

2. 强制性

税收的强制性是指国家的征税活动是以国家的法律为依据实施的，任何单位和个人都必须依法履行纳税义务。对拒不纳税或逃避纳税者，国家依法强制征收或进行法律制裁。

因为税收是无偿的，会减少纳税人的经济利益，所以纳税人有可能不及时足额缴纳税款以维护其利益，在实际中也时有发生。如果对不正确履行纳税义务的行为无有力措施应对，就不能保证纳税人之间的公平性和国家的税收收入。所以，无论纳税人的纳税自觉性如何，国家征税必须是强制的。而强制的表现就是税收是以法的形式规定征收的，若不及时足额纳税，将受到法律制裁。

思　考

税收强制性是否只适用于纳税人？对征收机关和征管人员是否也适用?

3. 固定性

税收的固定性是指国家在征税前就以法律的形式规定了每个税种的征收范围、征收标准、征收期限，这个范围是相对固定的。税法一旦公布实施，在一定时期内、在一定条件下不得变动，征纳双方都必须严格遵守。

税收只有相对固定，才能使税收有可预测性，给纳税人的经营活动在宏观政策上起到引导作用，也才能使国家税收收入有一定的稳定性。

理论常识

税收“三性”的关系

税收的“三性”是税收本质的外在表现，是相互联系的统一体，只有同时具备了“三性”的以国家为主体的分配形式，才称其为“税收”。这是税收分配形式区别于其他任何分配形式的标志，它不受社会制度的影响。

情境四　理解国家征税凭借的是政治权力

小李说："权利归纳起来有两种，政治权力和财产权利。国家征税凭借的是哪一个？"小赵回答："政治权力。"小李问："为什么不是财产权利？"

【业务处理】

小赵回答说：

作为国家，对其所统治的区域内的所有社会成员均可行使政治权力，但不一定可以行使财产权利，因为国家不是对每个社会成员的财产都拥有财产权利。以政权为依据来获取税收收入，对纳税人而言，是一视同仁的；对国家而言，不涉及经济利益的交换，也是最强有力的依据。

任务二　理解税法基本要素

基本内容学习

税法要素是指构成税收法律制度的共同因素。

每一种税都有其相应的税收法律制度，尽管各个时期的各个税种有着不同的内容和特点，但构成税制的基本要素是相同的，即任何一部税法都是按照统一的因素来规定本税种对什么征、向谁征、征多少、如何征，也就是税法要素一般包括纳税人、征税对象、税率、纳税环节、纳税期限、减免税、违章处理（法律责任）等。

其中，纳税人、征税对象、税率是税法的基本要素；征税对象是最基本的要素；税率是最重要的要素，或称核心要素。

基本内容应用

A公司，生产销售服装。

要求： 就增值税而言，指出相应的税法要素。

处理：

在了解了增值税税制内容后，即可知道：纳税人是A公司；征税对象是销售服装所取得的增值额；税率是比例税率；纳税环节为取得销售收入环节；纳税期限据纳税人具体情况而定，一般为一个月；若A公司或其经营行为有符合国家减免税政策的情形，可申请享受税收优惠；若纳税人未及时足额缴纳税款，则视其情节承担相应的法律责任。

在掌握了税法基本要素的基础上，进一步学习税法要素的具体政策：

情境一　确定纳税人

A公司，以生产化妆品、护肤品为主，还兼营一美容院，收入分别核算。A公司的主要客户有B公司、C商店、D个体户。A公司每月发工资时还要履行对工资收入超过应税标准的E员工、F员工扣缴个人所得税的义务。

要求：就消费税和个人所得税而言，确定化妆品的生产销售业务、扣缴个人所得税的纳税人。

【政策提示】

纳税人是“纳税义务人”的简称，亦即纳税主体。是税法规定的直接负有纳税义务的单位和个人（法人或自然人）。

负有扣缴税收义务的单位和个人称为扣缴义务人。履行扣缴税款义务是税法规定的，目的是为了实行源泉控制，保证国家财政收入。一般在收入零星、纳税分散、隐蔽的情况下，采取扣缴的办法。

【业务处理】

化妆品的生产销售应缴纳消费税。按照消费税相关规定，生产销售化妆品的单位或个人为纳税人。所以，纳税人为A公司。在履行扣缴工资个人所得税时，A公司是扣缴义务人，E员工、F员工是负税人。

思　考

知道扣缴义务人、负税人、代征人、代扣代缴、代收代缴是怎么回事吗？

情境二　征税对象、征税范围、税目、计税依据的关系

如上“情境一”中的A公司，生产的产品有：香水、口红、指甲油、眉笔、洗面奶、爽肤水、面膜等。

要求：针对具体业务，以消费税为例，说明征税对象、征税范围、税目、计税依据。

【政策提示】

征税对象是一个税种征税的标的物，是征税的客体。消费税的征税对象是应税消费品。

税目是征税对象的具体项目，是征税对象的具体化。税目体现了征税的广度，反映了各税种具体的征税范围。消费税将应税消费品分为14个税目，其中就有“化妆品”。

征税范围是指税法规定的征税对象的具体内容，凡列入征税范围的都要征税。消费税规定：化妆品征收范围包括各类美容、修饰类化妆品，高档护肤类化妆品和成套化妆品。其中美容、修饰类化妆品是指香水、香水精、香粉、口红、指甲油、胭脂、眉笔、唇笔、蓝眼油、眼睫毛等。

计税依据是指计算应纳税额所依据的标准。有从价和从量两种形态。化妆品计征消费税的计税依据是价值形态，即以不含增值税的销售额为计税依据。

【业务处理】

根据政策规定，A公司生产的具体产品中，香水、口红、指甲油、眉笔属消费税征收范围，归属于“化妆品”这个税目，在计算消费税时，以不含增值税的销售额为计税依据；洗面奶、爽肤水、面膜等产品是护肤品，不属于消费税征税范围，不征消费税。

归　纳

征税对象、征税范围、税目、计税依据的关系：

征税对象
- 质（具体项目、范围、具体内容）：税目（广度）
- 量（数量）：计税依据
  - 价值形态
  - 实物形态

情境三　认识税率形式及用法

如“情境一”中的A公司，从事产品生产和经营美容院，生产经营场所设在市区。根据相关税法可知，A公司应纳消费税、城镇土地使用税，还要代扣个人所得税。经查阅，看到如此税率，见表1－1～表1－3。

表1－1　消费税税目税率表（节选）

税目	计税单位	税率/%
…		
三、化妆品		30
…		

表1－2　城镇土地使用税税率表

地区	每平方米年税额/元
大城市	1.5～30
中等城市	1.2～24
小城市	0.9～18
县城、建制镇、工矿区	0.6～12

表1-3 个人所得税税率表（工资薪金适用）

级数	全月应纳税所得额	税率/%	速算扣除数/元
1	不超过500元	5	0
2	超过500~2 000元	10	25
3	超过2 000~5 000元	15	125
4	超过5 000~20 000元	20	375
5	超过20 000~40 000元	25	1 375
6	超过40 000~60 000元	30	3 375
7	超过60 000~80 000元	35	6 375
8	超过80 000~100 000元	40	10 375
9	超过100 000元	45	15 375

要求：指出税率形式及使用方法。

【政策提示】

税率是指税额与征税对象数量之间的比例。它是计算应纳税额的尺度，体现征税的深度，是税收制度的中心环节、核心要素。

税率的形式有3种。

1. 比例税率

比例税率是不随着征税对象数量的变化而变化的一个百分比形式的税率。设置比例税率的税种的计税公式为：

税额=计税依据×税率

2. 定额税率

定额税率是不随着征税对象数量的变化而变化的一个对征税对象的实物量单位规定税额的税率。设置定额税率的税种的计税公式为：

税额=计税依据×税率

3. 累进税率

累进税率是随着征税对象数量的逐级增大而逐级提高的一组百分比形式的税率。在我国现行税制中只存在超额累进税率和超率累进税率。设置累进税率的税种的计税公式为：

税额=计税依据全额×适用税率-速算扣除数

【业务处理】

根据政策规定，化妆品适用的消费税税率形式为比例税率，计算税款时，用不含增值税的销售额乘以适用税率；城镇土地使用税适用的税率形式为定额税率，计算税款时，用实际占地面积乘以适用税率；个人所得税的工资薪金所得适用的税率形式为九级超额累进税率，计算税款时，以计税依据乘以适用税率，再减去速算扣除数。

思　考

什么是速算扣除数？超率累进税率在计算税款时如何使用？

情境四　确定纳税环节、纳税期限、纳税地点

如上“情境一”所述A公司，就其业务应缴纳消费税（其他税种略）。

要求：A公司在缴纳消费税时，在哪个经营环节缴纳？多长时间缴纳一次？在什么地点缴纳？

【政策提示】

问题涉及纳税环节、纳税期限、纳税地点的确定。

纳税环节是指在商品流转过程中某种税应该缴纳税款的环节。流转税类一般在产品销售环节或劳务提供环节征收。

纳税期限指纳税人发生纳税义务后，依法纳税的时间界限。各种税收都需要明确规定缴纳税款的期限。这是税收固定性决定的，也是税收收入及时性的体现。纳税期限分为计算期、入库期。计算期分为：按期（年、季、月、天）、按次。

纳税地点是纳税人依法向征税机关申报纳税的具体地点。一般规定为：纳税人机构所在地、经营活动发生地、财产所在地、保管地等。

这3项要素由主管税务机关根据纳税人和应缴纳的税种实际情况确定。

【业务处理】

根据政策规定，对一般情况下纳税人缴纳消费税的，主管税务机关会核定：纳税环节为A公司销售化妆品的环节；纳税期限为1个月，每月税款于次月15日前缴纳；纳税地点为A公司机构所在地的国家税务局系统的主管税务机关。

税法要素还有税收优惠和违章处理两个要素，在此不多述。

思　考

什么是税收优惠？有几种形式？什么是违章处理？有几种处罚措施？

项目2

增值税的计算与申报

实际岗位

成本费用核算人员、收入核算人员、办税员、办理进出口业务的人员。

工作任务

依照现行增值税暂行条例及实施细则的规定，确定增值税征税范围和适用税率、核定当期增值税应税业务销售额及进项税额、计算当期应纳增值税额；编制会计凭证，并登录相关账簿；按期填制《增值税纳税申报表》及其附表，并进行纳税申报。

对具体业务编制会计凭证，登录相关账簿的任务由会计课程完成，本课程对该部分岗位任务不作具体学习和训练（后同）。

教学目的

通过“项目2”的教学和实训，达到：

* 能确定增值税征税范围及适用税率。
* 能够确定应税业务的销售额、销项税额及进项税额。
* 能够计算一般情形下应纳的增值税额。
* 了解增值税基本征收管理。

任务一　了解增值税基本税制内容

基本内容学习

增值税是对在中国境内销售货物、提供加工、修理修配劳务以及进口货物的单位和个人，就其取得的法定增值额征收的一种税。“在境内”指：销售货物的起运地或者所在地在境内；提供的应税劳务发生在境内。“法定增值额”是指增值额是根据税法的规定计算出来的。由于增值税征收制度对外购货物和外购固定资产的进项税额抵扣的规定不同，所确定的增值额的内涵也有所区别，由此将增值税划分为生产型、收入型、消费型3种类型。我国目前实行的是消费型增值税。

知识拓展

增值税的类型

(1) 生产型增值税：是指不允许纳税人从本期销项税额中抵扣购入固定资产的进项税额。就整个社会来说，由于增值税允许抵扣的范围，只限于原材料等劳动对象的进项税额，这样，增值税的计税基数就等于工资、薪金、租金、利息、利润和折旧的数额之和，所以实际征税对象相当于国民生产总值。

(2) 收入型增值税：是指允许纳税人从本期销项税额中抵扣购入原材料的进项税额及购置用于生产经营的固定资产的当期折旧价值额的进项税额。这样，增值税的计税基数就等于工资、薪金、租金、利息、利润的数额之和。就整个社会来说，实际征税对象相当于社会产品扣除补偿消耗的生产资料以后的余额，即国民收入。

(3) 消费型增值税：是指允许纳税人从本期销项税额中抵扣购入原材料的进项税额及购置用于生产经营的固定资产的全部进项税额。纳税人购入的固定资产，虽然在以前的经营环节已经缴纳过增值税，但购入时全部扣除，实际上这部分商品是不征税的，就整个社会来说，对生产资料不征税，而只对消费资料征税，即增值税的税基只包括消费品。

思 考

三种类型的增值税对纳税人和国家的影响有何不同？

一、征税范围

增值税的征税范围包括销售货物、提供加工、修理修配劳务以及进口货物。

“销售货物”是指有偿转让货物的所有权。货物是指有形动产，包括水、电力、热力、气体在内。有偿是指从购买方取得货币、货物或者其他经济利益。

“提供加工、修理修配劳务（以下称应税劳务）”指有偿提供加工、修理修配劳务。加工劳务是指受托加工货物，即委托方提供原料及主要材料，受托方按照委托方的要求，制造货物并收取加工费的业务。修理修配劳务是指受托对损伤和丧失功能的货物进行修复，使其恢复原状和功能的业务。不包括单位或者个体工商户聘用的员工为本单位或者雇主提供加工、修理修配劳务。

“进口货物”是指报关进口有形动产。

思　考

是“加工”还是“销售”?

业务一：甲烟厂提供烟草委托乙烟厂加工成烟丝，支付加工费。

业务二：甲烟厂委托乙烟厂加工烟丝，使用乙烟厂自购的烟草。

业务三：甲烟厂委托乙烟厂加工烟丝，由乙烟厂购进烟草，并且购货发票开给委托方甲烟厂。

上述三项业务是“销售货物”，还是“提供加工劳务”?

知识拓展

属于应征增值税的特殊项目

（1）货物期货（包括商品期货和贵金属期货）；

（2）银行销售金银的业务；

（3）典当业的死当物品销售业务；

（4）寄售业代委托人销售物品的业务；

（5）集邮商品（如邮票、首日封、邮折等）的生产、调拨，以及邮政部门以外的其他单位和个人销售集邮商品的业务。

二、纳税人

在中国境内销售货物或者提供加工、修理修配劳务以及进口货物的单位和个人，为增值税的纳税人。单位租赁或者承包给其他单位或者个人经营的，以承租人或者承包人为纳税人。

为配合增值税专用发票的管理，面对增值税纳税人数量多、核算水平差距大的现状，有必要对其进行分类管理。现行制度以纳税人年应征增值税销售额和会计核算水平两项标准将增值税纳税人划分为小规模纳税人和一般纳税人。

（一）小规模纳税人

从事货物生产或者提供应税劳务，及以从事货物生产或者提供应税劳务为主，兼营货物批发或者零售的纳税人，年应征增值税销售额在50万元以下（含）的；其他纳税人，年应税销售额在80万元以下的。

年应税销售额超过小规模纳税人标准的其他个人按小规模纳税人纳税；非企业性单位、不经常发生应税行为的企业可选择按小规模纳税人纳税。

（二）一般纳税人

小规模纳税人以外的纳税人为一般纳税人，应当向主管税务机关申请一般纳税人资格认定。原则上，一经认定为一般纳税人后，不得转为小规模纳税人。

小规模纳税人会计核算健全，能够提供准确税务资料的，可以向主管税务机关申请一般纳税人资格认定。

知识拓展

增值税纳税人分类的标准

“年应征增值税销售额”是指纳税人在连续不超过12个月的经营期内累计应征增值税销售额，包括免税销售额。

“以从事货物生产或者提供应税劳务为主”是指纳税人的年货物生产或者提供应税劳务的销售额占年应税销售额的比重在50%以上。

“会计核算健全”是指能够按照国家统一的会计制度规定设置账簿，根据合法、有效凭证进行会计核算。

（三）扣缴义务人

中国境外的单位或者个人在境内提供应税业务，在境内未设有经营机构的，以其境内代理人为扣缴义务人；在境内没有代理人的，以购买方为扣缴义务人。

三、税率

（1）纳税人销售或者进口一般的货物、提供加工、修理修配劳务，税率为17%。

（2）纳税人销售或者进口下列货物，税率为13%：

粮食、食用植物油；自来水、暖气、冷气、热水、煤气、石油液化气、天然气、沼气、居民用煤炭制品；图书、报纸、杂志、音像制品、电子出版物；饲料、化肥、农药、农机、农膜、农产品；二甲醚；国务院规定的其他货物。

（3）纳税人出口货物，税率为零。但是，国务院另有规定的除外。

纳税人兼营不同税率的货物或者应税劳务，应当分别核算不同税率货物或者应税劳务的销售额；未分别核算销售额的，从高适用税率。

对小规模纳税人实行简易征收管理，其销售货物、提供应税劳务适用征收率3%。

四、优惠政策

（一）免征增值税项目

农业生产者销售的自产农产品；避孕药品和用具；古旧图书；直接用于科学

研究、科学试验和教学的进口仪器、设备；外国政府、国际组织无偿援助的进口物资和设备；由残疾人的组织直接进口供残疾人专用的物品；销售自己使用过的物品。

除此之外，增值税的免税、减税项目由国务院规定。任何地区、部门均不得规定免税、减税项目。纳税人兼营免税、减税项目的，应当分别核算免税、减税项目的销售额；未分别核算销售额的，不得免税、减税。

知识拓展

部分低税率产品的范围

（1）农产品：指种植业、养殖业、林业、牧业、水产业生产的各种植物、动物的初级产品。

（2）音像制品：指正式出版的录有内容的录音带、录像带、唱片、激光唱盘和激光视盘。

（3）电子出版物：指以数字代码方式，使用计算机应用程序，将图文声像等内容信息编辑加工后存储在具有确定的物理形态的磁、光、电等介质上，通过内嵌在计算机、手机、电子阅读设备、电子显示设备、数字音/视频播放设备、电子游戏机、导航仪以及其他具有类似功能的设备上读取使用，具有交互功能，用以表达思想、普及知识和积累文化的大众传播媒体。如只读光盘、一次写入式光盘、可擦写光盘、软磁盘、硬磁盘、集成电路卡等。

（4）二甲醚：是一种易燃、无毒、无腐蚀性的气体，常温常压下为具有轻微醚香味。二甲醚潜在的用途是替代柴油，作为车用、船用、发电用发动机的燃料。

（二）起征点

增值税起征点的适用范围限于个人。具体规定为：

（1）销售货物的，为月销售额2 000～5 000元。

（2）提供应税劳务的，为月销售额1 500～3 000元。

（3）按次纳税的，为每次（日）销售额150～200元。

基本内容应用

A公司，以生产农用机械和摩托车为主。年应征增值税销售额约为100万元左右。会计核算健全，且两种产品分别核算。

要求：确定A公司计算缴纳增值税时的相应要素。

处理：

A公司以生产农用机械和摩托车为主，属于增值税“销售货物”的范围；年应征增值税销售额为100万元左右，会计核算健全，应进行增值税一般纳税人资格认定；两种产品分别核算，作为一般纳税人，适用税率分别为：农用机械13%，摩托车17%。

在掌握增值税基本税制内容的基础上，进一步学习增值税要素的具体政策：

情境一　确定征税范围——视同销售的处理

A公司当月发生下列经济业务：

（1）将外购的一批商品委托甲商场代销。

（2）将自产的面粉一批移送职工食堂消费。

（3）将一批委托加工收回的装饰材料用于本公司厂房装饰。

（4）外购钢材一批用于对外投资。

（5）将外购的一批电脑捐赠革命老区。

（6）以自产的一批产品移送给乙公司，抵扣应分配的投资利润。

要求：确定A公司当月所发生的上述业务是否属于增值税征税范围。

【政策提示】

增值税相关法规规定，单位或个体经营者的下列行为，视同销售货物：

（1）将货物交付其他单位或者个人代销。

（2）销售代销货物。

（3）设有两个以上机构并实行统一核算的纳税人，将货物从一个机构移送其他机构用于销售，但相关机构设在同一县（市）的除外。

（4）将自产、委托加工的货物用于非增值税应税项目。

（5）将自产、委托加工的货物用于集体福利或者个人消费。

（6）将自产、委托加工或者购进的货物作为投资，提供给其他单位或者个体工商户。

（7）将自产、委托加工或者购进的货物分配给股东或者投资者。

（8）将自产、委托加工或者购进的货物无偿赠送其他单位或者个人。

提　示

注意“视同销售”的8种行为中，第（4）、第（5）项所规定的货物来源不同于第（6）、第（7）、第（8）项。

【业务处理】

根据政策规定，此6笔业务均属于增值税征税范围。

情境二　确定征税范围——混合销售的处理

A机械设备制造公司出售一套机器设备，同时提供安装劳务。开具增值税专用发票注明价款1 200万元，提供安装劳务收费并开具普通发票注明金额4.68万元。

要求：确定A公司的此笔业务是否属于增值税征税范围。

【政策提示】

一项销售行为如果既涉及货物又涉及非增值税应税劳务，即为混合销售行为。税法规定，从事货物的生产、批发或者零售（或以从事货物的生产、批发或者零售为主，兼营非增值税应税劳务）的企业、企业性单位和个体工商户的混合销售行为，视为销售货物，应当缴纳增值税；其他单位和个人的混合销售行为，视为提供非增值税应税劳务，不缴纳增值税（建筑业混合销售除外）。

【业务处理】

根据政策规定，A公司的此笔业务属于增值税征税范围。

情境三　确定征税范围——建筑劳务混合销售的处理

A建筑公司承接一项建筑工程，合同规定的工程价款为5 000万元。在施工过程中使用了自设非独立核算的水泥预制件厂的水泥楼板一批，不含增值税价款为300万元。

要求：确定该建筑公司应如何纳税。

【政策提示】

税法规定，纳税人的销售自产货物并同时提供建筑业劳务的混合销售行为，应当分别核算货物的销售额和建筑业劳务的营业额，并根据其销售货物的销售额计算缴纳增值税，建筑业劳务的营业额不缴纳增值税；未分别核算的，由主管税务机关核定其货物的销售额。

【业务处理】

根据政策规定，A建筑公司的混合销售行为应当分别纳税，建筑业劳务和其他建筑材料的收入不征收增值税，水泥楼板的收入属于增值税征收范围。

提　示

"混合销售"业务所提及的"非增值税应税劳务"，是指属于应缴纳营业税的交通运输业、建筑业、金融保险业、邮件通讯业、文化体育业、娱乐业、服务业税目税收范围的劳务。

情境四　确定征税范围——兼营业务的处理

A粮油店主营粮油商品销售，品种有粮食、食用植物油、面粉、糕点；兼营饮食服务，各业务品种分别核算。

要求：确定A粮油店的各项收入是否属于增值税征税范围。

【政策提示】

税法规定，纳税人兼营非增值税应税项目的，应分别核算货物或者应税劳务的销售额和非增值税应税项目的营业额；未分别核算的，由主管税务机关核定货物或者应税劳务的销售额。

【业务处理】

根据规定，A粮油店经营粮油商品销售业务属于增值税征税范围，兼营饮食服务不属于增值税征税范围。

思考

"情境四"中的A粮油店的增值税业务如何适用增值税税率？

任务二　确定增值税销项税额

基本内容学习

增值税一般纳税人应纳增值税额的计算公式为：

应纳增值税额=当期销项税额-当期进项税额

一、销项税额的确定

纳税人销售货物或者应税劳务，按照销售额和税率计算并向购买方收取的增值税额为销项税额，其计算公式为：

销项税额=销售额×税率

二、销售额的确定

销售额为纳税人销售货物或者应税劳务向购买方收取的全部价款和价外费用，不包括收取的销项税额。

价外费用，包括价外向购买方收取的手续费、补贴、基金、集资费、返还利润、奖励费、违约金、滞纳金、延期付款利息、赔偿金、代收款项、代垫款项、包装费、包装物租金、储备费、优质费、运输装卸费以及其他各种性质的价外收费。但不包括以下4项。

(1) 受托加工应征消费税的消费品所代收代缴的消费税。

(2) 同时符合以下条件的代垫运输费用：承运部门的运输费用发票开具给购买方的；纳税人将该项发票转交给购买方的。

(3) 同时符合以下条件的代为收取的政府性基金或者行政事业性收费：由国务院或者财政部批准设立的政府性基金，由国务院或者省级人民政府及其财政、价格主管部门批准设立的行政事业性收费；收取时开具省级以上财政部门印制的财政票据；所收款项全额上缴财政。

(4) 销售货物的同时代办保险而向购买方收取的保险费、代购买方缴纳的车辆购置税、车辆牌照费。

价外费用应视为含税收入，换算成不含税收入后再并入销售额。

基本内容应用

（“任务二”内的纳税人均为一般纳税人）

A厂受托加工酒精一批，收取不含增值税加工费50 000元，代收代缴消费税3 000元，交付产品时提供包装容器，收取租金2 340元。

要求：计算A厂此笔业务的销项税额。

处理：

销项税额 =〔50 000 + 2 340 ÷ (1 + 17%)〕× 17% = 8 840（元）

在掌握了计算销项税额的基本政策的基础上，进一步学习确定销项税额的具体政策：

情境一　确定销售额——含税销售额的处理

A商店本月销售洗衣机100台，每台含税销售价为936元，另收取优质费每台11.7元。

要求：确定A商店本月计算销项税额的销售额。

【政策提示】

一般纳税人销售货物或者应税劳务，采用销售额和销项税额合并定价方法的，按下列公式计算销售额：

销售额 = 含税销售额 ÷ (1 + 税率)

【业务处理】

根据政策规定，A商店本月的销售额为：

销售额 = 100 × (936 + 11.7) ÷ (1 + 17%) = 81 000（元）

思　考

在千变万化的销售行为中，如何判定销售额是否含税?

情境二　确定销售额——无销售额业务的处理

A针织厂将自产的针织内衣作为福利发放给本厂职工。发放A型内衣400

件，A 型内衣的生产成本为每件 120 元，不含税售价为每件 150 元；发放 B 型内衣 200 件，B 型内衣的生产成本为每件 190 元，无同类产品售价。

要求：确定 A 针织厂计算销项税额的销售额。

【政策提示】

纳税人有视同销售业务或价格明显偏低且无正当理由的，按下列顺序确定销售额：

（1）按纳税人最近时期同类货物的平均销售价格确定。

（2）按其他纳税人最近时期同类货物的平均销售价格确定。

（3）按组成计税价格确定：

$$组成计税价格 = 成本 \times (1 + 成本利润率)$$

式中，成本是指实际生产成本或实际采购成本；成本利润率为 10%。若货物属于应征消费税的货物，其组成计税价格中应加计消费税额，成本利润率见“项目三 消费税”相关内容。

【业务处理】

根据政策规定，A 针织厂本月的销售额为：

A 型内衣的销售额 $= 400 \times 150 = 60\,000$（元）

B 型内衣的销售额 $= 190 \times 200 \times (1 + 10\%) = 41\,800$（元）

情境三　确定销售额——混合销售及兼营业务的处理

如“任务一”中“情境四”的 A 粮油店，本月各品种、业务的销售收入如下：

（1）零售大米取得含税销售额 113 000 元。

（2）零售糕点取得含税销售额 9 360 元。

（3）销售面粉取得不含税价款 30 000 元，按购买方的要求将该批面粉运至其仓库，收取运费 1 130 元。

（4）提供饮食服务取得营业收入 21 000 元。

要求：确定 A 粮油店本月计算销项税额的销售额。

【政策提示】

税法规定：当混合销售按规定应征增值税时，其销售额为应税货物和非增值税应税劳务营业额的合计。

【业务处理】

根据政策规定，A 粮油店确定销项税额的销售额为：

$$销售额 = 113\,000 \div (1 + 13\%) + 9\,360 \div (1 + 17\%) + 30\,000 + 1\,130 \div (1 + 13\%)$$

$$= 139\,000\ （元）$$

情境四　确定销售额——折扣销售业务的处理

A厂销售给甲公司1 000件清洁剂，每件不含税价格为20元，经双方协商，A厂按原价的八折销售，开发票时，原价和折扣额在同一张发票上分别注明。

要求： 确定A厂计算销项税额的销售额。

【政策提示】

销货方因购货方购买数量较多而给予的价格优惠，称折扣销售，也称商业折扣。纳税人采取折扣销售方式销售货物的，如果销售额和折扣额在同一张发票上分别注明的，可以按折扣后的销售额征收增值税；如果将折扣额另开发票，不论其在财务上如何处理，均不得从销售额中减除折扣额。

【业务处理】

根据政策规定，A厂计算销项税额的销售额为：

$$销售额 = 20 \times 80\% \times 1\,000 = 16\,000（元）$$

提　示

限制折扣销售的条件

折扣销售仅限于货物价格的折扣，若销货方将自产、委托加工和购买的货物用于实物折扣，则该实物应按“视同销售货物”中的“赠送他人”处理。

情境五　确定销售额——销售折扣业务的处理

A厂销售给甲厂铝合金材料一批，应收不含增值税价款100万元，商定的收款条件为2/10，1/20，*n*/30。现甲厂在第八天付款，甲企业只收到货款98万元。

要求： 确定A厂计算销项税额的销售额。

【政策提示】

销货方为鼓励购买方早日偿还货款而给予购买方的债务扣除，称销售折扣，也称现金折扣。销售折扣发生在销货之后，是一种融资性质的理财费用，因此，税法规定销售折扣不得从销售额中扣除。

【业务处理】

根据政策规定，A厂的销售额为100万元。

提 示

销售折扣不是销售折让

销售折让是指货物销售后，由于其品种、质量等与原约定有异，购货方未退货，但要求销货方给予的一种价格优惠。销售折让与销售折扣都是在货物销售后发生的，但因为销售折让是由于货物的品种和质量引起销售额的减少，因此，对销售折让可以以折让后的货款为销售额。

情境六　确定销售额——以旧换新销售业务的处理

A公司在促销月活动中，推出以旧换新销售甲型号电视机业务，每台电视机正常销售含税价为3 510元，回收一台旧电视机抵付700元。本月共销售电视机500台，每台电视机实收含税价款2 810元。

要求：确定A公司本月计算销项税额的销售额。

【政策提示】

以旧换新是指纳税人在销售货物时，折价收回同类旧货物，并以折价款部分冲减货物价款的一种销售方式。采取以旧换新方式销售货物的（金银首饰除外），应按新货物的同期销售价格确定销售额，不得扣减旧货物的收购价格。

【业务处理】

根据政策规定，A公司的销售额为：

$$销售额=500\times 3\,510\div(1+17\%)=1\,500\,000\ （元）$$

情境七　确定销售额——还本销售业务的处理

A商场在12个月以前开展促销活动，采用归还买方不含税价款的50%的方式销售甲型号手机200部，不含税单价为1 000元，还本期为本月。经汇总结算，共支付还本支出100 000元。

要求：就此笔业务确定A公司计算销项税额的销售额。

【政策提示】

还本销售是指纳税人在销售货物后，按约定时间，一次或分次将购货款部分或全部退还给购货方的一种销售方式，退还的货款即为还本支出。这种方式实际上是以提供货物而取得还本不付息的资金的一种融资行为。税法规定，纳税人采取还本销售方式销售货物的，其销售额就是货物的销售价格，不得从销售额中减除还本支出。

【业务处理】

根据政策规定：

$$该笔还本销售的销售额=1\,000\times 200=200\,000\ （元）$$

情境八　确定销售额——以物易物销售业务的处理

A机械厂用4台不含税单价为25 000元的C型车床向甲钢材厂换取一批不含税售价为100 000元的钢材。

要求： 确定A机械厂计算销项税额的销售额。

【政策提示】

以物易物是一种较为特殊的购销活动，在货物所有权转让过程中，交易双方不是以货币结算，而是以同等价款的货物相互结算。尽管以物易物销售方式不直接涉及货币收支活动，但其实质上仍是购销行为。税法规定，以物易物双方以各自发出的货物核算销售额并计算销项税额，以各自收到的货物核算购货额并计算进项税额。

【业务处理】

根据政策规定，A机械厂换出机床属于销售业务：

$$销售额 = 25\,000 \times 4 = 100\,000（元）$$

思　考

在“情境八”所示的以物易物行为中，A机械厂和甲钢材厂双方如何进行增值税处理？

情境九　确定销售额——包装物相关款项的处理

A油漆厂向甲建材商店销售油漆2 000桶，每桶不含税售价80元，另外，对借出的2 000只桶，每只收取押金23.4元，约定2个月内归还包装物，退还押金。

要求： 在以下两种情况下分别计算A油漆厂应纳的增值税的销售额。

（1）A厂按期收回了油漆桶，并将押金全额退还甲商店。

（2）A厂在销售实现后的第6个月份仍未收回油漆桶，遂决定不退还押金。

【政策提示】

纳税人销售货物，包装物会随之销售、出租或出借，由此会收取包装费、包装物租金、包装物押金。

如果包装物随货物销售而销售，收取的包装费无论与所包装的货物的销售额是否分别核算，都应并入销售额计算征收增值税额。

如果包装物随货物销售而出租，收取的租金应作为价外费用，剔除增值税后并入销售额征收增值税。

如果包装物随货物销售而出借，收取的押金不应看做是一种收入，而只能作为一项短期负债。根据税法规定，纳税人为销售货物而出借包装物收取的押金，单独记账核算的，时间在1年以内，又未过期的，不并入销售额征税；但对因逾期（指按合同约定实际逾期或以1年为期限）未收回包装物不再退还的押金，应按所包装货物的适用税率、在决定不退还押金的当月计算销项税额。对收取1年以上的包装物押金，无论是否退还均应并入销售额征税。但是对销售除啤酒、黄酒外的其他酒类产品而收取的包装物押金，无论是否返还以及会计上如何核算，均应并入当期销售额征税。

【业务处理】

根据政策规定，A油漆厂应纳的增值税的销售额如下所述。

（1）A厂按期收回了油漆桶，并将押金全额退还，则：

取得货物价款当月销售额 $=2\,000\times80=160\,000$（元）

（2）A厂在销售实现后的第6个月份仍未收回油漆桶，遂决定不退还押金，则：

销售货物当月的销售额 $=2\,000\times80=160\,000$（元）

确定押金不退的当月的销售额 $=23.4\div(1+17\%)\times2\,000=40\,000$（元）

知识拓展

以外汇结算时销售额的确定

纳税人以人民币以外的货币结算销售额的，应按汇率折算为人民币计征税款。汇率可以选择销售额发生的当天或者当月1日的人民币汇率中间价。纳税人应在事先确定采用何种汇率，确定后1年内不得变更。

应　用

计算销项税额

就“任务二”的“情境一”至“情境九”的业务计算销项税额。

任务三　确定增值税进项税额

基本内容学习

纳税人购进货物或者接受应税劳务时支付或者负担的增值税额，为进项税额。增值税是对法定增值额征税，所以，纳税人的进项税额是否可以抵扣，要遵照税法的相关政策，不是所有的进项税额都可以从销项税额中抵扣。

一、可以抵扣的进项税额

（1）从销售方取得的增值税专用发票上注明的增值税额。

（2）从海关取得的海关进口增值税专用缴款书上注明的增值税额。

（3）购进农产品，除取得增值税专用发票或者海关进口增值税专用缴款书外，按照农产品收购发票或者销售发票上注明的农产品买价按13%的扣除率计算的进项税额。

（4）购进或者销售货物以及在生产经营过程中支付运输费用的，按照运输费用结算单据上注明的运输费用金额和建设基金按7%的扣除率计算的进项税额。

提　示

发生以物易物业务时，双方应分别开具合法的票据。若收到的货物不能取得相应的增值税专业发票和其他合法票据的，一律不得抵扣进项税额。

二、不得抵扣的进项税额

（1）纳税人购进货物或者应税劳务，取得的增值税扣税凭证不符合法律、行政法规或者国务院税务主管部门有关规定的。

（2）用于非增值税应税项目、免征增值税项目、集体福利或者个人消费（包括纳税人的交际应酬消费）的购进货物或者应税劳务。

（3）非正常损失的购进货物及相关的应税劳务。

（4）非正常损失的在产品、产成品所耗用的购进货物或者应税劳务。

（5）国务院财政、税务主管部门规定的纳税人自用消费品。

（6）纳税人有下列情形之一者，应按销售额依照增值税税率计算应纳税额，不得抵扣进项税额，也不得使用增值税专用发票。

①一般纳税人会计核算不健全，或者不能够提供准确税务资料的。

②销售额超过小规模纳税人标准，按规定应办理而未办理一般纳税人认定手续的。

基本内容应用

（“任务三”内的纳税人均为一般纳税人）

A公司本月发生如下购进业务：

（1）购入甲原材料一批，取得增值税税控专用发票注明货款400 000元，增值税额68 000元；同时支付材料运输费用18 000元，支付保险费120元、建设基金300元，取得运输发票。

（2）委托B加工厂（小规模纳税人）加工乙零部件一批，发出甲材料200 000元，支付含税加工费20 600元，取得税务机关代开的税控专用发票，注明增值税600元。

（3）从C供销社（小规模纳税人）购进一批农产品作为生产原料，发票注明价款200 000元。

（4）购入面粉和食用植物油分发给职工，取得税控专用发票注明增值税额13 000元。

（5）发现有成本为10 000元的农产品材料发生霉烂变质。

要求：确定本月允许抵扣的进项税额。

处理：

本期允许抵扣的进项税额

$=68\,000+(18\,000+300)\times 7\%+600+200\,000\times 13\%-10\,000\times 13\%$

$=94\,581$（元）

在掌握了确定进项税额基本政策的基础上，进一步学习进项税额是否允许抵扣的具体政策：

情境一　判定进项税额是否可以抵扣——混合销售行为的处理

A公司销售自产电视机一批，并将该批货物运送至买方所在城市，取得不含税价款300 000元。为此次运输所购汽车燃油取得税控专用发票注明增值税额共15 600元。

要求：确定该笔进项税额是否可以抵扣。

【政策提示】

混合销售行为依照规定应当缴纳增值税的，该混合销售行为所涉及的非增值税应税劳务所用购进货物的进项税额，符合条例的，准予从销项税额中抵扣。

【业务处理】

根据政策规定，该笔进项税额可以抵扣。

情境二　确定允许抵扣的进项税额——收购烟叶时烟叶税的处理

A卷烟厂从烟农收购烟叶，收购发票注明收购价款为40 000元，价外补贴3 000元。

要求：确定允许抵扣的进行税额。

【政策提示】

纳税人收购烟叶，应缴纳烟叶税。烟叶税是对在我国境内从事烟叶收购的单位，以烟叶收购金额为计税依据，在收购环节所征收的一种税。“单位”是指依照《中华人民共和国烟草专卖法》的规定有权收购烟叶的烟草公司或者受其委托收购烟叶的单位。烟叶收购金额包括纳税人支付给烟叶销售者的买价和价外补贴（烟叶收购单位收购烟叶时按照国家有关规定以现金形式直接补贴烟农的生产投入补贴）。烟叶税税率为20%，即：

$$烟叶税 = 烟叶收购金额 \times 20\%$$

对纳税人按规定缴纳的烟叶税，准予和收购烟叶产品的买价合并计算增值税的进项税额，予以抵扣。

烟叶收购单位若将价外补贴与烟叶收购价格在同一张农产品收购发票或者销售发票上分别注明，则价外补贴是农产品买价的一部分，准予计算增值税进项税额进行抵扣；否则，价外补贴不得计算增值税进项税额进行抵扣。

$$收购烟叶允许抵扣的进项税额 = （烟叶买价 + 烟叶税额）\times 13\%$$

【业务处理】

根据政策规定：

$$烟叶收购金额 = 40\,000 + 3\,000 = 43\,000（元）$$

$$烟叶税额 = 43\,000 \times 20\% = 8\,600（元）$$

$$可抵扣的进项税额 = （40\,000 + 3\,000 + 8\,600）\times 13\% = 6\,708（元）$$

思　考

如“情境二”所示A厂购进烟叶在开具收购发票时，未将支付的买价和价外补贴分别注明，或无价外补贴，如何确定允许抵扣的进项税额？

情境三　确定允许抵扣的进项税额——进项税额转出的处理

A机床厂3月份购进生产用钢材20吨，不含税价格4 000元/吨，取得增值税专用发票，注明增值税额13 600元，并已抵扣。5月份因维修厂房领用了5吨钢材。

要求： 进行增值税处理。

【政策提示】

已抵扣进项税额的购进货物或者应税劳务，发生不得扣除进项税额的情形时，应当将相应的进项税额从发生该情形当期的进项税额中扣减。无法确定该项进项税额的，按当期实际成本计算应扣减的进项税额。

【业务处理】

根据政策规定，维修厂房领用的5吨钢材应从5月份的允许抵扣的进项税额中转出3 400（$5 \times 4\,000 \times 17\%$）元。

情境四　确定允许抵扣的进项税额——需划分进项税额的处理

A公司6月份有如下业务：

（1）月初外购甲材料一批，取得增值税专用发票，注明进项税额24万元，因管理不善，部分发生霉烂变质，经核实损失部分占该批材料的25%；

（2）外购动力，取得增值税专用发票，注明进项税额20万元，一部分用于增值税应税项目，一部分用于免税项目，无法分别核算；

（3）销售应税货物取得不含税销售额700万元，销售免税货物取得销售额300万元。

要求：计算A公司当月准予抵扣的进项税额。

【政策提示】

纳税人兼营免税项目或非应税项目（不包括固定资产在建工程）而无法准确划分不得抵扣的进项税额的，按下列公式计算不得抵扣的进项税额：

不得抵扣的进项税额＝当月无法划分的全部进项税额×（当月免税项目销售额、非应税项目营业额合计÷当月全部销售额、营业额合计）

【业务处理】

根据政策规定：

外购甲材料允许抵扣的进项税额＝24×（1－25%）＝18（万元）

外购动力燃料允许抵扣的进项税额＝20－20×〔300÷（700＋300）〕

＝14（万元）

A公司当月准予抵扣的进项税额＝18＋14＝32（万元）

知识拓展

购进固定资产进项税额的抵扣

纳税人允许抵扣的固定资产进项税额，是指纳税人2009年1月1日以后实际发生，并取得2009年1月1日以后开具的增值税扣税凭证上注明的或者依据增值税扣税凭证计算的增值税税额。

企业购入房屋建筑物等不动产，小汽车、摩托车和游艇，不允许抵扣其所含的增值税。以建筑物或者构筑物为载体的附属设备和配套设施，无论在会计处理上是否单独记账与核算，均应作为建筑物或者构筑物的组成部分，其进项税额不得抵扣。附属设备和配套设施是指：给排水、采暖、卫生、通风、照明、通讯、煤气、消防、中央空调、电梯、电气、智能化楼宇设备和配套设施。

企业购入机器设备等动产作为固定资产的，若专用于非增值税应税项目、免征增值税项目、集体福利或者个人消费，其进项税额不得抵扣，计入固定资产成本。

任务四　会计算进口应纳增值税和小规模纳税人应纳税额

基本内容学习

一、进口增值税的计算

纳税人进口货物，以组成计税价格和适用的税率计算应纳税额：

组成计税价格 = 关税完税价格 + 关税 + 消费税

应纳增值税额 = 组成计税价格 × 税率

二、小规模纳税人应纳税额计算

小规模纳税人销售货物或者应税劳务，实行按照不含税销售额和征收率（3%）计算应纳税额的简易办法：

应纳增值税额 = 销售额 × 征收率

基本内容应用

一、进口货物应纳增值税额的计算

A厂为增值税一般纳税人，现进口一批葡萄酒，海关核定的关税完税价格为90万元，关税9万元，进口环节消费税为11万元。

要求： 计算A厂进口环节应纳增值税税额。

处理：

进口环节增值税税额 = (90 + 9 + 11) × 17% = 18.7（万元）

二、小规模纳税人应纳税额的计算

A厂为增值税小规模纳税人，主要从事汽车修理和汽车用装饰品销售业务。本月取得汽车修理业务收入17万元，取得装饰品收入3.6万元。

要求： 计算A厂本月应纳增值税额。

处理：

应纳增值税额 = (17 + 3.6) ÷ (1 + 3%) × 3% = 0.6（万元）

任务五　了解增值税征收管理

一、纳税义务发生时间

增值税纳税义务发生时间为收讫销售款项或者取得索取销售款项凭据的当天；先开具发票的，为开具发票的当天。进口货物，为报关进口的当天，增值税款由海关代征。扣缴义务发生时间为纳税人增值税纳税义务发生的当天。按销售结算方式的不同，具体分为以下6种。

（1）采取直接收款方式销售货物，不论货物是否发出，均为收到销售款或者取得索取销售款凭据的当天。

（2）采取托收承付和委托银行收款方式销售货物，为发出货物并办妥托收手续的当天。

（3）采取赊销和分期收款方式销售货物，为书面合同约定的收款日期的当天，无书面合同的或者书面合同没有约定收款日期的，为货物发出的当天。

（4）采取预收货款方式销售货物，为货物发出的当天，但生产销售生产工期超过12个月的大型机械设备、船舶、飞机等货物，为收到预收款或者书面合同约定的收款日期的当天。

（5）委托其他纳税人代销货物，为收到代销单位的代销清单或者收到全部或者部分货款的当天。未收到代销清单及货款的，为发出代销货物满180天的当天。

（6）销售应税劳务，为提供劳务同时收讫销售款或者取得索取销售款的凭据的当天。

二、进项税额的抵扣期限

（1）增值税一般纳税人取得2010年1月1日以后开具的增值税专用发票、公路内河货物运输业统一发票和机动车销售统一发票，应在开具之日起180日内到税务机关办理认证，并在认证通过的次月申报期内，向主管税务机关申报抵扣进项税额。

（2）实行海关进口增值税专用缴款书（以下简称海关缴款书）“先比对后抵扣”管理办法的增值税一般纳税人取得2010年1月1日以后开具的海关缴款书，应在开具之日起180日内向主管税务机关报送《海关完税凭证抵扣清单》（包括纸质资料和电子数据）申请稽核比对。

对未实行海关缴款书“先比对后抵扣”管理办法的增值税一般纳税人取得2010年1月1日以后开具的海关缴款书，应在开具之日起180日后的第一个纳税申报期结束以前，向主管税务机关申报抵扣进项税额。

增值税一般纳税人取得2010年1月1日以后开具的增值税专用发票、公路内河货物运输业统一发票、机动车销售统一发票以及海关缴款书，未在规定期限内到税务机关办理认证、申报抵扣或者申请稽核比对的，不得作为合法的增值税扣税凭证，不得计算进项税额抵扣。

三、纳税地点

（1）固定业户应当向其机构所在地的主管税务机关申报纳税。总机构和分支机构不在同一县（市）的，应当分别向各自所在地的主管税务机关申报纳税；经国务院财政、税务主管部门或者其授权的财政、税务机关批准，可以由总机构汇总向总机构所在地的主管税务机关申报纳税。

（2）固定业户到外县（市）销售货物或者应税劳务，应当向其机构所在地的主管税务机关申请开具外出经营活动税收管理证明，并向其机构所在地的主管税务机关申报纳税；未开具证明的，应当向销售地或者劳务发生地的主管税务机关申报纳税；未向销售地或者劳务发生地的主管税务机关申报纳税的，由其机构所在地的主管税务机关补征税款。

（3）非固定业户销售货物或者应税劳务，应当向销售地或者劳务发生地的主管税务机关申报纳税；未向销售地或者劳务发生地的主管税务机关申报纳税的，由其机构所在地或者居住地的主管税务机关补征税款。

（4）进口货物，应当向报关地海关申报纳税。

扣缴义务人应当向其机构所在地或者居住地的主管税务机关申报缴纳其扣缴的税款。

四、纳税期限

增值税的纳税期限分别为1日、3日、5日、10日、15日、1个月或者1个季度。纳税人的具体纳税期限，由主管税务机关根据纳税人应纳税额的大小分别核定；不能按照固定期限纳税的，可以按次纳税。

纳税人以1个月或者1个季度为1个纳税期的，自期满之日起15日内申报纳税；以1日、3日、5日、10日或者15日为1个纳税期的，自期满之日起5日内预缴税款，于次月1日起15日内申报纳税并结清上月应纳税款。

扣缴义务人解缴税款的期限，依照前两款规定执行。

纳税人进口货物，应当自海关填发海关进口增值税专用缴款书之日起15日内缴纳税款。

项目3

消费税的计算与申报

实际岗位

收入、成本费用核算岗位；办税员，办理进口业务的人员。

工作任务

在确定当期消费税应税业务的基础上，计算当期应纳消费税，编制会计凭证，登录相关账簿，在规定期限内填制《消费税纳税申报表》，进行纳税申报。

教学目的

通过“项目3”的教学和实训，达到：

* 能确定消费税的征税范围和具体税目；
* 会计算各情形下应税业务的计税依据；
* 会计算应纳消费税额；
* 了解消费税基本征收管理。

任务一　了解消费税基本税制内容

基本内容学习

消费税是对在我国境内从事生产、委托加工和进口应税消费品的单位和个人，就其销售额或应税数量征收的一种税。

一、征税对象及税目

我国消费税的征税对象为应税消费品，并对其进行分类，设置了14个税目。

(一) 烟

凡是以烟叶为原料加工生产的产品，不论使用何种辅料，均属于本税目的征收范围。包括卷烟（进口卷烟、白包卷烟、手工卷烟，未经国务院批准纳入计划的企业及个人生产的卷烟也属本子目征收范围）、雪茄烟和烟丝。

(二) 酒及酒精

酒是酒精度在1度以上的各种酒类饮料，包括粮食白酒、薯类白酒、黄酒、啤酒和其他酒。

酒精又名乙醇，是指用蒸馏或合成方法生产的酒精度在95度以上的无色透明液体。包括各种工业酒精、医用酒精和食用酒精。

(三) 化妆品

化妆品是指日常生活中用于修饰美化人体表面的用品。包括：香水、香精、香粉、口红、指甲油、胭脂、眉笔、唇笔、蓝眼油、眼睫毛和化妆品等。

(四) 贵重首饰及珠宝玉石

贵重首饰及珠宝玉石包括以金、银、白金、宝石、珍珠、钻石、翡翠、珊瑚、玛瑙等高贵稀有物质以及其他金属、人造宝石制作的各种纯金银首饰、镶嵌首饰，以及经采掘、打磨、加工的各种珠宝玉石。

(五) 鞭炮、焰火

鞭炮、焰火指各种鞭炮、焰火。

(六) 成品油

成品油包括汽油、柴油、石脑油、溶剂油、航空煤油、润滑油、燃料油。

(七) 汽车轮胎

汽车轮胎包括各种汽车、挂车、专用车和其他机动车上的内外轮胎。

(八) 摩托车

摩托车包括轻便摩托车和摩托车。不包括最大设计车速不超过50 km/h，发动机气缸总工作容量不超过50毫升的三轮摩托车。

(九) 小汽车

小汽车包括小轿车、越野车和小客车（包括微型厢式车）。

(十) 高尔夫球及球具

高尔夫球及球具包括高尔夫球、高尔夫球杆、高尔夫球包（袋）。高尔夫球是指重量不超过45.93克、直径不超过42.67毫米的高尔夫球运动比赛、练习用球；高尔夫球杆是指被设计用来打高尔夫球的工具，由杆头、杆身和握把三部分组成；高尔夫球包（袋）是指专用于盛装高尔夫球及球杆的包（袋）。

（十一）高档手表

高档手表指销售价格（不含增值税）每只在10 000元（含）以上的各类手表。

（十二）游艇

游艇指长度大于8米（含）小于90米（含），船体由玻璃钢、钢、铝合金、塑料等多种材料制作，可以在水上移动的水上浮载体。按照动力划分，游艇分为无动力艇、帆艇和机动艇。

本税目征收范围包括内置发动机，可以在水上移动，一般为私人或团体购置，主要用于水上运动和休闲娱乐等非牟利活动的各类机动艇。

（十三）木制一次性筷子

木制一次性筷子是指以木材为原料，经过锯段、浸泡、旋切、刨切、烘干、筛选、打磨、倒角、包装等环节加工而成的各类一次性使用的筷子。

（十四）实木地板

实木地板指以木材为原料，经锯割、干燥、刨光、截断、开榫、涂漆等工序加工而成的块状或条状的地面装饰材料。

二、纳税人、纳税环节

消费税实行单环节征税，一般只在生产、委托加工和进口环节征税。

消费税的纳税人是在中国境内从事生产、委托加工和进口应税消费品的单位和个人。

归　纳

消费税的纳税人、纳税环节

			纳税人	纳税环节
生产	出售		生产者	销售环节
	自用于	继续生产应税产品	不纳税	
		其他方面	生产者	移送环节
委托加工收回	直接用于销售		不纳税	
	用于其他方面		受托方（代收）	交货环节
进口			收货人	报关进口环节
金银首饰			零售者	零售环节
卷烟（还有）			批发人	批发环节

三、税率

消费税税目税率表见表3－1。

表3－1　消费税税目税率表

税目	计税单位	税率
一、烟		
1. 卷烟		
（1）甲类：每标准条（200支）对外调拨价格在70元以上的（含）	标准箱（5万支）	56%；150元
（2）乙类：每标准条（200支）对外调拨价格在70元以下的	标准箱（5万支）	36%；150元
2. 卷烟批发环节		5%
3. 雪茄烟		36%
4. 烟丝		30%
二、酒及酒精		
1. 白酒	斤或500毫升	20%；0.5元
2. 黄酒	吨	240元
3. 啤酒		
（1）每吨出厂价格在3 000元（含）以上的；饮食业、娱乐业自制的	吨	250元/吨
（2）每吨出厂价格在3 000元（含）以下的	吨	220元/吨
4. 其他酒		10%
5. 酒精		5%
三、化妆品		30%
四、贵重首饰及珠宝玉石		
1. 金、银、铂金首饰和钻石、钻石饰品		5%
2. 其他贵重首饰和珠宝玉石		10%
五、鞭炮、焰火		15%
六、成品油		
1. 汽油		
（1）含铅汽油	升	1.0元
（2）无铅汽油	升	1.4元
2. 柴油	升	0.8元
3. 航空煤油	升	1.0元
4. 石脑油	升	1.0元
5. 溶剂油	升	1.0元
6. 润滑油	升	0.8元
7. 燃料油	升	0.8元
七、汽车轮胎		3%
八、摩托车		
1. 气缸容量（排气量，下同）在250毫升（含）以下的		3%
2. 气缸容量在250毫升以上的		10%

续表

税目	计税单位	税率
九、小汽车 1. 乘用车 （1）气缸容量（排气量，下同）在1.0升（含1.0升）以下的 （2）气缸容量在1.0升以上至1.5升（含1.5升）的 （3）气缸容量在1.5升以上至2.0升（含2.0升）的 （4）气缸容量在2.0升以上至2.5升（含2.5升）的 （5）气缸容量在2.5升以上至3.0升（含3.0升）的 （6）气缸容量在3.0升以上至4.0升（含4.0升）的 （7）气缸容量在4.0升以上的 2. 中轻型商用客车		1% 3% 5% 9% 12% 25% 40% 5%
十、高尔夫球及球具		10%
十一、高档手表		20%
十二、游艇		10%
十三、木制一次性筷子		5%
十四、实木地板		5%
注：卷烟对外调拨价格为不含增值税的价格。 啤酒出厂价格为含包装物及包装物押金、不含增值税的价格。		

基本内容应用

A厂，以生产护肤品、护发品、化妆品为主，也承接来料加工业务。本期发生以下业务：生产护肤品、护发品、化妆品并销售，取得收入；分别受托加工化妆品、护肤品一批，交货后取得加工费。

要求： 确定A厂计算缴纳消费税时的相关要素。

处理：

A公司是消费税纳税人，就其部分业务缴纳消费税：生产化妆品、受托加工化妆品属于消费税征税范围，生产护肤品、护发品及受托加工护肤品不征消费税；适用税目为“化妆品”；适用30%的税率计算税款。

在掌握消费税的基本税制内容的基础上，进一步学习消费税关于基本要素的具体政策。

情境一　确定应税范围——饮食业等生产啤酒

A酒店为满足顾客要求，购买了啤酒生产设备，以自制鲜啤酒满足消费者需求。

要求： 判定该酒店销售自制啤酒是否属于消费税征税范围。

【政策提示】

对饮食业、商业、娱乐业举办的啤酒屋（啤酒坊）利用啤酒生产设备生产的啤酒，属于“酒及酒精”税目的征收范围。

【业务处理】

根据政策规定，该酒店销售自制鲜啤酒行为，属于消费税征税范围。

情境二　确定应税范围——演艺用化妆品

A公司主要生产眉笔、口红等各类化妆品，还生产演艺用上妆油、卸妆油、油彩等化妆品。

要求：判定该企业生产的各类化妆品是否均属于消费税征税范围。

【政策提示】

舞台、戏剧、影视演员化妆用的上妆油、卸妆油、油彩，不属于“化妆品”税目的征税范围。

【业务处理】

根据政策规定，该企业生产的演艺用化妆品不属于消费税“化妆品”税目的征税范围。

情境三　确定应税范围——体育用发令纸

A烟花爆竹厂生产各类鞭炮、焰火，也生产田径比赛用发令纸。

要求：判定A厂的产品是否属于消费税征税范围。

【政策提示】

税法规定，鞭炮焰火不包括鞭炮引线、体育用发令纸。

【业务处理】

根据政策规定，A厂生产体育用发令纸不属于消费税“鞭炮、烟火”税目的征税范围，只就其生产的鞭炮焰火缴纳消费税。

情境四　确定应税范围——农用机械专用轮胎

A公司以生产销售各类轮胎为主要业务，产品种类有各种客货汽车用轮胎、农用拖拉机专用轮胎。

要求：判定A公司的产品是否属于消费税征税范围。

【政策提示】

税法规定，“汽车轮胎”税目不包括农用拖拉机、收割机、手扶拖拉机的专用轮胎。

【业务处理】

根据政策规定，A公司生产的农用拖拉机轮胎不属于消费税“轮胎”税目的征税范围，只就其生产的客货汽车轮胎缴纳消费税。

情境五　确定应税范围——改装车

A公司生产小轿车、越野车、小客车等各类车辆，本月将10辆自产小客车改装为急救车销售给甲医院。

要求：判定A公司的该笔业务是否属于消费税征税范围。

【政策提示】

税法规定，“小汽车”税目不包括用应税车辆的底盘组装、改装、改制的各种货车、特种用车（如急救车、抢修车）。

【业务处理】

根据政策规定，A公司的该笔业务不属于消费税“小汽车”税目的征税范围。

情境六　确定应税范围——高尔夫球杆零部件

A公司主营体育用品的生产销售，产品包括高尔夫球、球包及球具，也销售高尔夫球杆的杆头。

要求：判定A公司销售的各类高尔夫球相关用品是否属于消费税征税范围。

【政策提示】

税法规定，高尔夫球杆的杆头、杆身和握把也属于“高尔夫球及球具”税目的征收范围。

【业务处理】

根据政策规定，A公司生产销售的高尔夫球、球包、球具及高尔夫球杆的杆头均按照消费税“高尔夫球及球具”税目征收消费税。

情境七　确定应税范围——木制一次性筷子的半成品

A木材加工厂主要生产木制一次性筷子成品，也销售未经打磨、倒角的木制一次性筷子的半产品。

要求：判定A厂销售的各种产品是否属于消费税征税范围。

【政策提示】

税法规定，未经打磨、倒角的木制一次性筷子也属于“木制一次性筷子”税目征税范围。

【业务处理】

根据政策规定，A厂生产销售的木制一次性筷子及其半产品均属于消费税“木制一次性筷子”税目的征税范围。

情境八　确定应税范围——实木地板的半成品

A厂生产各种室内装修材料，包括生产销售实木地板，也销售素板。

要求：判定A厂销售的上述产品是否属于消费税征税范围。

【政策提示】

税法规定，未经涂饰的素板属于“实木地板”税目征税范围。

【业务处理】

根据政策规定，A厂生产的实木地板及素板均属于“实木地板”税目征税范围。

情境九　确定适用税率

A酒厂既生产白酒也生产药酒，各业务分别核算。本月销售白酒12 000斤[①]，售价为45元/斤；销售药酒8 000斤，售价为80元/斤；销售礼品套盒5 000套，售价为300元/套，每套包括白酒（单价70元/斤）2斤、药酒（单价80元/斤）2斤。

要求：确定消费税适用税率。

【政策提示】

税法规定，纳税人兼营不同税率的应税消费品，应当分别核算应税消费品的销售额、销售数量；未分别核算销售额、销售数量，或者将不同税率的应税消费品组成成套消费品销售的，从高适用税率。

【业务处理】

根据政策规定，A酒厂将不同产品分别核算，则适用税率为：白酒属于复合计税的应税消费品，适用20%的比例税率和0.5元/斤的定额税率；药酒属于从价计征的应税消费品，适用10%的比例税率；礼品套盒按白酒的税率计税，即适用20%的比例税率和0.5元的定额税率。

任务二　会从价定率计算消费税税额

基本内容学习

实行从价定率办法征税的应税消费品，应纳税额计算公式为：

---

① 1斤=500克。

应纳税额 = 应税销售额 × 比例税率

一、生产销售应税消费品的销售额的确定

应税销售额为纳税人销售应税消费品向购买方收取的全部价款和价外费用。其基本政策同增值税（见“项目3 增值税”）。

二、委托加工应税消费品的销售额的确定

委托加工的应税消费品，以受托方的同类消费品的销售价格为销售额；受托方没有同类消费品销售价格的，以组成计税价格为销售额，计算公式为：

组成计税价格 =（材料成本 + 加工费）÷（1 − 消费税税率）

式中，材料成本是指委托方所提供加工材料的实际成本。委托加工合同上应如实注明（或者以其他方式提供）材料成本，凡未提供材料成本的，受托方主管税务机关有权核定其材料成本。加工费是指受托方加工应税消费品向委托方所收取的全部费用（包括代垫辅助材料的实际成本）。

委托加工的应税消费品，由受托方交货时代收代缴税款。受托方为个人时，由委托方收回后缴纳消费税。

三、进口应税消费品计税依据的确定

进口的应税消费品按照组成计税价格计算纳税：

组成计税价格 =（关税完税价格 + 关税）÷（1 − 消费税税率）

基本内容应用

A厂以生产实木地板为主，增值税一般纳税人。某日有两笔业务：销售实木地板5 000m^2给甲公司，不含税单价为300元/m^2，开具增值税专用发票；收取受乙厂委托加工同质实木地板1 000m^2的加工费60 000元，开具增值税专用发票。

要求： 计算A厂应缴纳的消费税额。

处理：

应税销售额 =（5 000 + 1 000）× 300 = 1 800 000（元）

应纳消费税额 = 1 800 000 × 5% = 90 000（元）

思 考

若“基本内容应用”中A厂无所加工的产品的同类售价，如何计算消费税？

在掌握了消费税从价定率计算税额的基本政策的基础上，进一步学习消费税

从价定率计税的具体政策。

情境一　计算消费税——包装物

A厂（增值税一般纳税人）销售药酒一批，取得不含增值税销售额50 000元，收取包装物押金4 680元。

要求：计算A厂应缴纳的消费税税额。

【政策提示】

随着应税消费品销售而收取的包装物的有关款项，其政策见“项目3增值税”。

【业务处理】

根据规定，A厂收取的押金应计入销售额。

销售额 = 50 000 + 4 680 ÷ (1 + 17%) = 54 000（元）

应纳消费税税额 = 54 000 × 10% = 5 400（元）

情境二　计算消费税——用外购已税消费品生产应税消费品

A厂（增值税一般纳税人）以购进甲厂生产的1号化妆品为原料生产2号化妆品。本月外购1号化妆品买价400 000元（不含增值税，下同），本月期初库存1号化妆品买价450 000元，月末库存1号化妆品买价200 000元。本月销售2号化妆品，取得不含增值税销售额1 180 000元。

要求：计算A厂本月应纳消费税额。

【政策提示】

为避免重复征税，税法规定：对用外购已税消费品继续加工生产的应税消费品计算消费税时，准予按照当期生产领用数量扣除外购已税消费品已纳的消费税税款。扣除范围仅限：

（1）以外购已税烟丝为原料生产的卷烟。

（2）以外购已税化妆品为原料生产的化妆品。

（3）以外购已税珠宝玉石为原料生产的贵重首饰及珠宝玉石。

（4）以外购已税鞭炮焰火为原料生产的鞭炮焰火。

（5）以外购已税汽车轮胎（内胎或外胎）为原料生产的汽车轮胎。

（6）以外购已税摩托车生产的摩托车。

（7）以外购已税杆头、杆身、握把为原料生产的高尔夫球杆。

（8）以外购已税木制一次性筷子为原料生产的木制一次性筷子。

（9）以外购已税实木地板为原料生产的实木地板。

当期准予扣除的外购已税消费品已纳税款 = 当期准予扣除的外购已税消费品买价 × 外购已税消费品适用税率

当期准予扣除的外购已税消费品买价＝期初库存的外购已税消费品的买价－当期购进的已税消费品的买价－期末库存的外购已税消费品的买价

外购已税消费品的买价是指购货发票上注明的不包括增值税税额的销售额。

【业务处理】

根据上述规定，A厂本月应纳消费税额计算如下：

当月准予扣除的外购化妆品的买价＝400 000＋450 000－200 000

＝650 000（元）

当月准予扣除的外购化妆品的已纳税款＝650 000×30%＝195 000（元）

应纳消费税税额＝1 180 000×30%－195 000＝159 000（元）

知识拓展

准予扣除消费税的补充说明

准予扣除已纳税款的已税消费品，一般指从工业企业购进的已税消费品和进口环节已缴纳消费税的已税消费品。对从境内商业企业购进已税消费品连续生产应税消费品，符合抵扣条件的，准予扣除外购已税消费品的已纳消费税款。（从量计征消费税的相关政策同）

纳税人用外购的已税珠宝玉石生产的改在零售环节征收消费税的金银首饰（镶嵌首饰）、钻石首饰，在计税时，一律不得扣除外购珠宝玉石的已纳税款。

情境三　计算消费税——自产自用于连续生产应税消费品

A卷烟厂将自产的烟丝作为原料，用于本厂继续生产卷烟。

要求： 对所耗烟丝做消费税处理。

【政策提示】

税法规定：纳税人将自产的应税消费品用于连续生产应税消费品的不纳消费税。

【业务处理】

根据上述规定，卷烟也为应税消费品，为避免重复征税，对用于连续生产卷烟的烟丝不缴纳消费税。

情境四　计算消费税——自产自用于非独立核算的门市部销售

A厂以生产化妆品为主，增值税一般纳税人。厂部化妆品的不含增值税的价款为628元/箱。自设的非独立核算的门市部零售化妆品50箱，不含增值税的价款为700元/箱。

要求：就门市部的业务计算应纳消费税额。

【政策提示】

纳税人通过自设非独立核算门市部销售自产应税消费品，应按照门市部对外销售价格或数量计算消费税。

【业务处理】

根据上述规定，门市部对外零售化妆品的业务应纳消费税税额计算如下：

$$应纳消费税税额 = 50 \times 700 \times 30\% = 10\ 500\ （元）$$

情境五 计算消费税——自产自用于换取生产资料和消费资料，投资入股和抵偿债务等方面

A厂用自产小汽车10辆向甲钢铁厂换取钢材210吨（每吨钢材市价4 800元）。该厂的同型号小汽车不含增值税销售价格分别有100 000元/辆、98 000元/辆、95 000元/辆三种，本月销售数量分别为8辆、13辆、35辆。消费税税率为3%。

要求：就该厂用自产小汽车换取钢材的业务计算应纳消费税税额。

【政策提示】

税法规定：纳税人以自产的应税消费品用于换取生产资料和消费资料、投资入股和抵偿债务等方面，以纳税人同类应税消费品的最高销售价格为计税依据。

【业务处理】

根据上述规定，该汽车厂用于换取钢材的小汽车也应计税，应纳消费税额计算如下：

$$应纳消费税税额 = 10 \times 100\ 000 \times 3\% = 30\ 000\ （元）$$

情境六 计算消费税——自产自用于“其他方面”

如上“情境四”所述A厂，7月份有如下业务：销售化妆品400箱给甲公司，每箱不含税单价650元；销售化妆品500箱给乙集团，每箱不含税单价600元；另将1箱化妆品发到丙商场作广告试用品。

要求：计算A厂7月份应纳消费税额。

【政策提示】

用于“其他方面”是指用于生产非应税产品、在建工程、管理部门、非生产机构、提供劳务、馈赠、赞助、集资、广告、样品、职工福利、奖励等。

税法规定：用于其他方面视同销售，在移送环节征税。计税时，销售额首选

纳税人同类产品的加权平均价格（但有下列情况之一的，不得列入加权平均计算：销售价格明显偏低并无正当理由的；无销售价格的），当纳税人无同类产品价格时，按照组成计税价格计算纳税。

组成计税价格 = 成本 ×（1 + 成本利润率）÷（1 - 消费税税率）

式中，成本是指应税消费品的生产成本。成本利润率由国家税务总局确定，见表 3 - 2。

表 3 - 2　应税消费品全国平均成本利润率

项目	成本利润率/%	项目	成本利润率/%
甲类卷烟	10	汽车轮胎	5
乙类卷烟	5	摩托车	6
雪茄烟	5	乘用车	8
烟丝	5	中轻型商用客车	5
白酒	10	高尔夫球及球具	10
其他酒	5	高档手表	20
酒精	5	木制一次性筷子	5
化妆品	5	实木地板	5
鞭炮、焰火	5	游艇	10
贵重首饰及珠宝玉石	6		

【业务处理】

根据上述规定，该厂 7 月应纳消费税额计算如下：

用于广告的化妆品销售额 =（650 ×400 +600 ×500）÷（400 +500）

=622. 22（元）

7 月份应纳消费税税额 =（650 ×400 +600 ×500 +1 ×622. 22）×30%

=168 186. 67（元）

思　考

若“情境六”中 A 厂当月及最近时期都没有同类化妆品销售价格，只知该批产品的生产成本。如何确定计税依据？

情境七　计算消费税——将委托加工收回已税消费品直接销售

A 公司委托甲厂加工汽车轮胎（内胎）一批，A 公司提供主要材料成本 100 000 元。甲厂同类同量产品的不含增值税销售额为 200 000 元。甲厂收取加工费 50 000 元、消费税6 000元，开具了增值税专用发票和扣税凭证。A公司收回该批产品后，将30%直接销售给乙公司，取得不含增值税收入70 000元。

要求：就A公司销售汽车轮胎（内胎）进行消费税处理。

【政策提示】

税法规定：委托加工的已税消费品收回后直接出售的，不再缴纳消费税。

【业务处理】

根据上述规定，A公司销售汽车轮胎取得的收入不再缴纳消费税。

情境八　计算消费税——用委托加工收回已税消费品生产应税消费品

如上“情境七”所述，A公司收回该批产品后，将70%用于生产汽车轮胎，并销售给D商店，取得不含增值税收入230 000元。

要求：计算A公司应缴纳的消费税。

【政策提示】

为避免重复征税，税法规定：对用委托加工收回已税消费品继续加工生产的应税消费品计算消费税时，准予按照当期生产领用数量扣除委托加工收回已税消费品已纳的消费税税款。扣除范围仅限：

（1）以委托加工收回的已税烟丝为原料生产的卷烟。

（2）以委托加工收回的已税化妆品为原料生产的化妆品。

（3）以委托加工收回的已税珠宝玉石为原料生产的贵重首饰及珠宝玉石。

（4）以委托加工收回的已税鞭炮焰火为原料生产的鞭炮焰火。

（5）以委托加工收回的已税汽车轮胎（内胎或外胎）为原料生产的汽车轮胎。

（6）以委托加工收回的已税摩托车生产的摩托车。

（7）以委托加工收回的已税杆头、杆身、握把为原料生产的高尔夫球杆。

（8）以委托加工收回的已税木制一次性筷子为原料生产的木制一次性筷子。

（9）以委托加工收回的已税实木地板为原料生产的实木地板。

当期准予扣除的委托加工收回的已税消费品已纳税款 = 期初库存的委托加工已税消费品已纳税款 + 当期收回的委托加工已税消费品已纳税款 − 期末库存的委托加工已税消费品已纳税款

委托加工已税消费品已纳税款为代扣代收税款凭证注明的受托方代收代缴的消费税。

【业务处理】

根据上述规定，A公司应缴纳消费税计算如下：

$$应纳消费税=230\ 000\times3\%-6\ 000\times70\%=2\ 700\ (元)$$

知识拓展

纳税人用委托加工收回的已纳税珠宝玉石生产的，改在零售环节征收消费税的金银首饰，在计税时一律不得扣除委托加工收回的珠宝玉石已纳的消费税税额。

任务三　会从量定额计算消费税税额

基本内容学习

我国消费税对啤酒、黄酒、成品油等应税消费品采用从量定额的计税方法。应纳税额计算公式为：

$$应纳消费税税额=应税数量\times定额税率$$

应税数量具体规定为：

（1）销售应税消费品的，为应税消费品的销售数量。

（2）自产自用应税消费品的，为应税消费品的移送使用数量。

（3）委托加工应税消费品的，为纳税人收回的应税消费品数量。

（4）进口应税消费品的，为海关核定的应税消费品进口征税数量。

应税数量计量单位的换算标准如下：

黄酒	1 吨 =962 升	啤酒	1 吨 =988 升
汽油	1 吨 =1 388 升	柴油	1 吨 =1 176 升
航空煤油	1 吨 =1 246 升	石脑油	1 吨 =1 385 升
溶剂油	1 吨 =1 282 升	润滑油	1 吨 =1 126 升
燃料油	1 吨 =1 015 升		

基本内容应用

A 啤酒厂销售啤酒 500 吨，每吨不含税价格为 3 400 元。另外，时逢春节，将 3 吨啤酒发放给职工。

要求：计算 A 厂应缴纳的消费税额。

处理：

$$应纳消费税额=(500+3)\times250=125\ 750\ (元)$$

在掌握了消费税从量定额计算税额的基本政策的基础上，进一步学习消费税从量定额计税的具体政策。

情境一　计算消费税——用外购已税消费品生产应税消费品

A炼油厂本月外购已税1号石脑油100吨，将其中30吨用于生产2号石脑油。本月销售2号石脑油70吨，取得不含增值税收入480 000元。

要求：计算该厂本月应纳消费税额。

【政策提示】

为避免重复征税，税法规定：对用外购已税消费品继续加工生产的应税消费品计算消费税时，准予按照当期生产领用数量扣除外购应税消费品已纳的消费税税款。扣除范围仅限：

（1）以外购已税石脑油、燃料油为原料生产的应税消费品。

（2）以外购已税润滑油为原料生产的润滑油。

消费税 = 应税数量 × 适用定额税率 − 允许扣除的消费税

允许扣除的消费税 = 本期生产领用量 × 外购已税消费品适用定额税率

【业务处理】

根据上述规定，A炼油厂应纳消费税为：

$$消费税 = 70 \times 1\,385 \times 1.0 - 30 \times 1\,385 \times 1.0 = 55\,400（元）$$

思　考

纳税人用外购的已税消费品生产应税消费品，共有哪几项是允许按生产领用量扣除已纳消费税的？

情境二　计算消费税——用委托加工收回已税消费品生产应税消费品

A厂以委托甲厂加工的1号润滑油（收回时取得有扣税凭证）为原料用于生产2号润滑油。本期销售2号润滑油15 000升，取得不含增值税销售额90 000元，已知本期生产领用了1号润滑油10 000升。

要求：计算A厂本期应纳的消费税额。

【政策提示】

为避免重复征税，税法规定：对用委托加工收回已税消费品继续加工生产的应税消费品计算消费税时，准予按照当期生产领用数量扣除委托加工收回已税消费品已纳的消费税税款。扣除范围仅限：

（1）以委托加工收回已税石脑油、燃料油为原料生产的应税消费品。

（2）以委托加工收回已税润滑油为原料生产的润滑油。

消费税 = 应税数量 × 定额税率 − 允许扣除的消费税

允许扣除的消费税 = 生产领用量 × 委托加工收回的已税消费品的定额税率

【业务处理】

根据上述规定，A厂本期应纳的消费税为：

$$消费税 = 15\,000 \times 1.0 - 10\,000 \times 1.0 = 5\,000\ （元）$$

思考

纳税人用委托加工收回的已税消费品生产应税消费品，共有哪几项是允许按生产领用量扣除已纳消费税的？

任务四　会从价定率和从量定额计算消费税税额

基本内容学习

消费税对卷烟和白酒实行从价定率和从量定额相结合的复合计征方法。应纳税额计算公式为：

$$消费税额 = 销售额 \times 比例税率 + 应税数量 \times 定额税率$$

其中销售额和应税数量的确定，除从价定率计税部分的自产自用、委托加工及进口环节的组成计税价格公式与前述规定不同外，其余规定都如前所述。

基本内容应用

A酒厂本月销售白酒12 000斤，售价为5元/斤。

要求： 计算A厂应缴纳的消费税税额。

处理：

$$应纳消费税额 = 12\,000 \times 5 \times 20\% + 12\,000 \times 0.5 = 18\,000\ （元）$$

在掌握了消费税从价定率和从量定额计算税额的基本政策的基础上，进一步学习消费税复合计税的具体政策。

情境一　计算消费税——以组成计税价格为依据

A酒厂以自产白酒2 000斤用于厂庆活动，生产成本为12元/斤，无同类产品价格。

要求： 计算A厂就此笔业务应纳的消费税额。

【政策提示】

复合计税方法中，需以组成计税价格作为销售额时，组成计税价格的确定公式有如下3种。

1. 纳税人自产自用的应税消费品

组成计税价格 =（成本 + 利润 + 应税数量 × 定额税率）÷（1 – 比例税率）

2. 委托加工的应税消费品

组成计税价格 =（材料成本 + 加工费 + 实际交付数量 × 定额税率）÷（1 – 比例税率）

3. 纳税人进口的应税消费品

组成计税价格 =（关税完税价格 + 关税 + 海关核定的进口数量 × 消费税定额税率）÷（1 – 消费税比例税率）

【业务处理】

根据上述规定，该酒厂应纳消费税额为：

$$消费税 = [12 \times (1 + 10\%) \times 2\,000 + 2\,000 \times 0.5] \div (1 - 20\%) + 2\,000 \times 0.5 = 35\,250\ (元)$$

情境二　计算应纳消费税——白酒最低计税价格的运用

A 酒厂生产 52 度小醉仙和 42 度小酒仙两种酒。本月该酒厂销售小醉仙酒 10 000斤，售价为 5 元/斤，税务机关对小醉仙酒核定了最低计税价格为 7 元/斤。销售小酒仙酒 12 000 斤，售价为 4 元/斤，税务机关未核定最低计税价格。

要求：计算 A 酒厂本月应纳的消费税额。

【政策提示】

根据白酒消费税最低计税价格核定管理办法规定，白酒生产企业销售给销售单位的白酒，生产企业消费税计税价格低于销售单位对外销售价格（不含增值税，下同）70%以下的，税务机关应核定消费税最低计税价格。

白酒消费税最低计税价格核定标准如下：

（1）白酒生产企业销售给销售单位的白酒，生产企业消费税计税价格高于销售单位对外销售价格 70%（含 70%）以上的，税务机关暂不核定税最低计税价格。

（2）白酒生产企业销售给销售单位的白酒，生产企业消费税计税价格低于销售单位对外销售价格 70%以下的，消费税最低计税价格由税务机关根据生产规模、白酒品牌、利润水平等情况在销售单位对外销售价格 50% ~70%范围内自行核定。其中生产规模较大，利润水平较高的企业生产的需要核定消费税最低计税价格的白酒，税务机关核价幅度原则上应选择在销售单位对外销售价格 60% ~70%范围内。

【业务处理】

根据上述规定，小醉仙酒应以税务机关核定最低计税价格为计税依据。该酒厂应纳消费税为：

$$
\begin{aligned}
\text{消费税} &= (10\,000\times7+12\,000\times4)\times20\%+(10\,000+12\,000)\times0.5 \\
&= 34\,600\ (\text{元})
\end{aligned}
$$

知识拓展

什么是“销售单位”？

销售单位是指销售公司、购销公司以及委托境内其他单位或个人包销本企业生产的白酒的商业机构。

其中，销售公司、购销公司是指专门购进并销售白酒生产企业生产的白酒，并与该白酒生产企业存在关联性质。

包销是指销售单位依据协定价格从白酒生产企业购进白酒，同时承担大部分包装材料等成本费用，并负责销售白酒。

任务五　了解消费税征收管理

一、纳税义务发生时间

（一）纳税人销售应税消费品的，按不同的销售结算方式分别为

（1）采取赊销和分期收款结算方式的，为书面合同约定的收款日期的当天，书面合同没有约定收款日期或者无书面合同的，为发出应税消费品的当天。

（2）采取预收货款结算方式的，为发出应税消费品的当天。

（3）采取托收承付和委托银行收款方式的，为发出应税消费品并办妥托收手续的当天。

（4）采取其他结算方式的，为收讫销售款或者取得索取销售款凭据的当天。

（二）纳税人自产自用应税消费品的，为移送使用的当天

（三）纳税人委托加工应税消费品的，为纳税人提货的当天

（四）纳税人进口应税消费品的，为报关进口的当天

二、纳税地点

纳税人销售的、自产自用的应税消费品，除国务院财政、税务主管部门另有规定外，应当向纳税人机构所在地或者居住地的主管税务机关申报纳税。

委托加工的应税消费品，除受托方为个人外，由受托方向机构所在地或者居住地的主管税务机关解缴消费税税款。

进口的应税消费品，应当向报关地海关申报纳税。

三、纳税期限

消费税的纳税期限分别为1日、3日、5日、10日、15日、1个月或者1个季度。纳税人的具体纳税期限，由主管税务机关根据纳税人应纳税额的大小分别核定；不能按照固定期限纳税的，可以按次纳税。

纳税人以1个月或者1个季度为1个纳税期的，自期满之日起15日内申报纳税；以1日、3日、5日、10日或者15日为1个纳税期的，自期满之日起5日内预缴税款，于次月1日起15日内申报纳税并结清上月应纳税款。

纳税人进口应税消费品，应当自海关填发海关进口消费税专用缴款书之日起15日内缴纳税款。

项目4

营业税的计算与申报

实际岗位

收入核算岗位；办税员。

工作任务

在确定当期营业税应税业务营业额的基础上，计算当期应纳营业税，编制会计凭证，登录相关账簿，在规定期限内填制《营业税纳税申报表》，进行纳税申报。

教学目的

通过“项目4”的学习和实训，达到：

* 会确定不同应税业务的营业额；
* 会计算各种情形下应纳的营业税额；
* 会计算当期营业税额；
* 会填制《营业税纳税申报表》。

任务一　了解营业税基本税制内容

基本内容学习

营业税是对在我国境内提供应税劳务、转让无形资产、销售不动产的单位和个人所取得的营业额征收的一种税。

一、营业税税目及范围

一般而言，只要在境内提供应税劳务、销售不动产、转让无形资产，均应征收营业税。按照现行营业税的规定，将应税业务分为9个税目。

（一）交通运输业

交通运输业是指使用运输工具或人力、畜力将货物或旅客送达目的地，使其空间位置得到转移的业务活动。本税目的征收范围包括陆路运输、水路运输、航空运输、管道运输、装卸搬运。凡与运营业务有关的各项劳务活动，均属本税目的征税范围。

（二）建筑业

建筑业中具体包括建筑、安装、修缮、装饰和其他工程作业。

建筑是指新建、改建、扩建各种建筑物、构筑物的工程作业，包括与建筑物相连的各种设备和支柱、操作平台的安装工程作业。

安装是指生产设备、动力设备、起重设备、运输设备、传动设备、医疗室设备及其他各种设备的装配安置工程作业，包括与设备相连的工作台、梯子、栏杆的装设工程作业和被安装设备的绝缘、防腐、保温、油漆等工程作业在内。

修缮是指对建筑物、构筑物进行修补、加固、养护、改善，使之恢复原来的使用价值或延长其使用期限的工程作业。

装饰是指对建筑物、构筑物进行修饰，使之美观或具有特定用途的工程作业。

其他工程作业是指上列工程作业以外的各种工程作业，如代办电信工程、水利工程、道路修建、疏浚、钻井（打井）、拆除建筑物或构筑物、平整土地、搭脚手架、爆破等工程作业。

（三）金融保险业

金融保险业包括金融业和保险业。

金融业是指经营货币资金融通活动的业务，包括贷款、融资租赁、金融商品转让、金融经纪业和其他金融业务。贷款是指将资金贷与他人使用的业务。融资租赁是指具有融资性质和所有权转移特点的设备租赁业务。金融商品转让是指转让外汇、有价证券或非货物期货的所有权的行为。非货物期货是指商品期货、贵金属期货以外的期货，如外汇期货等。金融经纪业是指受托代他人经营金融活动的业务。其他金融业务是指上列业务以外的各项金融业务，如银行结算、票据贴现等。存款或购入金融商品行为，不征收营业税。

保险业是指将通过契约形式集中起来的资金，用以补偿被保险人的经济利益的业务。

（四）邮电通信业

邮电通信业是指专门办理信息传递的业务。包括邮政、电信及与邮政电信相关的业务。

（五）文化体育业

文化体育业是指经营文化、体育活动的业务。包括文化业、体育业。

文化业，包括表演、播映、其他文化业。表演是指进行戏剧、歌舞、时装、健美、杂技、民间艺术、武术、体育等表演活动的业务。播映是指通过电台、电视台、音响系统、闭路电视、卫星通信等无线或有线装置传播作品以及在电影院、影剧院、录像厅及其他场所放映各种节目的业务。其他文化业是指经营上列活动以外的文化活动的业务，如各种展览、培训活动，举办文学、艺术、科技讲座、演讲、报告会，图书馆的图书和资料借阅业务等。

经营游览场所的业务（是指公园、动（植）物园及其他各种游览场所销售门票的业务）比照文化业征税。

体育业指举办各种体育比赛和为体育比赛或体育活动提供场所的业务。

（六）娱乐业

娱乐业是指为娱乐活动提供场所和服务的业务。包括经营歌厅、舞厅、卡拉OK歌舞厅、音乐茶座、台球、高尔夫球、保龄球、网吧、游艺场等娱乐场所，以及娱乐场所为顾客进行娱乐活动提供服务的业务。

（七）服务业

服务业是指利用设备、工具、场所、信息或技能为社会提供服务的业务。包括代理业、旅店业、饮食业、旅游业（含旅游景点经营索道取得的收入）、仓储业、租赁业、广告业等。

代理业是指代委托人办理受托事项的业务，包括代购代销货物、代办进出口、介绍服务、其他代理服务。金融经纪业、邮政部门的报刊发行业务，不按本税目征税。

旅店业是指提供住宿服务的业务。

饮食业是指通过同时提供饮食和饮食场所的方式为顾客提供饮食消费服务的业务。

旅游业为旅游者安排食宿、交通工具和提供导游等旅游服务的业务。

仓储业是指利用仓库、货场或其他场所代客贮放、保管货物的业务。

租赁业是指在约定的时间内将场地、房屋、物品、设备或设施等转让他人使用的业务。

广告业是指利用图书、报纸、杂志、广播、电视、电影、幻灯、路牌、招贴、橱窗、霓虹灯、灯箱等形式为介绍商品、经营服务项目、文体节目或通告、声明等事项进行宣传和提供相关服务的业务。

其他服务业是指上列业务以外的服务业务，如沐浴、理发、洗染、照相、美术、裱画、誊写、打字、镌刻、计算、测试、试验、化验、录音、录像、复印、晒图、设计、制图、测绘、勘探、打包、咨询等。

（八）转让无形资产

转让无形资产是指转让无形资产的所有权或使用权的行为，包括转让土地使用权、商标权、专利权、非专利技术、著作权和商誉、出租电影拷贝等。

商誉在持有时不按无形资产对待，但转让时属于无形资产转让。

（九）销售不动产

销售不动产是指有偿转让不动产所有权的行为，包括销售建筑物或构筑物和其他土地附着物。连带土地使用权一并转让的行为，比照销售不动产征税。

二、营业税纳税人

营业税以从事应税业务、取得应税收入的单位和个人为纳税人。

三、营业税税率

营业税设置行业比例税率，见表4－1。

表4－1 营业税税目税率表

税目	征收范围	税率/%
（一）交通运输业	陆路运输、水路运输、航空运输、管道运输、装卸搬运	3
（二）建筑业	建筑工程、安装工程、修缮工程、装饰工程及其他工程作业	3
（三）金融保险业	金融业、保险业	5
（四）邮电通信业	邮政、电信、与邮政电信相关的业务	3
（五）文化体育业	文化业、体育业	3
（六）娱乐业	歌厅、舞厅、卡拉OK歌舞厅、音乐茶座、台球、高尔夫球、保龄球、网吧、游艺场等娱乐场所为顾客进行娱乐活动提供的服务	5～20
（七）服务业	代理业、旅店业、饮食业、旅游业、仓储业、租赁业、广告业、其他服务业	5
（八）转让无形资产	转让土地使用权、转让商标权、转让专利权、转让非专利技术、转让著作权、转让商誉、出租电影拷贝	5
（九）销售不动产	销售建筑物、销售构筑物、销售其他土地附着物	5

四、税收优惠

（一）下列项目免征营业税

（1）托儿所、幼儿园、养老院、残疾人福利机构提供的养育服务，婚姻介绍，殡葬服务。

（2）残疾人员本人提供的服务。

（3）医院、诊所和其他医疗机构提供的医疗服务。

（4）学校和其他教育机构提供的教育服务；学生勤工俭学提供的劳务。

（5）农业机耕、排灌、病虫害防治、植物保护、农牧保险及相关技术培训业务；家禽、牲畜、水生动物的配种和疾病防治服务。

（6）纪念馆、博物馆、文化馆、文物保护单位管理机构、美术馆、展览馆、书画院、图书馆举办文化活动的门票收入；宗教场所举办文化、宗教活动的门票收入。

（7）境内保险机构为出境货物提供的保险产品。

（二）减税或免税项目

根据税务总局、财政部或国务院的其他规定，金融保险、科技信息、文化教育、医疗卫生、相关人员（军转、残疾、下岗）再就业等项目提供的部分服务可以减征或免征营业税。

基本内容应用

A公司从事多种经营，下辖酒店（住宿、餐饮）、KTV歌厅、健身房等3个部门，各业务分别核算。

要求： 确定A公司营业税相关要素。

处理：

A公司是营业税纳税人，适用服务业（酒店）、娱乐业（KTV歌厅）、文化体育业（健身房）3个税目，分别适用5%，20%，3%的税率计算税款。

在掌握了营业税的基本税制内容的基础上，进一步学习营业税关于基本要素的具体政策。

情境一　确定纳税人义务

A公司是境内的一个纳税人，有如下业务：

（1）将其在境内的一处建筑物租与B公司，取得租金收入。

（2）将其拥有的一项专利转让与甲国的C公司（在境外），取得转让收入。

（3）将其在乙国的一处不动产转让，取得销售收入。

（4）将其在境内的一处土地的使用权转让与丙国的D公司，取得转让收入。

要求： 确定A公司的纳税义务。

【政策提示】

营业税对在境内提供应税业务征税，“在境内”是指以下4种情况。

（1）应税劳务：提供或接受应税劳务的单位或个人在境内。

（2）无形资产（不含土地使用权）：所转让的无形资产的接收单位或个人在境内。

（3）土地使用权：所转让或出租土地使用权的土地在境内。

（4）不动产：所销售或出租的不动产在境内。

【业务处理】

若只考虑税目，上述4项业务均为应税业务，但考虑了“在境内”的概念后，A公司只就第1、第4笔业务收入向其主管税务机关申报纳税，分别适用“服务业”“转让无形资产”。

情境二　确定纳税人

A公司拥有一处三层建筑物，第一层为A公司自用，经营营业税服务业业务；第二层出租给B公司，B公司在承租了场地后，办理了工商登记和税务登记，经营室内装修，兼营装修材料销售；C公司与A公司签订了承包经营合同，C公司以A公司的名义，用第三层经营歌厅和音乐茶座业务，由A公司承担相关法律责任，C公司每年向A公司交纳一定承包费。

要求：确定营业税纳税人。

【政策提示】

单位以承包、承租、挂靠（以下统称承包）方式经营的，当承包人发生应税行为时，应视不同情况确定纳税人：承包人以发包人名义对外经营并由发包人承担相应法律责任的，以发包人为纳税人；否则以承包人为纳税人。

【业务处理】

按政策规定，A公司自用第一层经营服务业业务，其经营收入应按服务业缴纳营业税，A公司为纳税人；B公司以自己的名义经营室内装修业务，其经营收入应按建筑业缴纳营业税（装修材料销售应缴纳增值税），B公司为纳税人；C公司以A公司的名义经营歌厅和音乐茶座业务并由A公司承担相关法律责任，其经营收入应按娱乐业缴纳营业税，A公司为纳税人。

情境三　确定征税范围——兼营业务的处理

A饭店主营住宿、饮食、娱乐业务，兼营商品零售业务。

要求：确定A饭店应缴纳的税种。

【政策提示】

纳税人经营不同种类的业务，称之为“兼营”。营业税相关政策为：纳税人兼营应税劳务与货物或非应税劳务的，应分别核算营业额和销售额。未分别核算的，由主管税务机关核定其应税行为营业额。

【业务处理】

按政策规定，A饭店的经营行为属兼营行为，应分别计税。住宿、饮食、娱乐业务按“服务业”计征营业税，商品零售业务计征增值税。

情境四　确定征税范围——混合销售业务的处理

A照相馆以照相服务为主营业务，兼营相框相册销售、相机租赁等业务，分别核算。某日取得以下四笔收入。

(1) 为甲顾客提供照相服务，种类为证件照，交付照片后收取收入。

(2) 为乙顾客提供照相服务，种类为一套艺术照，应顾客要求，冲印为相应尺寸镶入相框，交付照片后收取收入。

(3) 向丙顾客销售相册一个，收取收入。

(4) 将一相机出租给丁顾客，收取收入。

要求：确定A照相馆应缴纳的税种。

【政策提示】

混合销售行为是指一项销售行为既涉及营业税劳务，又涉及增值税货物。对从事货物的生产、批发、零售（或以其为主）的纳税人，视为销售货物，征收增值税；其他单位和个人，视为提供营业税劳务，征收营业税。

【业务处理】

按政策，为甲、丁顾客提供的服务属“服务业”，应征收营业税；向丙顾客销售相册属销售货物，应征收增值税；为乙顾客提供的服务即为“混合销售”，A照相馆属“其他单位和个人”，所以全部收入视为提供营业税的“服务业”劳务，征收营业税。

情境五　确定征税范围——建筑业的特殊政策

A建筑公司承包一建筑物的建造项目，在建筑过程中，从本公司下属水泥制品厂购进水泥制品支付金额60万元；从其他单位购进钢筋、水泥、沙石等建筑材料支付金额180万元。项目竣工验收后，共收到承包款300万元。

要求：确定A公司应缴纳的税种。

【政策提示】

对建筑业混合销售有特殊规定：纳税人销售自产货物同时提供建筑业劳务的混合销售行为，应当分别核算货物销售额和非增值税应税劳务的营业额，货物销售额计征增值税，应税劳务营业额缴纳营业税；未分别核算的，由主管税务机关核定应税劳务营业额。

【业务处理】

按此规定，A建筑公司应将60万元的水泥制品申报缴纳增值税，将其余240万元的承包额按“建筑业”申报缴纳营业税。

情境六 确定征税范围——视同销售业务的处理

A公司筹资3 000万元建造了五幢住宅楼和一幢办公楼。除办公楼自用外，将两幢住宅楼对外销售，一幢住宅楼的永久使用权转让给本公司员工，一幢住宅楼无偿赠送给另一单位，一幢住宅楼用于投资入股，并与接受投资方共担风险，共享盈利。

要求：确定A公司应缴纳的税种。

【政策提示】

营业税的相关政策规定如下所述。

(1) 纳税人有下列情形之一的，视同发生应税行为。

①单位或个人自己新建建筑物后销售，自建行为视同提供建筑业劳务。

②单位或个人将不动产或土地使用权无偿赠送他人，均视同销售不动产。

③以转让有限产权或永久使用权方式销售建筑物，视同销售建筑物。

(2) 纳税人以无形资产、不动产投资入股，参与接受投资方利润分配，共同承担投资风险的行为，不征收营业税。在投资后转让其股权的，也不征收营业税。自建自用建筑物的自建行为不是建筑业的征税范围。

【业务处理】

按上述规定，A公司应就对外销售、转让永久使用权、无偿赠送的四幢住宅楼的收入按“建筑业”“销售不动产”两个税目申报缴纳营业税；自用的办公楼、投资入股的住宅楼不征营业税。

情境七 确定税目

营业税征税范围涉及各种服务行业，具体服务业务种类繁多。要求会根据具体业务确定适用税目。如：

(1) A邮电局销售集邮商品、发行报刊；B个人销售集邮商品。

(2) C通信公司向一顾客销售移动电话，同时开通入网，提供通信服务；D商店的柜台向一顾客销售电话机。

(3) E有线电视台有以下收入：有线电视初装费收入；播映广告收入；有线数字收费频道收费收入。

(4) F远洋运输公司将自有轮船租与一公司，未配备操作人员，不承担任何费用，只收取固定租金。

(5) G航空公司将自有飞机租与一公司，未配备操作人员，不承担任何费用，只收取固定租金。

(6) H公司拥有一酒店30%房产产权，约定在10年内以房产使用权与酒店合作经营，H公司可按月取得租金，年终可分得酒店税后利润的一定比例。

要求：确定各纳税人适用的税目。

【政策提示】

营业税相关政策规定：

（1）报刊发行是指邮政部门代出版单位收订、投递、销售各种报纸、杂志的业务。邮政部门发行报刊征收营业税，其他单位和个人发行报刊征收增值税。

（2）集邮商品是指邮票、明信片、首日封、邮折、集邮簿、邮票目录、护邮袋等。集邮商品的生产、调拨以及邮政部门以外的其他单位和个人销售集邮商品，征收增值税。邮政部门销售集邮商品征收营业税。

（3）电信物品指电信业务专用或通用的物品，如无线寻呼机、移动电话、电话机、其他电信器材等。电信单位自己销售电信物品，并为客户提供有关电信劳务服务的，征收营业税，对单纯销售电信物品，不提供有关电信劳务服务的，征收增值税。

（4）有线电视台收取的“初装费”属“建筑业”；广告播映收入属“服务业”中的广告业；收取的有线电视收视费收入属于“文化体育业”中的播映。

（5）光租业务是指远洋运输企业将船舶在约定的时间内出租给他人使用，不配备操作人员，不承担运输过程中发生的各种费用，只收取固定租赁费的业务。干租业务是指航空运输企业将飞机在约定的时间内出租给他人使用，不配备操作人员，不承担运输过程中发生的各种费用，只收取固定租赁费的业务。对光租业务和干租业务按“服务业”中的租赁业征收营业税。

（6）酒店产权式经营业主在约定的时间内提供房产使用权与酒店进行合作经营，业主取得的固定收入和分红收入均视为租金收入，按“服务业”中的租赁业征收营业税。

【业务处理】

根据上述规定可知：

A 邮电局的收入——邮电通信业；B 个人的收入——应纳增值税；C 通信公司的收入——邮电通信业；D 商店的收入——应纳增值税；E 有线电视台的有线电视初装费收入——建筑业，播映广告收入——服务业，有线数字收费频道收费收入——文化体育业；F 远洋运输公司的收入——服务业；G 航空公司的收入——服务业；H 公司的收入——服务业。

任务二　会确定营业税的计税依据

基本内容学习

一、营业税计税依据的一般规定

营业税的计税依据一般为从事应税业务所取得的营业额，包括价款和价外费用。

价外费用包括手续费、补贴、基金、集资费、返还利润、奖励费、违约金、延期付款利息、罚息、代收款项、贷垫款项、滞纳金、赔偿金等。但同时符合以下条件的代收款项不属于价外费用：由国务院或财政部批准设立的政府性基金，由国务院或省级人民政府及其财政、价格主管部门批准设立的行政事业性收费；收取时开具省级以上财政部门印制的财政票据；所收款项全额上缴财政。

二、营业税计税依据的特殊规定

（1）纳税人提供的应税业务的营业额明显偏低且无正当理由时，应按下列顺序确定营业额：

①按纳税人最近期同类应税行为平均价格。

②按其他纳税人最近期同类应税行为平均价格。

③按组成计税价格，即

$$组成计税价格 = 成本 \times (1 + 成本利润率) \div (1 - 营业税税率)$$

（2）纳税人发生折扣销售时，营业额的确定方法为：若将价款与折扣在同一张发票上注明，则以折扣后的价款为营业额；若将折扣另开发票，无论财务如何处理，均以原价款为营业额。

思　考

"营业税计税依据"的特殊规定中营业额的确定方法与增值税视同销售情况下需确定销售额的相关方法有何异同？

基本内容应用

A建筑公司承包一建筑项目，承包额为800万元，因出包方延期付款，在结算时还取得延期付款利息1万元。当地建筑行业的成本利润率为16%。

要求： 确定A建筑公司计算营业税的计税依据。

处理：

A建筑公司计算营业税的计税依据为：

$$营业额 = 价款价外 + 费用 = 800 + 1 = 801（万元）$$

思　考

如"基本内容应用"所示，A公司的业务中，若经过税务机关核定，A公司提供的计税依据明显偏低且A公司也未做任何解释，则该笔业务如何确定营业税计税依据？

在掌握了确定营业税计税依据的基本政策的基础上，进一步学习营业税确定计税依据的具体政策。

情境一　确定交通运输业的计税依据

A运输公司主营货物运输业务。本月有如下收入：

(1) 境内货物运输费30 000元（含将承揽的一项运输业务分给B公司而应分给B公司的款项8 000元），手续费500元，装卸搬运费7 000元。

(2) 承接一笔运输货物出境的业务，共收取运费20 000元，运输至境外C城市交与D公司承运，支付给D公司运费6 000元。

要求：确定A运输公司本月计征营业税的计税依据。

【政策提示】

关于确定交通运输业计税依据的相关政策有：

(1) 纳税人将承揽的运输业务分给其他单位或个人的，以其取得的全部营业额扣除支付给其他单位或个人的费用后的余额为计税依据。

(2) 运输企业运货或运客出境，在境外改由其他运输单位承运旅客或货物，以全程运费减除付给该运输公司运费后的余额为计税依据。

【业务处理】

根据营业税确定计税依据的基本规定和上述政策，A运输公司本月计征营业税的计税依据为：

$$\begin{aligned}\text{营业额} &= (30\,000-8\,000)+500+7\,000+(20\,000-6\,000)\\ &= 43\,500\ (\text{元})\end{aligned}$$

情境二　确定建筑业的计税依据

A建筑公司主营建筑业业务。本期有如下收入：

(1) 承包一建筑工程，总承包额2 000万元，其中包括分包给B公司部分工程而应支付给B公司的工程价款400万元。竣工结算时，因建设单位提供了部分建筑材料和建筑物中应安装的中央空调一台，价值分别为100万元、200万元，所以取得了款项1 700万元，另取得提前竣工奖金2万元。

(2) 承包一建筑物室内装饰工程，客户提供材料和设备，共计价值50万元，程竣工结算后，收取承包款（不含客户提供材料和设备）60万元。

要求：确定A建筑公司本期计征营业税的计税依据。

【政策提示】

关于确定建筑业计税依据的相关政策有：

(1) 纳税人将建筑工程分包给其他单位的，以扣除支付给其他单位的分包款后的余额为营业额。

(2) 纳税人提供建筑业劳务，营业额中不包括建设方提供的设备价款。

(3) 纳税人提供装饰劳务，不含客户自行采购的材料和设备价款。

【业务处理】

根据上述规定，A建筑公司本月计征营业税的计税依据为：

$$营业额 = (2000 - 400 - 200) + 2 + 60 = 1\,462\ (万元)$$

思考

对建筑业的计税依据如何确定？

情境三 确定金融业的计税依据

A银行本期有如下业务：

(1) 取得贷款利息收入50 000元，逾期罚息收入1 000元。

(2) 支付存款利息支出20 000元。

(3) 与甲公司签订合同，将一设备以5年（每年按360天计算，本期按90天算）的期限以融资租赁的方式出租给甲公司。5年期满后，共应取得租赁收入830 000元。该设备购入原价为500 000元，相关税金150 000元，保险费、运杂费、安装费共计80 000元。

(4) 从事金融商品买卖业务，买入价130 000元，支付各种税费400元；卖出价160 000元，支付各种税费500元。

(5) 提供代收煤气费、学杂费、交通违章罚款等业务，取得全部收入300 000元，支付给各委托方价款合计280 000元。

要求：确定A银行本期计征营业税的计税依据。

【政策提示】

金融业的各类业务在确定营业税计税依据时有所不同：

(1) 贷款业务以利息收入全额为营业额，包括各种罚息、加息收入。

(2) 融资租赁业务以向承租方收取的全部收入减去出租方承担的货物的实际成本后的余额为营业额。

(3) 金融商品买卖业务以卖出价减去买入价后的余额为营业额。卖出价指卖出原价，不得扣除卖出过程中支付的各种税费。买入价指购进原价，不得扣除购进过程中支付的各种税费。

(4) 金融经济业务和其他金融业务以手续费收入为营业额。

【业务处理】

根据上述规定，A银行本期计征营业税的计税依据为：

营业额 =（50 000 + 1 000）+（830 000 − 500 000 − 150 000 − 80 000）×
〔90 ÷（360 × 5）〕+（160 000 − 130 000）+（300 000 − 280 000）
= 106 000（元）

情境四　确定保险业的计税依据

A保险公司本期取得各种保险业务的保费收入50 000元。另应甲保险公司邀请，共同为一运输业务提供保险服务，业务完成后，从甲公司摊回分保费用10 000元。

要求：确定A公司本期计征营业税的计税依据。

【政策提示】

保险公司一般以收入全额为计税依据，参加分保险而摊回分保费用不征收营业税。

【业务处理】

根据上述规定，A保险公司本期计征营业税的计税依据为50 000元。

情境五　确定邮电通信业的计税依据

A邮电局本月有如下收入：投递包裹信件取得收入35 000元；承接报刊发行取得收入26 000元；销售集邮商品取得收入31 000元；为甲单位安装电话取得安装劳务费36 000元，提供电信设备取得收入28 000元；销售移动电话取得收入23 000元，并将其开通入网，提供电信业服务，取得营业额15 000元。

要求：确定A邮电局本期计征营业税的计税依据。

【政策提示】

营业税有关确定邮电通信业计税依据的政策有：

（1）邮政业以纳税人从事传递函件、包裹、邮汇、报刊发行、邮政物品销售等业务所取得的营业额为计税依据。

（2）电信业以纳税人提供电报、电话、电传、电话机安装、电信物品销售或其他电信业务所取得的营业额为计税依据。

（3）关于“混合销售”的有关规定前已述及。

【业务处理】

根据上述规定，A邮电局本月计征营业税的计税依据为：

营业额 = 35 000 + 26 000 + 31 000 +（36 000 + 28 000）+（23 000 + 15 000）
= 194 000（元）

情境六　确定文化体育业的计税依据

A市电视台本月开展各类文化、服务业务，有如下业务：

（1）取得有线电视付费频道业务收视费收入130 000元，含应向甲电视台分配的收入40 000元，另有从乙电视台分得收视费收入20 000元。

（2）与丙文化传播公司合作举办文艺演出，共取得售票收入500 000元，应支付演出场所租赁费60 000元，经纪单位费用10 000元，按合同约定，A市电视台可分得收入的40%。

要求： 确定A市电视台本月计征营业税的计税依据。

【政策提示】

有关确定文化体育业计税依据的政策有：

（1）文化体育业的营业额是纳税人经营文化业、体育业取得的全部收入，包括演出收入、播映收入、其他文化收入、经营游览场所收入和体育收入。

（2）有线电视付费频道业务由直接向用户收取收视费的单位按收取全额计征营业税，对各合作单位分得的收视费收入不再征收营业税。

【业务处理】

根据上述规定，A市电视台本月计征营业税的计税依据为：

$$
\begin{aligned}
\text{营业额} &= 130\,000 + 500\,000 \times 40\% \\
&= 330\,000(\text{元})
\end{aligned}
$$

情境七　确定娱乐业的计税依据

A歌舞厅本月有如下收入：包间收入60 000元，烟、酒、饮料、小食品、鲜花销售收入100 000元。

要求： 确定A歌舞厅本月计征营业税的计税依据。

【政策提示】

营业税规定：娱乐业以全部价款和价外费用为计税依据，包括门票、点歌费、烟、酒、饮料、小食品、鲜花销售等。

【业务处理】

根据上述规定，A歌舞厅本月计征营业税的计税依据为：

$$\text{营业额} = 60\,000 + 100\,000 = 160\,000(\text{元})$$

情境八　确定服务业的计税依据——代理业的计税依据

A公司主要从事各类代理业务。本月发生如下业务：

（1）受甲公司委托代购货物，甲公司通过转账支付了货款和相关税金58 500元，所有手续办妥后，收到劳务费5 000元。

（2）取得若干笔餐饮中介服务费4 000元，另外还收到乙公司委托转付的就餐费用10 000元。

（3）代销福利彩票，取得彩票销售收入20 000元，办妥款项上交手续后，取得手续费600元。

要求: 确定A公司本月计征营业税的计税依据。

【政策提示】

营业税规定：代理业以纳税人向委托方实际收取的代理劳务报酬为计税依据。

【业务处理】

根据上述规定，A公司本月计征营业税的计税依据为：

营业额=5 000+4 000+600=9 600(元)

情境九　确定服务业的计税依据——旅游业的计税依据

A旅行社提供一线三日游服务，本次以20人组团，每人收费2 600元，应支付游客途中餐、车、住、门票等费用每人1 500元，还应支付旅游景点所在地旅行社接团费用8 000元。

要求: 确定A旅行社本次计征营业税的计税依据。

【政策提示】

营业税规定：旅游业以全部收入减去替游客支付的车、餐、住、景点门票、接团费用后的余额为计税依据。

【业务处理】

根据上述规定，A旅行社本次计征营业税的计税依据为：

营业额=2 600×20－1 500×20－8 000=14 000(元)

情境十　确定服务业的计税依据——广告业的计税依据

A广告公司和甲公司签订合同，为其制作广告并代为发布。约定广告制作费为80 000元，代理发布费用6 000元。A公司与乙杂志社谈妥发布该广告，支付广告发布费120 000元。业务结算后，甲公司共支付A公司206 000元。

要求: 确定A广告公司该笔业务计征营业税的计税依据。

【政策提示】

营业税规定：广告业的营业额为从事广告设计、制作、刊登、播映等活动取得的收入。“广告代理业”属“广告业”，以全部收入减去支付给其他广告公司或广告发布者的广告发布费后的余额为计税依据。

【业务处理】

根据上述规定，A广告公司该笔业务计征营业税的计税依据为：

营业额=80 000+6 000=86 000(元)

情境十一　确定服务业的计税依据——物业管理的计税依据

A物业公司本月有如下收入：

(1) 本月向小区业主共收取款项100 000元，包括应代业主支付的水、电、燃气等费用80 000元。

(2) 产权属于本公司的建筑物两座，可当仓库使用。将其中之一出租给甲公司，租期5年，年租金收入120 000元，按月收取费用；利用另一个提供仓储服务，本月取得收入40 000元。

要求：确定A广告公司本月计征营业税的计税依据。

【政策提示】

营业税规定：

(1) 物业管理单位以与物业管理有关的全部收入减去代业主或承租人支付的水、电、燃气、租金等费用后的余额为营业额。

(2) 仓储业的营业额为取得的全部收入。

(3) 租赁业的营业额为租金收入。

【业务处理】

根据上述规定，A物业公司本月计征营业税的计税依据为：

$$营业额=(100\,000-80\,000)+120\,000\div12+40\,000=70\,000(元)$$

情境十二　确定转让无形资产的计税依据

A单位提供非专利技术服务一次，取得收入4万元；将一项专利权转让给甲公司，取得收入50万元（该项专利的开发、申请费用共计30万元）；将一处受让的土地使用权（受让价为15万元）以20万元的价格转让给乙厂；将一处抵债得来的土地使用权（抵债时作价10万元）以13万元的价格转让给丙公司。

要求：确定A单位就以上业务计征营业税的计税依据。

【政策提示】

营业税规定：

(1) 转让无形资产（除土地使用权），以取得的全部收入为营业额。

(2) 转让土地使用权时，计税依据的具体规定有：转让购置或受让的土地使用权时，以全部收入减去购置或受让原价后的余额为营业额；转让抵债所得的土地使用权时，以全部收入减去抵债时该项土地使用权作价后的余额为营业额。

【业务处理】

根据上述规定，A单位计征营业税的计税依据为：

$$营业额=4+50+(20-15)+(13-10)=62(万元)$$

情境十三　确定销售不动产的计税依据

A单位将发包建造的一座写字楼销售，取得收入4 000万元；将购入的一座空闲厂房销售给乙公司，取得收入300万元（该座厂房购置原价为230万元）；将一座抵债得来的住宅楼（抵债时作价600万元）以660万元的价格销售给丙公司。

要求：确定A单位就以上业务计征营业税的计税依据。

【政策提示】

营业税规定：销售不动产，以取得的全部收入为营业额。销售购置的不动产时，以全部收入减去购置原价后的余额为营业额；销售抵债所得的不动产时，以全部收入减去抵债时该项不动产作价后的余额为营业额。

【业务处理】

根据上述规定，A单位计征营业税的计税依据为：

营业额 = 4 000 + (300 − 230) + (660 − 600) = 4 130（万元）

思　考

转让土地使用权与销售不动产

（1）一般情况下，转让土地使用权与销售不动产的计税依据如何确定？

（2）转让购置、受让或抵债所得的土地使用权与销售购置或抵债所得的不动产的计税依据的确定有何异同？

关于兼营业务的处理

（1）纳税人经营的业务中，有增值税、营业税业务，如何确定销售额？

（2）纳税人经营若干项同属增值税应税范围的业务，如何确定适用税率？

（3）纳税人经营若干项同属营业税应税范围的业务，如何确定适用税率？

（4）纳税人经营若干项同属消费税应税范围的业务，如何确定适用税率？

任务三　会计算营业税税额

基本内容学习

在确定了具体业务的计税依据和适用税率后，营业税额的计算公式为：

营业税 = 营业额 × 适用税率

基本内容应用

A邮政局本月通过投递信件、包裹、报纸杂志、销售集邮商品等业务，共取得营业额4 000元。

要求：计算A邮局本月应缴纳的营业税。

处理：

$$A\text{邮局应纳营业税} = 4\,000 \times 3\% = 120(\text{元})$$

在掌握了营业税计算税款的基本政策的基础上，进一步学习营业税税额计算的具体政策。

情境一 购买税控收款机的税额抵免处理

A饭店本月取得餐饮收入50 000元，住宿收入80 000元，娱乐收入30 000元。在本月，应税务机关要求购买了税控收款机，取得商业零售普通发票注明价税合计金额11 700元。税务机关核定的娱乐业税率为20%。

要求：计算A饭店本月的营业税额。

【政策提示】

纳税人购置税控收款机的，经审批后，可凭增值税专用发票上注明的增值税额抵免当期应纳的营业税额；若取得的是价税合计的普通发票，可算出增值税予以抵免。当期应纳税额不足抵免的，可在下期继续抵免。

小知识

什么是税控收款机？

税控收款机是具有税控功能，能够保证经营数据的正确生成、可靠存储和安全传递，实现税务机关的管理和数据核查等要求的电子收款机。

【业务处理】

根据政策规定：

$$\text{允许抵扣的增值税额} = 11\,700 \div (1 + 17\%) \times 17\% = 1\,700(\text{元})$$

$$\text{营业税} = (50\,000 + 80\,000) \times 5\% + 30\,000 \times 20\% - 1\,700 = 10\,800(\text{元})$$

任务四 会进行营业税纳税申报

基本内容学习

一、纳税义务发生时间的基本规定

营业税纳税义务发生时间为纳税人提供应税劳务、转让无形资产、销售不动产并收讫营业额或取得索取营业额凭据的当天。

二、纳税期限的确定

营业税的纳税期限分别为5日、10日、15日、1个月或1个季度。具体由主管税务机关根据纳税人实际情况确定。纳税人不能按期纳税的，也可按次纳税。

三、纳税地点的基本规定

纳税人提供应税劳务的，应向其机构所在地或居住地的主管税务机关申报纳税。但提供建筑业劳务的纳税人应当向劳务发生地的主管税务机关申报纳税。

纳税人转让无形资产的，应向其机构所在地或居住地的主管税务机关申报纳税。但出租、转让土地使用权的纳税人应当向土地所在地的主管税务机关申报纳税。

纳税人销售、出租不动产的，应当向不动产所在地的主管税务机关申报纳税。扣缴义务人应向其机构所在地或居住地的主管税务机关申报缴纳其扣缴的税款。

基本内容应用

就以下信息计算咸阳南山集团有限责任公司本月应纳营业税税额并填报纳税申报表。

一、纳税人相关信息

名称及经营范围：咸阳南山集团有限责任公司，主要从事餐饮、住宿、广告、客运、娱乐等业务经营

纳税人类型：有限责任公司

法人代表人：郝杰明

地址：咸阳市秦都区滨湖路103号

电话：029-33891234

开户银行及账号：中国银行咸阳市秦都区滨湖路分理处4-123456778

税务登记号：195736781120345

主管税务机关及管理代码：咸阳市地方税务局直属分局23-2975

纳税期限：月

办税人员：鲁向东

财务负责人：李文博

二、业务资料

（1）4月2日，公司旅游部组团到外省旅游，收取嘉阳食品厂团体旅游费

1 000 000元，代顾客支付车、餐、住等费用500 000元。

（2）4月17日，公司宾馆接待一个会议，会期10天，取得住宿费、餐费、娱乐、会议室租金等收入，各种收入均分别核算，具体见表4－2。咸阳市地方税务局直属分局核定该项娱乐费适用营业税率为10%。

表4－2　咸阳南山集团有限责任公司宾馆接待会议收入明细表

经营项目	金额/元
住宿费	600 000.00
餐饮费	200 000.00
娱乐费	50 000.00
租赁费	100 000.00
合计	950 000.00

（3）公司广告部4月份为咸阳飞跃医药有限责任公司提供广告策划、代理业务，取得广告费收入2 000 000元，支付咸阳市时代广告公司广告制作费550 000元，支付咸阳电视台广告发布费800 000元。

（4）4月29日，公司出租汽车部从事客运服务取得营业额90 000元。

（5）公司歌舞厅本月累计收入230 000元，咸阳市地方税务局直属分局核定该歌舞厅按20%税率计算征收营业税。

（6）公司还应按实际缴纳的营业税税额计算缴纳7%的城市维护建设税和3%的教育费附加。

三、计算税额

旅游部业务营业税＝(1 000 000－500 000)×5%＝25 000(元)

宾馆业务营业税＝(600 000＋200 000＋100 000)×5%＋50 000×10%
＝50 000(元)

广告部业务营业税＝(2 000 000－800 000)×5%＝60 000(元)

出租汽车部业务营业税＝90 000×3%＝2 700(元)

歌舞厅业务营业税＝230 000×20%＝46 000(元)

公司应纳城市维护建设税＝183 700×7%＝12 859(元)

公司应纳教育费附加＝183 700×3%＝5 511(元)

四、填制申报表

根据应纳营业税、城市维护建设税和教育费附加的相关金额填制《地方税（费）综合纳税申报表》见表4－3。

表4－3　地方税（费）综合纳税申报表

税务登记证件号码：1 9 5 7 3 6 7 8 1 1 2 0 3 4 5　　管理代码：23-2975

纳税人名称（盖章）：咸阳南山集团有限责任公司（盖章）　税款所属时期：某年4月1日至某年4月30日　金额单位：元（列至角分）

税种	税目	征收范围	税款所属时期	计税总额或总数量	减免项目金额或总数量	计税依据	税率	应纳税额	减免税额或抵扣税额	已纳税额	应补(退)税额
营业税	服务业	旅游	4月份	500 000.00		500 000.00	5%	25 000.00			25 000.00
营业税	服务业	住宿、餐饮、租赁	4月份	900 000.00		900 000.00	5%	45 000.00			45 000.00
营业税	娱乐业	游艺	4月份	50 000.00		50 000.00	10%	5 000.00			5 000.00
营业税	服务业	广告	4月份	1 200 000.00		1 200 000.00	5%	60 000.00			60 000.00
营业税	交通运输业	其他运输	4月份	90 000.00		90 000.00	3%	2 700.00			2 700.00
营业税	娱乐业	歌舞厅	4月份	230 000.00		230 000.00	20%	46 000.00			46 000.00
城建税			4月份	183 700.00		183 700.00	7%	12 859.00			12 859.00
教育费附加			4月份	183 700.00		183 700.00	3%	5 511.00			5 511.00
合计			4月份					202 070.00			202 070.00

纳税人或代理人声明：
此纳税申报表是根据国家税收法律的规定填报的，我确定它是真实的、可靠的、完整的。

如纳税人填报，由纳税人填写以下各栏

办税人员（签章）：鲁向东　财务负责人（签章）：李文博　法定代表人（签章）：郝杰明　联系电话　（029）33891234　受理机关（签章）：咸阳市地方税务局直属分局

如代理人填报，由代理人填写以下各栏　受理日期

代理人名称：　经办人（签章）　联系电话　代理人（公章）　年　月　日

项目5

关税的计算与管理

实际岗位

进出口业务办理员、成本核算岗位人员。

工作任务

计算关税，编制相关记账凭证并登账，办理报关进出口手续。

教学目的

通过“项目5”的学习和实训，达到：

* 了解关税基本征税范围及关税税则基本含义；
* 会确定关税完税价格；
* 会计算关税应纳税额；
* 了解行邮税的基本内容。

任务一　了解关税基本税制内容

基本内容学习

关税是对进出国境或关境的货物或物品征收的一种税。

关税由海关负责征收，海关是国家行政管理机构，主要负责贯彻执行本国有关进出口法令、法规。

概念识别

“关境”和“国境”

关境与国境是两个概念，但有一定联系。国境是指一个主权国家行使行政权力的领域范围。关境是指一个主权国家行使关税权力的领域范围。一般情况下，关境等于国境。当存在自由港、自由区、关税同盟国时，关境就有可能小于或大于国境。

一、征税对象

关税就物资的种类和流向分为进口货物关税、进口物品关税、出口货物关税、出口物品关税。我国目前暂不征出口物品关税。货物指贸易性商品；物品指非贸易性商品，包括入境旅客随身携带的行李物品、各种运输工具上服务人员携带进口的自用物品、个人邮递物品、馈赠物品及其他方式入境的个人物品。（进境物品进口税详见“任务三”）

二、纳税人

进口货物的收货人、出口货物的发货人，是关税的纳税人。

三、税率

（一）进口货物税率

我国加入 WTO 之后，从 2004 年 1 月 1 日起，我国进口税率设置了普通税率、最惠国税率、协定税率、特惠税率、关税配额税率等多栏档次。

（1）最惠国税率。原产于与我国共同适用最惠国待遇条款的世界贸易组织成员国或地区的进口货物，或原产于与我国签订有相互给予最惠国待遇条款的双边贸易协定的国家或地区的进口货物适用最惠国税率。

（2）协定税率。原产于我国参加的含有关税优惠条款的区域性贸易协定的有关缔约方的进口货物适用协定税率。

（3）特惠税率。原产于与我国签订有特殊优惠关税协定的国家或地区的进口货物适用特惠税率。

（4）普通税率。原产于上述国家或地区以外的国家或地区的进口货物适用普通税率。按照普通税率征税的进口货物，经国务院关税税则委员会特别批准，可以适用最惠国税率。

（5）关税配额税率。按规定实行关税配额管理的进口货物适用关税配额税率。关税配额内的，适用关税配额税率；关税配额外的，按其适用税率的规定执行。

知识拓展

如何判定“原产地”?

我国于1986年制定的《中华人民共和国关于进口货物原产地的暂行规定》，对原产地作如下规定：

(1) 完全产地标准：对于完全在一个国家内生产或制造的货物，生产国或制造国即视为该货物的原产地。

(2) 实质性加工标准：对经过几个国家加工、制造的进口货物，以最后一个对货物进行经济上可以视为实质性加工的国家为原产地。(实质性加工指产品加工后，在《进出口税则》中四位数税号一级的税则归类已经有了改变，或虽上述归类未改变，但加工增值部分所占新产品总值的比例已超过30%)。

(二) 出口货物税率

我国对绝大部分出口货物不征收出口关税。仅对鳗鱼苗、部分有色金属矿砂及其精矿、虾、栗、生漆、钨矿砂、山羊板皮和锑及生丝等36种商品征收出口关税，实行一栏税率。但对于上述范围内的23种商品实行0% ~20%暂定税率，其中16种商品为零关税，6种商品税率为10%以下。事实上我国真正征收出口关税的商品只有20种，其税率都很低。

四、减免优惠

关税减免具体分为法定减免、特定减免、临时减免3种。

(一) 法定减免

法定减免是税法中明确列出的减免税。

(1) 免征关税。关税税额在人民币50元以下的一票货物、无商业价值的广告品和货样、外国政府、国际组织无偿赠送的物资、在海关放行前损失的货物、进出境运输工具装载的途中必需的燃料、物料和饮食用品、每次邮递物品在规定价格内或每次税额不超过50元的，免征关税。

(2) 法定酌情减免税。在海关放行前遭受损坏的进出口货物、特定地区、特定企业或者有特定用途的进出口货物，可酌情减税。

退回货物、补偿或更换相同货物、暂时进出境货物，不征税。

(3) 政策性减免税。投资项目设备、贷款项目设备、残疾人物品、科研教学用品、技改自用设备、规定范围内的进口自用设备、符合规定的软件费、西部投资进口自用设备、集成电路生产企业进口有关材料、集成电路生产企业进口专用建筑材料等物资，免税。

(二) 特定减免

特定减免是指在法定减免税之外，国家按照国际通行规则和我国实际情况，制定发布的有关进出口货物减免关税的税收优惠政策。特定减免税货物一般有地区、企业和用途的限制。如对进口科技教育用品、残疾人专用品、扶贫慈善性捐赠物资、加工贸易产品等减免关税。

（三）临时减免

临时减免是指法定减免和特定减免范围以外的，由海关审批的减免。即由国务院根据《海关法》对某个单位、某类商品、某个项目或某批进出口货物的特殊情况，给予特别照顾，一案一批，专文下达的减免税。其他单位、商品、项目不能比照执行。

基本内容应用

A 公司为以下两种物资办理进境手续：从甲国的丙公司购进的罐装咖啡粉一批；随之进境的丙公司业务员随身携带的行李一件。经查得知，该批咖啡粉是由甲国从乙国进口农产品，经过加工成成品后出口到我国的，甲国是与我国共同适用最惠国待遇条款的世界贸易组织成员国，乙国是我国参加的区域性贸易协定的有关缔约方。该行李为一辆自行车。

要求：确定关税的相关要素。

处理：

罐装咖啡粉属进口货物，应征进口货物关税，适用最惠国税率档次，A 公司为纳税人；行李属进境物品，应征进口物品关税，该业务员为纳税人，适用税率见“任务三”相关内容。

任务二　会计算关税税额

基本内容学习

关税有从价计征、从量计征和复合计征等方法。

一、计税依据的确定

（一）从量计税时的计税依据

从量计征关税时的计税依据为海关核定的应税数量。

（二）从价计税时的计税依据

遵照国际上通行的方式，关税从价计证的依据是关税完税价格，由海关以该货物或物品的成交价格为基础审查确定。

（1）进口货物关税完税价格的确定。进口货物的完税价格包括货物的货价、运抵输入地点起卸前的运输及其相关费用、保险费。

如果进口货物成交价格经海关审查未能确定的，海关应依次以下列价格为基础估定完税价格：相同货物成交价格、类似货物成交价格、国际市场价格、国内市场倒扣法及其他合理方法。

（2）出口货物关税完税价格的确定。出口货物的完税价格包括货物的货价、货物运至我国境内输出地点装载前的运输及相关费用及保险费，如果在其中包含了出口关税税额的，则应当予以扣除。

二、关税税额的计算

从价定率计算关税税额时：

关税 = 完税价格 × 适用税率

从量定额计算关税税额时：

关税 = 应税数量 × 单位税额

采用复合方法计算关税税额时：

关税 = 应税数量 × 单位税额 + 完税价格 × 比例税率

基本内容应用

A贸易公司进口小汽车30辆，经海关审定的产地合理销售价格为每辆52万元，运抵我国海关之前还支付了运输费25万元，保险费10万元，包装费3万元。A公司办完报关手续后将货物提回，支付了境内运费2万元，取得运费发票。已知关税税率为5%。

要求： 计算A公司应缴纳的关税。

处理：

关税完税价格 = 货物的货价 + 运抵输入地点起卸前的运输及其相关费用 + 保险费

= 30 × 52 + 25 + 10 + 3 = 1 598（万元）

关税 = 1 598 × 5% = 79.9（万元）

在掌握了关税税制基本内容的基础上，进一步学习计算关税的具体政策。

情境一　确定完税价格——以自身动力进境的货物的运费处理

A航空公司进口空客飞机一架，飞机的成交价格为30 000万元，保险费为1 000万元。由进口方派驾驶员驾驶飞机入境，发生运输中各费用10万元。

要求： 确定进口飞机的完税价格。

【政策提示】

运输工具作为进口货物，利用自身动力进境，不另加计运费。

【业务处理】

按政策规定：

$$完税价格=30\,000+1\,000=31\,000(万元)$$

情境二 确定完税价格——无保险费的处理

A公司进口服装一批，货物的成交价格为2 000 000元，运费为80 000元。未发生保险费。

要求：确定进口服装的完税价格。

【政策提示】

进口货物的保险费无法确定或未实际发生，海关应当以货物的成交价格和运费的3‰作为保险费。

【业务处理】

按政策规定：

$$进口服装的完税价格=2\,000\,000+80\,000+(2\,000\,000+80\,000)\times 3‰=2\,086\,240(元)$$

任务三 会计算进境物品进口税

基本内容学习

行李和邮递物品进口税简称行邮税，是海关对入境旅客行李物品和个人邮递物品征收的进口税。由于其中包含了在进口环节征收的增值税、消费税，因而也是对个人非贸易性入境物品征收的进口关税和进口工商税收的总称。

行邮税的征税对象是进口物品，包括入境旅客、运输工具、服务人员携带的应税行李物品、个人邮递物品、馈赠物品以及以其他方式入境的个人物品。

行邮税的纳税人是携带应税个人自用物品入境的旅客及运输工具服务人员，进口邮寄物品的收件人，以及以其他方式进口应税个人自用物品的收件人。

行邮税税率为分档次的比例税率。对准许进口的旅客行李物品、个人邮递物品以及其他个人自用物品，均应依据《入境旅客行李物品和个人邮递物品进口税税率表》征收行邮税。我国行邮税税目和税率经过了多次调整，现行行邮税税率分为50%，30%，20%，10%四个档次：属于50%税率的物品为烟、酒、化妆品；属于30%税率的物品，包括高尔夫球及球具、高档手表；属于20%税率的物品，包括纺织品及其制成品、电视摄像机及其他电器用具、自行车、手表、钟表（含配件、附件）；属于10%税率的物品，包括书报、刊物、教育专用电影片、幻灯片、原版录音带、录像带，计算机、视频摄录一体机、数字照相机等信息技术产品，金、银及其制品，食品、饮料和其他商品。

行邮税的计税依据为完税价格，由海关参照该项物品的境外正常零售平均价格确定。

行邮税采用从价计征，计税公式为：

$$行邮税=完税价格\times比例税率$$

纳税人应当在海关放行应税个人自用物品之前缴清税款。

基本内容应用

境内居民A收到朋友从法国寄来的两套化妆品和一台计算机，我国海关核定的化妆品的完税价格为每套3 500元、计算机的完税价格为每台7 000元。

要求：计算A应缴纳的进口物品税。

处理：

$$进口物品税=3\,500\times2\times50\%+7\,000\times10\%=4\,200(元)$$

任务四　了解关税的征收管理

进口货物在运输工具申报进境之日起14日内，出口货物在装货的24小时以前（海关特准的除外），纳税人向货物进（出）口地海关申报。

纳税人应当自海关填发税款缴款书之日起15日内向指定银行缴纳税款。纳税义务人未按期缴纳税款的，从滞纳税款之日起，按日加收滞纳税款万分之五的滞纳金。对超过3个月仍未缴纳税款的，海关可责令担保人缴纳税款或者将货物变价抵缴，必要时，可以通知银行在担保人或纳税人存款内扣除。

项目6

企业所得税的计算与申报

实际岗位

办税员；会计人员、财务主管。

工作任务

调整利润，计算企业所得税税款，编制相关记账凭证并登账，填写《企业所得税纳税申报表》及相关附表并进行纳税申报。

教学目的

通过“项目6”的学习和实训，达到：

* 会判定企业所得税的纳税人身份及其应履行的义务；
* 会确定企业所得税计税依据；
* 会计算企业所得税税额；
* 了解税收优惠政策，为纳税主体提供节税方案和建议。

任务一　了解企业所得税基本税制内容

基本内容学习

企业所得税是对在我国境内的企业和其他取得收入的组织，就其生产经营所得和其他所得征收的一种税。

一、纳税人

企业所得税纳税人，是指在中华人民共和国境内的企业和其他取得收入的组织（以下统称企业）。个人独资企业和合伙企业不作为企业所得税的纳税人。

为了更好地保障我国税收管辖权的有效行使，企业所得税的纳税人分为居民企业和非居民企业。参照国际通行做法，我国采取"登记注册地标准"和"实际管理机构地标准"相结合的办法，对居民企业和非居民企业作了明确界定。所谓居民企业，是指依我国法规在中国境内成立，或依外国法规在境外成立但实际管理机构在中国境内的企业。所谓非居民企业，是指依外国法规在境外成立且实际管理机构不在中国境内，但在中国境内设立机构、场所的，或者在中国境内未设立机构、场所，但有来源于中国境内所得的企业。

居民企业负有无限纳税义务，就其来源于中国境内外的全部所得申报纳税；非居民企业负有有限纳税义务，就其来源于我国境内的所得，以及发生在境外的与其在境内所设机构、场所有实际联系的所得申报纳税。

知识拓展

什么是纳税人取得的境外所得与境内机构场所"有实际联系"?

有实际联系，是指非居民企业在中国境内设立的机构、场所拥有的据以取得所得的股权、债权，以及拥有、管理、控制据以取得所得的财产。

二、征税对象

企业所得税的征税对象是指企业的生产经营所得、其他所得和清算所得。包括销售货物所得、提供劳务所得、转让财产所得、股息红利所得、利息所得、租金所得、特许权使用费所得、接受捐赠所得和其他所得。

三、税率

我国企业所得税实行比例税率。具体分为：

基本税率——25%，适用于居民企业和在中国境内设有机构、场所且所得与机构、场所有关联的非居民企业；

低税率——20%，适用于在中国境内未设立机构、场所的，或者虽设立机构、场所但取得的所得与其所设机构、场所没有实际联系的非居民企业（实际征税时适用10%），及符合条件的小型微利企业；

低税率——15%，适用于国家需要重点扶持的高新技术企业。

知识拓展

小型微利企业应符合哪些条件才可享受低税率优惠?

符合条件的小型微利企业，是指从事国家非限制和禁止行业，并符合下列条件的企业：工业企业，年度应纳税所得额不超过30万元，从业人数不超过100

人，资产总额不超过3 000万元；其他企业，年度应纳税所得额不超过30万元，从业人数不超过80人，资产总额不超过1 000万元。

知识拓展

“国家需要重点扶持的高新技术企业”的条件

国家需要重点扶持的高新技术企业，是指拥有核心自主知识产权，并同时符合下列6个条件的企业。

(1) 拥有核心自主知识产权。

(2) 产品（服务）属于《国家重点支持的高新技术领域》规定的范围。

(3) 近3个会计年度的研究开发费用占销售收入的比例符合。

①最近一年销售收入小于5 000万元的企业，比例不低于6%。

②最近一年销售收入在5 000万~20 000万元的企业，比例不低于4%。

③最近一年销售收入在20 000万元以上的企业，比例不低于3%。

(4) 高新技术产品（服务）收入占企业当年总收入的60%以上。

(5) 具有大专以上学历的科技人员占企业当年职工总数30%以上，其中研发人员占企业当年职工总数10%以上。

(6) 高新技术企业认定管理办法规定的其他条件。

四、基本税收优惠政策

税法规定的企业所得税的税收优惠方式包括免税、减税、加计扣除、加速折旧、减计收入、税额抵免等。

（一）特定所得的优惠政策

(1) 从事农、林、牧、渔业项目的所得。企业从事下列项目的所得，免征企业所得税：蔬菜、谷物、薯类、油料、豆类、棉花、麻类、糖料、水果、坚果的种植；农作物新品种的选育；中药材的种植；林木的培育和种植；牲畜、家禽的饲养；林产品的采集；灌溉、农产品初加工、兽医、农技推广、农机作业和维修等农、林、牧、渔服务业项目；远洋捕捞。

企业从事下列项目的所得，减半征收企业所得税：花卉、茶以及其他饮料作物和香料作物的种植；海水养殖、内陆养殖。

(2) 从事国家重点扶持的公共基础设施项目投资经营的所得、符合条件的环境保护、节能节水项目的所得。

企业从事国家重点扶持的公共基础设施项目投资经营的所得、符合条件的环境保护、节能节水项目的所得，可在规定年限内享受减免税优惠。

(3) 技术转让所得。符合条件的技术转让所得，可减征或免征企业所得税。

（二）加计扣除的优惠政策

企业开发新技术、新产品、新工艺发生的研究开发费用和安置残疾人员所支付的工资可加计扣除。

（三）加速折旧的优惠政策

企业的固定资产由于技术进步等原因，确需加速折旧的，可以缩短折旧年限或者采取加速折旧的方法。

（四）创业投资企业的优惠政策

创业投资企业采取股权投资方式投资于未上市的中小高新技术企业的，其投资额可按规定抵扣相应年度的应纳税所得额。

（五）减计收入的优惠政策

企业以规定的资源作为主要原材料，生产符合条件的产品取得的收入，可减计收入。

（六）抵免应纳税额的优惠政策

企业购置并实际使用符合条件的设备的，其投资额的一定比例可抵免当年的应纳税额。

（七）民族自治地方的优惠政策

民族自治地方的自治机关对本民族自治地方的企业应缴纳的企业所得税中属于地方分享的部分，可以决定减征或者免征。对民族自治地方内国家限制和禁止行业的企业，不得减征或者免征企业所得税。

基本内容应用

A公司是在陕西省工商局登记注册的企业；B公司是在美国注册但实际管理机构设在西安的美资独资企业；C商行是在美国注册的甲公司设在咸阳的办事处。上述三家企业均从境内、境外有经营所得。

要求：确定企业所得税相关要素。

处理：

A、B公司是企业所得税的居民纳税人，就其境内、外所得申报纳税，适用税率25%；C商行是企业所得税的非居民纳税人，就其境内所得申报纳税，适用税率25%。

任务二　会确定企业所得税的应纳税所得额

基本内容学习

企业所得税的计税依据是应纳税所得额，指企业每一纳税年度的收入总额，减除不征税收入、免税收入、各项扣除以及允许弥补的以前年度亏损后的余额。基本公式为：

应纳税所得额 = 收入总额 - 不征税收入 - 免税收入 - 各项扣除 - 允许弥补的以前年度亏损

也可以对会计利润按照税法规定进行调整，以调整所得作为企业所得税的计税依据。因此应纳税所得额的确定也可是：

应纳税所得额 = 利润总额 ± 按税法调整项目金额

思 考

为什么将会计利润按税法调整后才可作为企业所得税的计税依据？

企业应纳税所得额的计算以权责发生制为原则，它的正确计算直接关系到国家财政收入和企业的税收负担，并且同成本、费用核算关系密切。因此，《企业所得税法》对应纳税所得额计算作了明确规定，主要内容包括收入总额、扣除范围和标准、资产的税务处理、亏损弥补等。

一、收入总额

收入总额包括以货币形式和非货币形式从各种来源取得的收入。货币形式取得的收入包括现金、存款、应收账款、应收票据、准备持有至到期的债券投资以及债务的豁免等；非货币形式取得的收入包括固定资产、生物资产、无形资产、股权技资、存货、不准备持有至到期的债券投资、劳务以及有关权益等。纳税人以非货币形式取得的收入应当按照公允价值确定收入额。

（一）销售货物收入

是指企业销售商品、产品、原材料、包装物、低值易耗品以及其他存货取得的收入。

（二）劳务收入

是指企业从事建筑安装、修理修配、交通运输、仓储租赁、金融保险、邮电通信、咨询经纪、文化体育、科学研究、技术服务、教育培训、餐饮住宿、中介代理、卫生保健、社区服务、旅游、娱乐、加工以及其他劳务服务活动取得的收入。

（三）转让财产收入

是指企业转让固定资产、生物资产、无形资产、股权、债权等财产取得的收入。

（四）股息、红利等权益性投资收益

是指企业因权益性投资从被投资方取得的收入。股息、红利等权益性投资收

益，除国务院财政、税务主管部门另有规定外，按照被投资方作出利润分配决定的日期确认收入的实现。

（五）利息收入

是指企业将资金提供他人使用但不构成权益性投资，或者因他人占用本企业资金取得的收入。包括存款利息、贷款利息、债券利息、欠款利息等收入。利息收入，按照合同约定的债务人应付利息的日期确认收入的实现。

（六）租金收入

是指企业提供固定资产、包装物或者其他有形资产的使用权取得的收入。租金收入，按照合同约定的承租人应付租金的日期确认收入的实现。

（七）特许权使用费收入

是指企业提供专利权、非专利技术、商标权、著作权以及其他特许权的使用权取得的收入。特许权使用费收入，按照合同约定的特许权使用人应付特许权使用费的日期确认收入的实现。

（八）接受捐赠收入

是指企业接受的来自其他企业、组织或者个人无偿给予的货币性资产、非货币性资产。接受捐赠收入按照实际收到捐赠资产的日期确认收入的实现。

（九）其他收入

是指企业取得的除以上收入外的其他收入，包括企业资产溢余收入、逾期未退包装物押金收入、确实无法偿付的应付款项、已作坏账损失处理后又收回的应收款项、债务重组收入、补贴收入、违约金收入、汇兑收益等。

知识拓展

确认收入的特殊情况

（1）以分期收款方式销售货物的，按照合同约定的收款日期确认收入的实现。

（2）企业受托加工制造大型机械设备、船舶、飞机，以及从事建筑、安装、装配工程业务或者提供其他劳务等持续时间超过12个月的按照纳税年度内完工进度或者完成的工作量确认收入的实现。

（3）采取产品分成方式取得收入的按照企业分得产品的日期确认收入的实现，其收入额按照产品的公允价值确定。

（4）企业发生非货币性资产交换，以及将货物、财产、劳务用于捐赠、偿债、赞助、集资、广告、样品、职工福利或者利润分配等用途的，应当视同销售货物、转让财产或者提供劳务，但国务院财政、税务主管部门另有规定的除外。

二、不征税收入和免税收入

国家为了扶持和鼓励某些特殊的纳税人和特定的项目，或者避免因征税影响企业的正常经营，对企业取得的某些收入予以不征税或免税的特殊政策，以减轻企业的负担，合理征税。

（一）不征税收入

（1）财政拨款。财政拨款是指各级人民政府对纳入预算管理的事业单位、社会团体等组织拨付的财政资金，但国务院及主管部门另有规定的除外。

（2）依法收取并纳入财政管理的行政事业性收费、政府性基金。行政事业性收费是指依照法律法规等有关规定，按照规定程序批准，在实施社会公共管理，以及在向公民、法人或者其他组织提供特定公共服务过程中，向特定对象收取并纳入财政管理的费用。政府性基金是指企业依照法律、行政法规等有关规定，代政府收取的具有专项用途的财政资金。

（3）国务院规定的其他不征税收入。是指企业取得的，由国务院财政、税务主管部门规定专项用途并经国务院批准的财政性资金。

（二）免税收入

（1）国债利息收入。为鼓励企业积极购买国债，支援国家建设，税法规定，企业因购买国债所得的利息收入，免征企业所得税。

（2）符合条件的居民企业之间的股息、红利等权益性收益。是指居民企业直接投资于其他居民企业取得的投资收益。

（3）在中国境内设立机构、场所的非居民企业从居民企业取得与该机构、场所有实际联系的股息、红利等权益性投资收益。该收益不包括连续持有居民企业公开发行并上市流通的股票不足12个月取得的投资收益。

（4）符合条件的非营利组织的收入。是指非营利组织的非营利收入，不包括非营利组织从事营利活动取得的收入，但国务院财政、税务主管部门另有规定的除外。

知识拓展

“非营利组织”应具备的条件

（1）依法履行非营利组织登记手续。

（2）从事公益性或者非营利性活动。

（3）取得的收入除用于与该组织有关的、合理的支出外，全部用于登记核定或者章程规定的公益性或者非营利性事业。

（4）财产及其孳生息不用于分配。

(5) 按照登记核定或者章程规定，该组织注销后的剩余财产用于公益性或者非营利性目的，或者由登记管理机关转赠给与该组织性质、宗旨相同的组织，并向社会公告。

(6) 投入人对投入该组织的财产不保留或者享有任何财产权利。

(7) 工作人员工资福利开支控制在规定的比例内，不变相分配该组织的财产。

(8) 国务院财政、税务主管部门规定的其他条件。

三、各项扣除

企业实际发生的与取得收入有关的、合理的支出，包括成本、费用、税金、损失和其他支出，准予在计算应纳税所得额时扣除。

成本是指企业在生产经营活动中发生的销售成本、销货成本、业务支出以及其他耗费，即企业销售商品（产品、材料、下脚料、废料、废旧物资等）、提供劳务、转让固定资产、无形资产（包括技术转让）的成本。

费用是指企业每一个纳税年度为生产、经营商品和提供劳务等所发生的销售（经营）费用、管理费用和财务费用。

税金是指企业发生的除企业所得税和允许抵扣的增值税以外的各项税金及附加，即企业按规定缴纳的消费税、营业税、城市维护建设税、关税、资源税、土地增值税、房产税、车船使用税、土地使用税、印花税、教育费附加。扣除的方式有两种：一是在发生当期扣除；二是在发生当期计入相关资产的成本，在以后各期分摊扣除。

损失是指企业在生产经营活动中发生的固定资产和存货的盘亏、毁损、报废损失，转让财产损失，呆账损失，坏账损失，自然灾害等不可抗力因素造成的损失以及其他损失。企业发生的损失减除责任人赔偿和保险赔款后的余额依照国务院财政、税务主管部门的规定扣除。企业已经作为损失处理的资产，在以后纳税年度又全部收回或者部分收回时，应当计入当期收入。

其他支出是指除成本、费用、税金、损失外，企业在生产经营活动中发生的与生产经营活动有关的、合理的支出。

实际业务中，计算应纳税所得额时还应注意3个方面。第一，企业发生的支出应当区分收益性支出和资本性支出。收益性支出在发生当期直接扣除；资本性支出应当分期扣除或者计入有关资产成本，不得在发生当期直接扣除。第二，企业的不征税收入用于支出所形成的费用或者财产，不得扣除或者计算对应的折旧、摊销扣除。第三，除《企业所得税法》和实施条例另有规定外，企业实际发生的成本、费用、税金、损失和其他支出，不得重复扣除。

四、亏损弥补

亏损是指企业依照《企业所得税法》和实施条例的规定，将每一纳税年度的收入总额减除不征税收入、免税收入和各项扣除后小于零的数额。税法规定，企业某一纳税年度发生的亏损可以在一定年限内税前弥补。

基本内容应用

A公司为居民企业，本年的业务经税务机关按税法核定的金额如下：产品销售收入800万元；国债利息收入5万元；劳务收入10万元；商标使用权转让收入20万元；门面房租金收入3万元；销售成本320万元；销售费用270万元；营业税金及附加28万元；还有上一年度未弥补亏损15万元。

要求：确定A公司本年度的应纳税所得额。

处理：

A公司本年度的应纳税所得额 = 收入总额 - 不征税收入 - 免税收入 - 各项扣除 - 允许弥补的以前年度亏损

$$= (800 + 5 + 10 + 20 + 3) - 5 - 320 - 270 - 28 - 15$$

$$= 200(\text{万元})$$

在掌握了以“应纳税所得额 = 收入总额 - 不征税收入 - 免税收入 - 各项扣除 - 允许弥补的以前年度亏损”确定企业所得税应纳税所得额的基础上，学习以“应纳税所得额 = 利润总额 ± 按税法调整项目金额”确定应纳税所得额的方法。

情境一　确定应纳税所得额——利息、借款费用的税务处理

A厂本年“财务费用”中列支的借款利息为37.5万元，其中：有经过批准发行债券而实付利息8万元；有向乙公司借款50万元而实付利息3万元，经核实，其适用利率为6%，同期同类金融企业的贷款利率为4.5%；有从开户银行借款而实付利息19万元；有因购置生产用设备而向甲银行借款所支付的利息7.5万元，其中的3.6万元属该设备投入使用前的利息。

要求：就A厂列支的利息费用进行企业所得税处理。

【政策提示】

企业所得税关于借款利息费用的扣除有如下政策：

非金融企业向金融企业借款的利息支出、金融企业的各项存款利息支出和同业拆借利息支出、企业经批准发行债券的利息支出可据实扣除。

非金融企业向非金融企业借款的利息支出，不超过按照金融企业同期同类贷款利率计算的数额的部分可据实扣除，超过部分不许扣除。

企业在生产经营活动中发生的合理的不需要资本化的借款费用，准予扣除。

企业为购置、建造固定资产、无形资产和经过12个月以上的建造才能达到预定可销售状态的存货发生借款的，在有关资产购置、建造期间发生的合理的借款费用，应予以资本化，作为资本性支出计入有关资产的成本。有关资产交付使用后发生的借款利息，可在发生当期按规定扣除。

【业务处理】

根据上述政策：

列支的经过批准发行债券而实付利息8万元，符合允许扣除政策，准予全额扣除。

列支的向乙公司借款支付的利息3万元，超出了扣除限额（50×4.5% = 2.25万元）0.75万元，只允许按限额扣除。

列支的从开户银行的借款实付利息19万元，符合允许扣除政策，准予全额扣除。

列支的因购置生产用设备而向甲银行借款所支付的利息中，设备投入使用前的利息3.6万元不得扣除，应予以资本化，其余部分准予扣除。

所以，在确定A厂本年的应纳税所得额时，准许扣除的利息费用是33.15（8 +2.25 +19 +3.9）万元。

思　考

如何调整利润?

就“情境一”的相关项目及数据，A厂在确定“会计利润”时是按多少金额扣除的？如何将会计利润调整为应纳税所得额？

知识拓展

“借款利息”和“借款费用”

借款费用，指企业因借款而发生的利息、折价或溢价的摊销和辅助费用，以及因外币借款而发生的汇兑差额。

（1）因借款而发生的利息—借款利息，包括企业向银行或其他金融机构等借入资金发生的利息、发行债券发生的利息，以及承担带息债务应计的利息等。

（2）因借款而发生的折价或溢价的摊销，主要是发行债券发生的折价或溢价。实质上是对借款利息的调整。企业应在借款的存续期间对折价或溢价进行分期摊销。

（3）因借款而发生的辅助费用，指企业在借款过程中发生的诸如手续费、佣金、印刷费、承诺费等费用。

(4) 因外币借款而发生的汇兑差额。指由于汇率变动而对外币借款本金及其利息的记账本位币金额产生的影响金额。

情境二 确定应纳税所得额——工资、职工福利费、工会经费、职工教育经费的税务处理

A厂本年发放工资500万元、奖金100万元，列支了职工福利费90万元，职工教育经费17万元，交拨工会经费12万元并取得收据。经核实，企业的工资薪金支出符合政策。

要求：就A厂列支的工资、职工福利费、工会经费、职工教育经费进行企业所得税处理。

【政策提示】

工资、薪金支出是企业每一纳税年度支付给本企业任职或与其有雇佣关系的员工的所有现金或非现金形式的劳动报酬，包括基本工资、资金、津贴、补贴、年终加薪、加班工资，以及与任职或者是受雇有关的其他支出。

企业所得税关于工资、职工福利费、工会经费、职工教育经费的扣除有如下政策：

(1) 企业发生的合理的工资、薪金支出，准予据实扣除。

(2) 企业发生的职工福利费支出，不超过合理工资、薪金总额14%的部分准予扣除。

(3) 企业拨缴的工会经费，不超过合理工资、薪金总额2%的部分准予扣除。

(4) 企业发生的职工教育经费支出，不超过合理工资、薪金总额2.5%的部分准予扣除，超过部分准予结转以后纳税年度扣除。

【业务处理】

(1) 根据上述政策，企业当年列支的工资总额为：500+100=600（万元），符合发放标准，准予全额扣除。

(2) 列支的职工福利费90万元，超出了扣除限额（600×14%=84万元)6万元，只允许按限额扣除。

(3) 列支的工会会费12万元，在扣除限额（600×2%=12万元）内，准予全额扣除。

(4) 列支的职工教育经费17万元，超出了扣除限额（600×2.5%=15万元）2万元，只允许按限额扣除。

所以，在确定A厂本年的应纳税所得额时，准许扣除的工资、职工福利费、工会经费、职工教育经费为711(600+84+12+15) 万元。职工教育经费超出的2万元准予结转以后纳税年度扣除。

思 考

如何调整利润?

就“情境二”的相关项目及数据，A厂在确定“会计利润”时是按多少金额扣除的？如何将会计利润调整为应纳税所得额？

情境三 确定应纳税所得额——与职工相关的社会保险、保障费用的税务处理

A厂本年发放职工工资750万，按规定的范围和标准为职工缴纳基本医疗保险费45万，基本养老保险费75万，失业保险费30万，生育保险费20万和住房公积金110万；为职工支付的补充养老保险费为60万，补充医疗保险费为67.5万；为企业瓦斯检查员及井下电钳工支付人身安全保险费10万；为职工支付家庭财产保险15万、汽车商业保险9万。经核实，企业的工资薪金支出符合政策。

要求：就A厂列支的各项社会保险费进行企业所得税处理。

【政策提示】

企业所得税关于与职工相关的社会保险、保障费用的扣除有如下政策：

（1）企业依照规定的范围和标准为职工缴纳的“五险一金”准予扣除。

（2）企业为投资者或者职工支付的补充养老保险费、补充医疗保险费，分别在不超过工资、薪金总额5%的部分准予扣除。

（3）企业按规定为特殊工种职工支付的人身安全保险费和符合规定的商业保险费准予扣除。

（4）企业为投资者或者职工支付的商业保险费，不得扣除。

【业务处理】

根据上述政策：

（1）为员工缴纳的“五险一金”符合政策，准予全额扣除。

（2）为职工支付的补充养老保险费60万元，超出了扣除限额（750×5% = 37.5万元）22.5万元，只允许按限额扣除。

为职工支付的补充医疗保险费67.5万元，超出了扣除限额（750×5% = 37.5万元）30万元，只允许按限额扣除。

（3）为瓦斯检查员及井下电钳工支付人身安全保险费10万元，符合政策，准予全额扣除。

（4）为职工支付家庭财产保险15万元、汽车商业保险9万元，不得扣除。

所以，在确定企业所得税应纳税所得额时，准予扣除与职工相关的社会保险、保障费用为365(45+75+30+20+110+37.5+37.5+10)万元。

知识拓展

“五险一金”的具体项目

“五险一金”指基本养老保险费、基本医疗保险费、失业保险费、工伤保险费、生育保险费和住房公积金。

思　考

如何调整利润?

就“情境三”的相关项目及数据，A 厂在确定“会计利润”时是按多少金额扣除的？如何将会计利润调整为应纳税所得额？

情境四　确定应纳税所得额——捐赠的税务处理

A 厂本年度的利润总额为 700 万元。各项捐赠合计 95 万元已列入“营业外支出”，具体有：通过“青少年发展基金会”向某学校捐赠现金 60 万元；直接向本市举办的“特产节”活动捐赠经费 10 万元；通过市政府向一灾区捐赠实物折合人民币 25 万元。

要求：就 A 厂列支的捐赠进行企业所得税处理。

【政策提示】

公益性捐赠，是指企业通过公益性社会团体或者县级以上人民政府及其部门，用于《中华人民共和国公益事业捐赠法》规定的公益事业的捐赠。

企业所得税关于捐赠的扣除有如下政策：企业发生的公益性捐赠支出，不超过年度利润总额 12% 的部分，准予扣除。年度利润总额是指企业依照国家统一会计制度的规定计算的年度会计利润。

【业务处理】

根据政策规定：

该企业的第一、第三笔捐赠符合扣除条件，但实际捐赠金额 85 万元，超出了扣除限额（$700\times12\%=84$ 万元）1 万元，只允许按限额扣除；

第二笔捐赠由于没有通过相关部门，是不符合税法规定的捐赠，故不得扣除。

所以，在确定企业所得税应纳税所得额时，准予扣除的捐赠为 84 万元。

思　考

如何调整利润?

就“情境四”的相关项目及数据，A 厂在确定“会计利润”时是按多少金额扣除的？如何将会计利润调整为应纳税所得额？

情境五　确定应纳税所得额——业务招待费的税务处理

A厂本年度实现销售收入3 400万元，当年实际列支的业务招待费是30万元。

要求：就A厂列支的业务招待费进行企业所得税处理。

【政策提示】

企业所得税关于业务招待费的扣除有如下政策：企业发生的与生产经营活动有关的业务招待费支出，按照发生额的60%扣除，但最高不得超过当年销售（营业）收入的5‰。

【业务处理】

根据政策规定：

实际业务招待费用的60%为18（30×60%）万元；销售收入的5‰为17（3 400×5‰）万元。实际列支的业务招待费30万元，超出了限额（3 400×5‰＝17万元）13万元。

所以，在确定企业所得税应纳税所得额时，允许扣除的业务招待费为17万元。

思　考

如何调整利润?

就“情境五”的相关项目及数据，A厂在确定“会计利润”时是按多少金额扣除的？如何将会计利润调整为应纳税所得额？

情境六　确定应纳税所得额——广告宣传费用的税务处理

A厂本年度实现销售收入1 000万元，列支了广告宣传费用120万元。

要求：就A厂列支的广告宣传费用进行企业所得税处理。

【政策提示】

企业所得税关于广告宣传费用的扣除有如下政策：企业发生的广告费和业务宣传费支出，除国务院财政、税务主管部门另有规定外，不超过当年销售（营业）收入15%的部分，准予扣除；超过部分，准予结转以后纳税年度扣除。

【业务处理】

根据政策规定：

广告费和业务宣传费的限额为150（1 000×15%）万元，列支的广告宣传费用120万元，在扣除限额以内，准予全额扣除。

思考

如何调整利润?

就“情境六”的相关项目及数据，A厂在确定“会计利润”时是按多少金额扣除的？如何将会计利润调整为应纳税所得额？

情境七 确定应纳税所得额——研发费用的税务处理

A厂本年进行新技术研发，最终取得成功并申请了专利，于9月份将该项技术投入使用。企业为此先后支付了研究费用30万元、开发费用50万元、办理专利证书的手续费用10万元。在会计核算中，将研究费用30万元作为当期损益，记入“管理费用”。将开发费用50万元、办理专利证书的手续费用10万元转为该项专利的成本，采取直线法摊销，期限为10年。在年终计算利润时，已将2万元的摊销金额计入利润借方。

要求：就A厂的该项专利的相关支出进行企业所得税处理。

【政策提示】

企业所得税关于研发支出的扣除相关政策规定：研发支出未形成无形资产，而是计入当期损益的，在据实扣除的基础上，按照实际发生额的50%加计扣除；形成无形资产的，按照无形资产成本的150%于投入使用当月起摊销。

【业务处理】

根据政策规定：

研究费用30万元，可以全额扣除，且可以加计扣除15万元；

开发费用50万元、办理专利证书的手续费用10万元，从9月份起开始摊销，本年允许摊销3(60×150%÷120×4)万元。

所以，在确定企业所得税应纳税所得额时，该项专利的相关支出共可扣除48(30+15+3)万元。

思考

如何调整利润?

就“情境七”的相关项目及数据，A厂在确定“会计利润”时是按多少金额扣除的？如何将会计利润调整为应纳税所得额？

情境八 确定应纳税所得额——固定资产折旧的税务处理

A公司4月20日购进一台甲机械设备，购入成本90万元，当月投入使用。

企业将甲设备购入成本全额列入“管理费用”；本年7月26日购进一台乙电子装备，购入成本30万元，次月投入使用。企业对乙设备按直线法折旧，折旧期为5年，残值率为5%，在本年已计提折旧1.9万元。

要求：就A公司列支的固定资产相关费用进行企业所得税处理。

【政策提示】

对于资本性支出以及无形资产受让、开办、开发费用，不允许作为成本、费用从纳税人的收入总额中一次扣除，只能采取分次计提折旧或分次摊销的方式予以扣除。

企业所得税关于固定资产折旧的扣除有如下政策：

固定资产是指企业为生产产品、提供劳务、出租或者经营管理而持有的、使用时间超过12个月的非货币性资产，包括房屋、建筑物、机器、机械、运输工具以及其他与生产经营活动有关的设备、器具、工具等。

（一）计算折旧的范围

企业按规定计算的固定资产折旧，准予扣除。但是下列固定资产不得计算折旧扣除：

（1）房屋、建筑物以外未投入使用的固定资产。

（2）以经营租赁方式租入的固定资产。

（3）以融资租赁方式租出的固定资产。

（4）已足额提取折旧仍继续使用的固定资产。

（5）与经营活动无关的固定资产。

（6）单独估价作为固定资产入账的土地。

（7）其他不得计算折旧扣除的固定资产。

（二）计算折旧的计税基础

税法规定，各类资产均以历史成本为计税基础。

（1）外购的固定资产，以购买价款和支付的相关税费以及直接归属于使该资产达到预定用途发生的其他支出为计税基础。

（2）自行建造的固定资产，以竣工结算前发生的支出为计税基础。

（3）融资租入的固定资产，以租赁合同约定的付款总额和承租人在签订租赁合同过程中发生的相关费用为计税基础，租赁合同未约定付款总额的，以该资产的公允价值和承租人在签订租赁合同过程中发生的相关费用为计税基础。

（4）盘盈的固定资产，以同类固定资产的重置完全价值为计税基础。

（5）通过捐赠、投资、非货币性资产交换、债务重组等方式取得的固定资产，以该资产的公允价值和支付的相关税费为计税基础。

（6）改建的固定资产，除已足额提取折旧的固定资产和租入的固定资产以外，以改建过程中发生的改建支出增加计税基础。

（三）计算折旧的起止时限

企业应当自固定资产投入使用月份的次月起计算折旧。停止使用的固定资产，应当自停止使用月份的次月起停止计算折旧。

企业应当根据固定资产的性质和使用情况，合理确定固定资产的预计净残值。固定资产的预计净残值一经确定，不得变更。

（四）计算折旧的方法

税法确定的固定资产计算折旧的方法为直线法。

（五）计算折旧的最低年限

除国务院财政、税务主管部门另有规定外，固定资产计算折旧的最低年限如下：

（1）房屋、建筑物，为20年。

（2）飞机、火车、轮船、机器、机械和其他生产设备，为10年。

（3）与生产经营活动有关的器具、工具、家具等，为5年。

（4）飞机、火车、轮船以外的运输工具，为4年。

（5）电子设备，为3年。

（六）固定资产折旧的特殊政策

若固定资产属于由于技术进步，产品更新换代较快，和常年处于强震动、高腐蚀状态的固定资产，可以采用加速折旧方法计算折旧额扣除。采取缩短折旧年限方法的，最低折旧年限不得低于规定折旧年限的60%，可以采取双倍余额递减法或者年数总和法。

【业务处理】

根据政策规定：

甲机械设备的成本90万元不得在购进当期一次性扣除，经确定残值率为5%后，可扣除折旧5.7〔(90－90×5%)÷10÷12×8)〕万元；

乙设备实际计提的折旧1.9万元，未达到税法允许扣除的折旧限额3.17〔30×(1－5%)÷3÷12×4)〕万元，允许其将该项资产的折旧额调整为3.17万元。

所以，在确定企业所得税应纳税所得额时，甲机械设备的成本90万元不得扣除，甲、乙设备共可扣除折旧8.87(5.7＋3.17)万元。

思考

如何调整利润?

就“情境八”的相关项目及数据，A公司在确定“会计利润”时是按多少金额扣除的？如何将会计利润调整为应纳税所得额？

解　释

资产的所得税处理中提到“历史成本”和“计税基础”。

历史成本是指企业取得某项资产时实际发生的支出。

各类资产以历史成本为计提折旧或摊销的依据，税法称之为“计税基础”，即是“税法规定的计提折旧的基础”或“税法规定的计算摊销额的基础”。

企业持有各项资产期间资产增值或者减值，除国务院财政、税务主管部门规定可以确认损益外，不得调整该资产的计税基础。

情境九　确定应纳税所得额——无形资产摊销的税务处理

A公司自己研发的一项专利于本年1月份投入使用，实际成本50万元。企业确定的摊销期为4年，已摊销12.5万元；本年外购一项商誉，支出35万元，全额作为本年损益列支。

要求：就A公司的此两项无形资产相关费用的列支进行企业所得税处理。

【政策提示】

企业所得税关于无形资产摊销额的扣除有如下政策：

无形资产是指企业长期使用、但没有实物形态的资产，包括专利权、商标权、著作权、土地使用权、非专利技术、商誉等。

（一）计税基础

外购的无形资产，以购买价款和支付的相关税费以及直接归属于使该资产达到预定用途发生的其他支出为计税基础；自行开发的无形资产，以开发过程中该资产符合资本化条件后至达到预定用途前发生的支出为计税基础；通过捐赠、投资、非货币性资产交换、债务重组等方式取得的无形资产，以该资产的公允价值和支付的相关税费为计税基础。

（二）摊销的范围

在计算应纳税所得额时，企业按照规定计算的无形资产摊销费用，准予扣除。下列无形资产不得计算摊销费用扣除：

（1）自行开发的支出已在计算应纳税所得额时扣除的无形资产。

（2）自创商誉。

（3）与经营活动无关的无形资产。

（4）其他不得计算摊销费用扣除的无形资产。

（三）摊销的方法和年限

无形资产的摊销额采取直线法计算。

无形资产的摊销年限不得低于10年。作为投资或者受让的无形资产，有关法律规定或者合同约定了使用年限的，可以按照规定或者约定的使用年限分期摊销。外购商誉的支出，在企业整体转让或者清算时，准予扣除。

【业务处理】

根据政策规定：

专利可以按历史成本的150%摊销，但摊销年限为10年，即本年允许扣除的摊销额为7.5（50×150%÷10）万元。

商誉属于不得计算摊销费用的无形资产。

所以，在确定企业所得税应纳税所得额时，A公司就此两项无形资产允许扣除的折旧额为7.5万元。

思考

如何调整利润?

就“情境九”的相关项目及数据，A公司在确定“会计利润”时是按多少金额扣除的？如何将会计利润调整为应纳税所得额？

情境十　确定应纳税所得额——租赁费的税务处理

A厂自本年5月1日起租入一间门面房用作产品展示厅，一次性支付1年的租金24万元，且全额计入管理费用；租入一台甲型号设备，租期4年，租赁费总额为8万元，已全额计入管理费用，经查是融资租赁，该设备本年应提未提折旧1.8万元。

要求：就A厂列支的此两项租赁费进行企业所得税处理。

【政策提示】

企业所得税关于固定资产租赁费的扣除有如下政策：

（1）以经营租赁方式租入固定资产发生的租赁费支出，按照租赁期限均匀扣除。

（2）以融资租赁方式租入固定资产发生的租赁费支出，按照规定构成融资租入固定资产价值的部分应当提取折旧费用分期扣除。

【业务处理】

根据政策规定：

租入门面房属经营租赁，本年租期为8个月，则本年允许扣除的租金为16（24÷12×8）万元；

租入甲型号设备属融资租赁，租赁费8万元不得在租赁当期一次扣除，可提取折旧1.8万元。

所以，在确定企业所得税应纳税所得额时，本年允许扣除门面房租金16万元，允许扣除甲型号设备折旧额1.8万元，甲型号设备租赁费8万元不得扣除。

思　考

如何调整利润?

就“情境十”的相关项目及数据，A厂在确定“会计利润”时是按多少金额扣除的？如何将会计利润调整为应纳税所得额？

情境十一　确定应纳税所得额——环境保护专项资金的税务处理

A厂为污水、废水治理计提了环境保护专项资金50万元；为湿地生态恢复计提专项资金30万元，计提金额80万已转入管理费用，但其中30万元被用于购买了一辆商务车。

要求：就A厂列支的环境保护专项资金进行企业所得税处理。

【政策提示】

企业所得税关于环境保护专项资金的扣除有如下政策：企业依照法律、行政法规有关规定提取的用于环境保护、生态恢复等方面的专项资金，准予扣除。上述专项资金提取后改变用途的，不得扣除。

【业务处理】

根据政策规定：在确定企业所得税应纳税所得额时，为污水治理计提资金50万元可据实扣除；为湿地生态恢复计提30万元，由于用途发生改变（用于购买商务用车），不得扣除。

思　考

如何调整利润?

就“情境十一”的相关项目及数据，A厂在确定“会计利润”时是按多少金额扣除的？如何将会计利润调整为应纳税所得额？

情境十二　确定应纳税所得额——保险费、会员费、合理的会议费、差旅费、违约金、诉讼费用、劳动保护费等费用的税务处理

A厂在管理费用中列支了企业财产保险50万，劳动保护费25万，差旅费13万，因没有按时交货向B公司支付违约金5万。

要求：就A厂列支的上述费用进行企业所得税处理。

【政策提示】

企业所得税关于保险费等费用项目的扣除有如下政策：

（1）企业参加财产保险，按照规定缴纳的保险费，准予扣除。

（2）企业发生的合理的劳动保护支出，准予扣除。

（3）企业实际发生的会员费、合理的会议费、差旅费、违约金、诉讼费用等，准予扣除。

【业务处理】

根据政策规定：在确定企业所得税应纳税所得额时，A厂在管理费用中列支的上述各项费用均可据实扣除。

思　考

如何调整利润?

就“情境十二”的相关项目及数据，A厂在确定“会计利润”时是按多少金额扣除的？如何将会计利润调整为应纳税所得额？

情境十三　确定应纳税所得额——向投资者支付的股息、红利、税收滞纳金等项目的税务处理

A厂在计算本年利润时，扣除了以下支出项目：就一项业务的咨询费1.5万元，支付给总机构的特许权使用费7万元，向投资者支付的股息16万元，违反食品卫生法被相关部门处以的罚款5万元。

要求： 就A厂列支的上述费用进行企业所得税处理。

【政策提示】

在计算应纳税所得额时，下列支出不得扣除。

（1）向投资者支付的股息、红利等权益性投资收益款项。

（2）企业所得税税款。

（3）税收滞纳金，是指纳税人违反税收法规，被税务机关处以的滞纳金。

（4）罚金、罚款和被没收财物的损失，是指纳税人违反国家有关法律、法规规定，被有关部门处以的罚款，以及被司法机关处以的罚金和被没收财物。

（5）超过规定标准的捐赠支出。

（6）赞助支出，是指企业发生的与生产经营活动无关的各种非广告性质支出。

（7）未经核定的准备金支出，是指不符合国务院财政、税务主管部门规定的各项资产减值准备、风险准备等准备金支出。

（8）企业之间支付的管理费、企业内营业机构之间支付的租金和特许权使

用费，以及非银行企业内营业机构之间支付的利息，不得扣除。

(9) 与取得收入无关的其他支出。

【业务处理】

根据政策规定，支付的咨询费可以扣除；支付给总机构的特许权使用费、向投资者支付的股息、被相关部门处以的罚款均属不得扣除的项目。

所以，计算本年应纳税所得额时，1.5万元允许扣除，28（7+16+5）万元不允许扣除。

思　考

如何调整利润?

就“情境十三”的相关项目及数据，A厂在确定“会计利润”时是按多少金额扣除的？如何将会计利润调整为应纳税所得额？

情境十四　确定应纳税所得额——资源综合利用取得收入的税务处理

A厂本年实现会计利润380万元，调查得知，本产所生产的甲产品是以《资源综合利用企业所得税优惠目录》内的一种资源为主要原材料生产的、不属于国家禁止和限制生产的产品，且符合国家行业相关标准。在企业的“主营业务收入”中查得本年甲产品的销售收入为520万元。

要求：就甲产品的收入进行所得税处理。

【政策提示】

税法规定，企业以《资源综合利用企业所得税优惠目录》规定的资源作为主要原材料，生产国家非限制和禁止并符合国家和行业相关标准的产品取得的收入，减按90%计入收入总额。

【业务处理】

根据政策规定：A厂在确定本年的应纳税所得额时，该笔收入确认为468（520×90%）万元。

思　考

如何调整利润?

就“情境十四”的相关项目及数据，A厂在确定“会计利润”时是按多少金额确认收入的？如何将会计利润调整为应纳税所得额？

情境十五　确定应纳税所得额——亏损弥补的税务处理

A厂经税务机关审定的6年的应纳税所得额情况如表6-1（单位：万元）所示。

要求：确定A厂第六年的应纳税所得额。

表6-1　A厂应纳税所得额统计表

万元

年　度	第一年	第二年	第三年	第四年	第五年	第六年
应纳税所得额	-30	-20	-12	14	38	25

【政策提示】

税法规定，企业某一纳税年度发生的亏损可以用下一年度的所得弥补，下一年度的所得不足以弥补的，可以逐年延续弥补，但最长不得超过5年。

【业务处理】

根据政策规定，第四年的全部所得弥补第一年亏损，故第四年没有应纳税所得额；第一年还有亏损16万由第五年所得弥补，第五年剩余的所得额22万中的20万弥补第二年亏损20万，2万弥补第三年的亏损，故第五年也没有应纳税所得额；第三年剩余的10万亏损由第六年的所得额弥补，故A厂第六年的应纳税所得额为15万。

思　考

就“情境十五”的相关项目，A厂在确定第六年“会计利润”时是否考虑以前年度亏损？

情境十六　确定应纳税所得额——创业投资额的税务处理

A厂本年利润90万元，经过税务调整，年应纳税所得额为95万元。资料显示其持有B厂（还未上市的中小高新技术企业）股份，投资额为150万元，至今年已持有满2年。

要求：确定本年的应纳税所得额。

【政策提示】

税法规定，创业投资企业采取股权投资方式投资于未上市的中小高新技术企业2年以上的，可以按照其投资额的70%在股权持有满2年的当年抵扣该创业投资企业的应纳税所得额；当年不足抵扣的，可以在以后纳税年度结转抵扣。

【业务处理】

根据政策规定：投资B厂的股份150万元的70%可以在今年抵扣应纳税所

得额，所以，A厂本年应纳税所得额为：

应纳税所得额 $=95-150\times70\%=-10$（万元）。即：A厂本年最终确认的应纳税所得额为负数，且未抵扣完的10万元可结转下一年度抵扣。

思考

就“情境十六”的相关项目，A厂在确定本年“会计利润”时是否考虑抵扣对外投资额？

情境十七　确定应纳税所得额——综合业务处理

A公司为居民企业，本年发生经营业务如下：

(1) 取得产品销售收入4 000万元。

(2) 发生产品销售成本2 600万元。

(3) 发生销售费用770万元（其中广告费650万元）；管理费用480万元（其中业务招待费25万元）；财务费用60万元。

(4) 销售税金40万元。

(5) 营业外收入80万元，营业外支出50万元（含通过公益性社会团体向贫困山区捐款30万元，支付税收滞纳金6万元）。

(6) 计入成本、费用中的实发工资总额200万元、拨缴职工工会经费5万元、发生职工福利费31万元、发生职工教育经费7万元。

要求：计算该企业本年度的应纳税所得额。

【业务处理】

第一步：会计利润总额 $=4\,000+80-2\,600-770-480-60-40-50=80$（万元）

第二步：就广告费和业务宣传费需调增利润 $=650-4\,000\times15\%=650-600=50$（万元）

第三步：$4000\times5‰=20$（万元）$25\times60\%=15$（万元）

就业务招待费需调增利润 $=25-25\times60\%=25-15=10$（万元）

第四步：就捐赠支出需调增利润 $=30-80\times12\%=20.4$（万元）

第五步：就工会经费需调增利润 $=5-200\times2\%=1$（万元）

第六步：就职工福利费需调增利润 $=31-200\times14\%=3$（万元）

第七步：就职工教育经费需调增利润 $=7-200\times2.5\%=2$（万元）

所以：

A公司本年度的应纳税所得额 $=80+50+10+20.4+6+1+3+2=172.4$（万元）

任务三　会计算企业所得税税额

基本内容学习

应纳企业所得税税额的计算公式为：

应纳税额＝应纳税所得额×适用税率－减免税额－抵免税额

基本内容应用

A公司为居民企业，本年境内外应纳税所得额共为230万元；因购买符合条件的安全生产设备，可减免应纳税额10万元；在境外已缴纳的5万元企业所得税允许抵免。

要求：确定A公司本年应缴纳的企业所得税。

处理：

A公司本年度应缴纳的企业所得税＝230×25%－10－5＝42.5（万元）

在掌握了企业所得税税额计算的基本政策的基础上，进一步学习企业所得税税额计算的具体政策。

情境一　计算企业所得税应纳税额——购置并实际使用环境保护、节能节水、安全生产等专用设备的所得税处理

A公司本年的应纳税所得额为500万元。经查得知，本企业于年中购置了一台节能节水专用设备并投入使用，取得的增值税专用发票注明价款20万元，增值税额3.4万元，增值税额按规定可以从当期销项税额中抵扣。

要求：计算A公司本年应缴纳的企业所得税。

【政策提示】

税法规定，企业购置并实际使用《环境保护专用设备企业所得税优惠目录》《节能节水专用设备企业所得税优惠目录》和《安全生产专用设备企业所得税优惠目录》规定的环境保护、节能节水、安全生产等专用设备的，该专用设备的投资额的10%可以从企业当年的应纳税额中抵免；当年不足抵免的，可以在以后5个纳税年度结转抵免。

若购进设备取得增值税专用发票，且进项税额允许抵扣，其专用设备投资额不再包括进行税额；若不允许抵扣，则投资额为增值税专用发票上注明的价税合计金额。若购进设备取得普通发票，则投资额为普通发票上注明的金额。

企业购置上述专用设备在5年内转让、出租的，应当停止享受企业所得税优

惠，并补缴已经抵免的企业所得税税款。

【业务处理】

根据政策规定：

A公司本年应缴纳的企业所得税 = 500 × 25% − 20 × 10% = 123（万元）

情境二　计算企业所得税应纳税额——技术转让所得的所得税处理

A公司是居民企业，本年的应纳税所得额为2 300万元，其中包括一笔专利技术转让所得650万元。经确认，该技术符合享受所得税优惠的相关条件。

要求：计算该企业本年应纳的企业所得税。

【政策提示】

税法规定，在一个纳税年度内，居民企业技术转让所得不超过500万元的部分，免征企业所得税；超过500万元的部分，减半征收企业所得税。

【业务处理】

根据政策规定，A公司本年的企业所得税为：

应纳企业所得税 = (2 300 − 650) × 25% + (650 − 500) × 25% ÷ 2
= 431.25(万元)

情境三　计算企业所得税应纳税额——国家重点扶持的公共基础设施项目、符合条件的环境保护、节能节水项目经营的所得的所得税处理

A公司2003年开始从事一个海水淡化项目，2004年取得第一笔生产经营收入。相应年份的应纳税所得额如表6－2（单位：万元）所示。

表6－2　A公司应纳税所得额统计表　　万元

年　度	2004	2005	2006	2007	2008	2009	2010
应纳税所得额	−15	−6	8	23	56	68	100

要求：计算A公司各年应纳的企业所得税（设企业所得税税率均为25%）。

【政策提示】

税法规定，企业从事国家重点扶持的公共基础设施项目、符合条件的环境保护、节能节水项目经营的所得，自项目取得第一笔生产经营收入所属纳税年度起，第一年至第三年免征企业所得税，第四年至第六年减半征收企业所得税。

国家重点扶持的公共基础设施项目，是指《公共基础设施项目企业所得税优惠目录》规定的港口码头、机场、铁路、公路、城市公共交通、电力、水利等项目。

符合条件的环境保护、节能节水项目，包括公共污水处理、公共垃圾处理、沼气综合开发利用、节能减排技术改造、海水淡化等。

【业务处理】

根据政策规定，A公司各年应纳企业所得税税额为：

（A公司2004年到2006年不纳税）

2007年应纳企业所得税＝〔23－（15－8）－6〕×25%÷2＝1.25（万元）

2008年应纳企业所得税＝56×25%÷2＝7（万元）

2009年应纳企业所得税＝68×25%÷2＝8.5（万元）

2010年应纳企业所得税＝100×25%＝25（万元）

情境四　计算企业所得税应纳税额——境外已纳税额的抵免

A公司是我国的居民纳税人。本年度取得境内应纳税所得额为100万元，适用25%的企业所得税税率。另外，分别在甲、乙两国设有分支机构（我国与甲、乙两国已经缔结避免双重征税协定），在甲国分支机构取得应纳税所得额为50万元，甲国税率为20%；在乙国的分支机构取得应纳税所得额为30万元，乙国税率为30%。

要求：计算A公司在我国应缴纳的企业所得税税额。

【政策提示】

作为跨国纳税人，常常会面临国际重复征税的问题，也就是同一笔跨国所得负担多国的所得税，与非跨国纳税人相比加重了其税收负担，这会影响到纳税人的投资，不利于国际经济发展。为了处理国际重复征税问题，各国都采取了一些有效的方法。我国采取抵免法。

我国企业所得税税法规定：纳税人来源于我国境外的所得在境外实际缴纳的所得税款，准予在汇总纳税时从其应纳税额中抵免，但不得超过抵免限额（抵免限额是纳税人境外所得按我国企业所得税法计算的应纳税额）。超过部分，可以在以后5个纳税年度内，用每年度抵免限额抵免当年应抵税额后的余额进行抵补。抵免限额分国不分项计算。

某国抵免限额＝境内、境外所得按我国税法计算的应纳税总额×（来源于某国的所得额÷境内、境外所得总额）

【业务处理】

根据政策规定，A公司计算企业所得税的步骤为：

A公司抵免境外所得税前应纳企业所得税税额＝（100＋50＋30）×25%＝45（万元）

甲国抵免限额＝45×［50÷（100＋50＋30）］＝12.5（万元）

乙国抵免限额＝45×［30÷（100＋50＋30）］＝7.5（万元）

A 公司抵免境外所得税后应纳企业所得税税额 =45 - 10 - 7.5 = 27.5（万元）

任务四 了解企业所得税征收管理

一、纳税地点

一般情况下，纳税地点为企业登记注册地、实际管理机构所在地。

居民企业在中国境内设立不具有法人资格的营业机构的，应当汇总计算并缴纳企业所得税。

二、纳税期限

企业所得税按年计征，分月或者分季预缴，年终汇算清缴，多退少补。

三、纳税申报

按月或按季预缴的，应当自月份或者季度终了之日起 15 日内，向税务机关报送预缴企业所得税纳税申报表，预缴税款。自年度终了之日起 5 个月内，向税务机关报送年度企业所得税纳税申报表，并汇算清缴，结清应缴应退税款。

项目 7

个人所得税的计算与申报

实际岗位

各种向个人支付报酬的核算岗位；办税员；有收入的个人。

工作任务

依法确定个人所得税计税依据的基础上，计算当期应纳个人所得税，在规定期限内填制个人所得税纳税申报表进行纳税申报。

教学目的

通过“项目 7”的教学和实训，达到：

* 能界定个人所得税的征税范围，判别纳税人身份和纳税义务；
* 会计算各应税项目应纳的个人所得税税额；
* 能独立填制个人所得税纳税申报表。

任务一　了解个人所得税基本税制内容

基本内容学习

个人所得税是对个人（自然人）取得的各项应税所得征收的一种税。

我国个人所得税具有 5 个特点：实行分项征收、比例税率和累进税率并用、费用扣除面宽、计算简便、采用源泉扣缴和自行申报两种征收方法。

一、纳税人

个人所得税的纳税人是个人，也称自然人。一般情况下，以支付单位或个人为扣缴义务人。

个人所得税的纳税人按住所和居住时间两个标准，划分为居民纳税人和非居民纳税人。在中国境内有住所的人或在中国境内无住所但在一个纳税年度内住满365天的人是居民纳税人。在中国境内无住所也不居住的人；在中国境内无住所且在一个纳税年度内居住不满365天的人，是非居民纳税人。

居民纳税人负无限纳税义务，应就来源于境内外的所得，向中国政府缴纳个人所得税；非居民纳税人负有限纳税义务，仅就来源于中国境内的所得，向中国政府缴纳个人所得税。

知识拓展

住所与国籍的区别

住所是私法概念，它反映自然人与特定地域的民事联系。有住所，是指习惯性居住，即纳税人因学习、工作、探亲、旅游等而在中国境外居住的，在其原因消除之后，必须回到中国境内居住的人，则中国为该纳税人的习惯性居住地，即在中国有住所。

国籍是公法概念，它反映自然人与特定国家的政治联系。纳税人因学习、工作、探亲、旅游等而在中国境外居住的，在其原因消除之后，仍然因为各种原因留在境外，但中国的国籍并没有发生改变。

二、征税对象及具体项目

个人所得税是对个人的应税所得所征的税。具体包括以下几方面内容。

（一）工资、薪金所得

工资、薪金所得，是指个人因任职或者受雇而取得的工资、薪金、奖金、年终加薪、劳动分红、津贴、补贴以及与任职或受雇有关的其他所得。不包括下列所得：独生子女补贴，执行公务员工资制度未纳入基本工资总额的补贴，津贴差额和家属成员的副食品补贴，托儿补助费，差旅费津贴、误餐补助。

（二）个体工商户生产、经营所得

个体工商户生产、经营所得，是指个体工商户从事工业、手工业、建筑业、交通运输业、商业、饮食业、服务业、修理业以及其他行业生产、经营取得的所得，以及与生产经营有关的应税所得；个人经批准，取得执照，从事办学、医疗、咨询以及其他有偿服务活动取得的所得；其他个人从事个体工商业生产、经营活动取得的所得；依法登记成立的个人独资企业、合伙企业的投资者取得的生产经营所得。

（三）对企事业单位的承包、承租经营所得

对企事业单位的承包、承租经营所得，是指个人承包经营、承租经营以及转包、转租取得的所得，还包括个人在承包、承租期内按月或按次取得的工资、薪金性质的所得。

（四）劳务报酬所得

劳务报酬所得，是指个人独立从事非雇佣的各种劳务，如设计、装潢、安装、制图、化验、测试、医疗、法律、会计、咨询、讲学、新闻、广播、审稿、书画、雕刻、影视、录音、录像、演出、表演、广告、展览、技术服务、介绍服务、经纪服务、代办服务以及其他劳务取得的所得。

（五）稿酬所得

稿酬所得，是指个人因其作品以图书、报刊形式出版、发表而取得的所得。

（六）特许权使用费所得

特许权使用费所得，是指个人提供专利权、著作权、非专利技术以及其他特许权的使用取得的所得。

（七）利息、股息、红利所得

利息、股息、红利所得，是指个人拥有债权、股权而取得的利息、股息、红利所得。

（八）财产租赁所得

财产租赁所得，是指个人出租建筑物、土地使用权、机器设备、车船以及其他财产取得的所得。

（九）财产转让所得

财产转让所得，是指个人转让有价证券、股权、建筑物、土地使用权、机器设备、车船以及其他财产取得的所得。

（十）偶然所得

偶然所得，是指个人得奖、中奖以及其他偶然性质的所得。

（十一）经国务院财政部门确定的其他所得

三、税率

（1）工资、薪金所得，适用七级超额累进税率，见表7-1。

表7-1 七级超额累进税率表

级数	全月应纳税所得额	税率/%	速算扣除数/元
1	不超过1 500元	3	0
2	超过1 500~4 500元	10	105
3	超过4 500~9 000元	20	555
4	超过9 000~35 000元	25	1 005
5	超过35 000~55 000元	30	2 755
6	超过55 000~80 000元	35	5 505
7	超过80 000元	45	13 505

（2）个体工商户生产、经营所得适用五级超额累进税率，见表7-2。

表7-2 五级超额累进税率表

级数	全年应纳税所得额	税率/%	速算扣除数/元
1	不超过15 000元	5	0
2	超过15 000~30 000元	10	750
3	超过30 000~60 000元	20	3 750
4	超过60 000~100 000元	30	9 750
5	超过100 000元	35	14 750

（3）对企事业单位的承包、承租经营所得，视分配性质适用不同税率：承包、承租人对企业的经营所得拥有支配权，则适用五级超额累进税率；承包、承租人对企业的经营所得不拥有支配权，则适用七级超额累进税率。

（4）稿酬所得、劳务报酬所得、特许权使用费所得、利息股息红利所得、财产租赁所得、财产转让所得、偶然所得和其他所得适用比例税率，税率为20%。

四、优惠政策

（一）下列各项个人所得免税

（1）省级人民政府、国务院部委和中国人民解放军军以上单位，以及外国组织、国际组织颁发的科学、教育、技术、文化、卫生、体育、环境保护等方面的奖金。

（2）国债和国家发行的金融债券利息。

（3）按照国家统一规定发给的补贴、津贴。

（4）福利费、抚恤金、救济金。

（5）保险赔款。

（6）军人的转业费、复员费。

（7）按照国家统一规定发给干部、职工的安家费、退职费、退休工资、离休工资、离休生活补助费。

达到离休、退休年龄，但确因为工作需要，适当延长离休、退休年龄的高级专家（指享受国务院发放的政府特殊津贴的专家、学者），其在延长离休、退休期间的工资、薪金所得，视同离休、退休工资免征个人所得税。

（8）依照我国有关法律规定应予免税的各国驻华使馆、领事馆的外交代表、领事官员和其他人员的所得。

（9）中国政府参加的国际公约、签订的协议中规定免税的所得。

（10）符合规定的见义勇为奖金。

（11）个人取得的教育储蓄存款利息所得。

（二）下列情形经批准可以减征个人所得税

（1）残疾、孤老人员和烈属的所得。

（2）因严重自然灾害造成重大损失的。

（3）其他经国务院财政部门批准减免的。

（三）以下项目暂予免征个人所得税

（1）外籍个人以非现金形式或实报实销形式取得的住房补贴、伙食补贴、搬迁费、洗衣费。

（2）外籍个人按合理标准取得的境内、外出差补贴。

（3）外籍个人取得的探亲费、语言训练费、子女教育费等，经当地税务机关审核批准为合理的部分。

（4）外籍个人从外商投资企业取得的股息、红利所得。

（5）凡符合下列条件之一的外籍专家取得的工资、薪金所得：

①根据世界银行专项贷款协议由世界银行直接派往我国工作、其他经国务院财政部门批准减税的外国专家。

②联合国组织直接派往我国工作的专家。

③为联合国援助项目来华工作的专家。

④援助国派往我国专为该国无偿援助项目工作的专家。

⑤根据两国政府签订文化交流项目来华工作两年以内的文教专家，其工资、薪金所得由该国负担的。

⑥根据我国大专院校国际交流项目来华工作两年以内的文教专家，其工资、薪金所得由该国负担的。

⑦通过民间科研协定来华工作的专家，其工资、薪金所得由该国政府机构负担的。

（6）个人举报、协查各种违法、犯罪行为而获得的奖金。

（7）个人办理代扣代缴税款，按规定取得的扣缴手续费。

（8）个人转让自用达5年以上，并且是唯一的家庭生活用房取得的所得。

（9）居民存款自2008年10月9日起孳生的利息所得。

（10）个人购买社会福利有奖募捐奖券一次中奖收入不超过10 000元的。

基本内容应用

个人A，在我国境内有住所。本期取得：从任职单位分得年终加薪、作品在境外杂志上发表取得收入、取得境内教育储蓄存款利息各一笔。

个人B，在我国境内无住所，因工作关系，于本年4月10日入境，按合同约定应工作到明年3月30日。本期取得由境内公司支付的工资、在境内提供技术讲座劳务取得收入、取得境外一处财产租赁的租金（未汇入境内）各一笔。

要求：确定A、B二人个人所得税的相关要素。

处理：

A为居民纳税人，应就其境内外的所得应缴纳个人所得税。年终加薪属工资薪金所得，适用九级超额累进税率；发表作品收入属于稿酬所得，适用20%比例税率；教育储蓄存款利息属免税所得。

B为非居民纳税人，应就其境内的所得应缴纳个人所得税。工资属工资薪金所得，适用九级超额累进税率；讲座劳务收入属于劳务报酬所得，适用20%比例税率；租金收入不需向我国申报纳税。

在掌握了个人所得税基本税制内容的基础上，进一步学习个人所得税基本税制内容的具体政策。

情境一　判定纳税人类别

A，B是在我国境内、外均有收入的个人。A在我境内有住所，但目前未居住；B是外籍个人，在境内无住所，本年1月1日入境，因业务所需于4月15日起离境40天，因公司业务结束于次年2月1日回国。

要求：确定A，B二人就本年收入纳税时的纳税人类别。

【政策提示】

临时离境是指一个纳税年度内一次离境不超过30天或多次离境累计不超过90天的离境行为。税法规定，纳税人的临时离境行为，不扣减其在华居住的天数。

【业务处理】

根据上述规定，A为居民纳税人；B为非居民纳税人。

情境二　确定纳税人

甲公司是个人A和个人B合伙经营的，其中A出资47.5万元，B出资2.5万元。根据合伙协议，A，B的分配比例分别为95%和5%。C是这家企业的员工，每月领取工资4 000元。

要求： 确定按“个体工商户的生产经营所得”计算缴纳个人所得税的纳税人。

【政策提示】

税法规定，个人独资企业的投资者为个人所得税纳税人；合伙企业的投资者按照合伙企业的全部生产经营所得和合伙协议约定的分配比例确定每一个投资者应纳税所得额（没有约定分配比例的，以全部应纳税所得额和合伙人数平均计算每个投资者的应纳税所得额），按个体工商户的生产、经营所得计算缴纳个人所得税。

【业务处理】

根据上述规定，A和B是按“个体工商户的生产经营所得”计算缴纳个人所得税的纳税人。

思考

在“情境二”中，C是否是个人所得税的纳税人？若是，其收入应按哪个应税项目征税？

情境三　判定收入项目是否属于征税范围

A受雇于境内甲公司，每月有工资收入。B是乙国居民，在乙国的丙公司任职，报酬以年薪计，目前也不在我国境内居住，B将其在我国境内的一处房产出租，每年有租金收入。

要求： 确定A，B各自的收入是否属于我国个人所得税的应税范围。

【政策提示】

判断个人的所得是否征税，除收入项目外，还有来源地因素。我国的个人所得税对收入来源地的判断具体规定如下：

（1）在中国境内任职、受雇而取得的工资薪金所得。

（2）在中国境内因从事生产、经营活动而取得的生产经营所得。

（3）因任职、受雇、履约等而在中国境内提供各种劳务取得的劳务报酬所得。

（4）将财产出租给承租人在中国境内使用而取得的所得。

（5）转让中国境内的建筑物、土地使用权等财产，以及在中国境内转让其他财产取得的所得。

（6）提供专利权、非专利技术、商标权、著作权，以及其他特许权在中国境内使用而取得的所得。

（7）因持有中国的各种债券、股票、股权而从中国境内的公司、企业以及其他经济组织或者个人取得的利息、股息、红利所得。

【业务处理】

根据上述规定，A在中国境内任职，其工资收入属于我国个人所得税的征税范围。B在乙国任职的工资收入不属于我国个人所得税的征税范围，但其将房屋出租取得的租金属于将财产出租给承租人在中国境内使用取得所得，属于我国个人所得税的征税范围。

情境四　确定适用税率——全年一次性奖金适用税率的确定

A，B为甲公司的员工。A取得全年一次性奖金28 800元，当月工资为3 600元；B取得全年一次性奖金12 400元，当月工资为1 600元。

要求：确定A，B就全年一次性奖金计算个人所得税时各自适用的税率档次。

【政策提示】

全年一次性奖金，指行政机关、企事业单位等扣缴义务人根据其全年经济效益和对雇员全年工作业绩的综合考核情况，向雇员发放的一次性奖金，也包括年终加薪及兑现的绩效工资。

税法规定：个人取得全年一次性奖金，属于取得月份的另一次工资。当取得奖金当月个人的工薪所得大于等于税法规定的费用扣除额时，用全年一次性奖金总额除以12，按其商数对照七级超额累进税率表，确定适用税率；当取得奖金当月个人的工薪所得小于税法规定的费用扣除额时，用全年一次性奖金总额减去个人当月“工薪所得与法定费用扣除额的差额”后的余额除以12，按其商数对照七级超额累进税率表，确定适用税率。

【业务处理】

根据上述规定：

A确定适用税率的所得额 = 28 800 ÷ 12 = 2 400（元）

A的全年一次性奖金适用税率为10%

B确定适用税率的所得额 =〔12 400 －（3 500 － 1 600）〕÷ 12
= 875（元）

B的全年一次性奖金适用税率为3%

情境五　确定适用税率——将房屋出租给个人居住适用税率的确定

个人A有房屋两处，本年1月起将其中一处出租给甲公司用于经营，租期一年，每月取得租金收入2 000元；另一处出租给B用于生活居住，租期一年，每月取得租金收入1 000元。

要求：确定A计算个人所得税时适用的税率。

【政策提示】

税法规定，对个人出租住房取得的所得减按10%税率征收。

【业务处理】

根据上述规定，A从甲公司取得的租金适用的个人所得税税率为20%，从B取得的租金适用的个人所得税税率为10%。

任务二　会确定个人所得税计税依据

基本内容学习

个人所得税实行分项计税，应纳税所得额为纳税人每一收入项目的收入总额减去准予扣除金额后的余额。

个人取得的收入，包括现金、实物和有价证券。为实物的，应按照取得的凭证上的价格确认收入；无凭证的实物或者凭证上注明的价格明显偏低的，由主管税务机关参照当地的价格和市场价格确认收入。为有价证券的，由主管税务机关根据票面价格和市场价格确认收入。

一、工资、薪金所得

以每月收入额减除费用3 500元后的余额为应纳税所得额。

二、个体工商户的生产、经营所得

以每一纳税年度的收入总额，减除成本、费用以及损失后的余额，为应纳税所得额。成本、费用是指纳税人从事生产、经营所发生的各项直接支出和分配计入成本的间接费用以及销售费用、管理费用、财务费用；损失是指纳税人从事生产、经营过程中发生的各项营业外支出。

个人独资企业与合伙企业比照此税目执行。

查账征收个人所得税的个体工商户、个人独资企业和合伙企业费用扣除：

（1）自2008年3月1日起，业主的费用扣除标准统一确定为24 000元/年，即2 000元/月。

（2）投资者及其家庭发生的生活费用不允许在税前扣除。

（3）企业生产经营和投资者及其家庭生活共用的固定资产，难以划分的，由主管税务机关根据企业的生产经营类型、规模等具体情况，核定准予在税前扣除的折旧费用的数额或比例。

（4）向其从业人员实际支付的合理的工资、薪金支出，允许在税前据实扣除。

（5）拨缴的工会经费、发生的职工福利费、职工教育经费支出分别在工资薪金总额2%，14%，2.5%的标准内据实扣除。

（6）每一纳税年度发生的广告费和业务宣传费用不超过当年销售（营业）收入15%的部分，可据实扣除；超过部分，准予在以后纳税年度结转扣除。

（7）每一纳税年度发生的与其生产经营业务直接相关的业务招待费支出，按照发生额的60%扣除，但最高不得超过当年销售（营业）收入的5‰。

（8）在生产、经营期间借款利息支出，未超过中国人民银行规定的同类、同期贷款利率计算的数额部分，准予扣除。

（9）计提的各种准备金不得扣除。

三、对企事业单位的承包、承租经营所得

以每一纳税年度的收入总额，减去必要费用后的余额为所得额。收入总额是指纳税人按承包承租经营合同规定分得的经营利润和工资、薪金性质的所得，必要费用是指按月减除2000元。对在1个纳税年度内承包、承租经营不足12个月的，以实际承包、承租经营的月份数为1个纳税年度计算纳税。

四、劳务报酬、稿酬、特许权使用费、财产租赁所得

每次收入不超过4 000元的，减除费用800元；4 000元以上的，减除20%的费用，其余额为应纳税所得额。

“次”具体指：

（1）劳务报酬所得，一次性劳务收入，以取得该项劳务的全部收入为1次；同一事项连续取得收入的，以1个月取得的收入为1次。

（2）稿酬所得，以1件作品出版1次的全部收入为1次。

（3）特许权使用费所得，以1项特许权提供使用1次所取得的全部收入为1次。

（4）财产租赁所得，以1个月取得的收入为1次。

五、财产转让所得

以1项财产转让取得的全部收入为1次。以转让该项财产的收入额减去财产原值和合理费用后的余额为应纳税所得额。财产原值指买入价或建造费及有关费用，合理费用指卖出时支付的有关费用。

六、利息、股息、红利所得，偶然所得和其他所得

以支付利息、股息、红利、偶然所得和其他所得时取得的收入为1次。以每次收入额为应纳税所得额。

基本内容应用

A是某大学教授，本月取得如下收入：工资收入4 000元；一次稿费收入5 000元；一次讲座收入500元；一次翻译资料收入3 000元。

要求：确定A计算个人所得税的计税依据。

处理：

A计算个人所得税的计税依据为：

工资收入应纳税所得额 = 4 000 - 3 500 = 500(元)

稿费收入应纳税所得额 = 5 000 × (1 - 20%) = 4 000(元)

讲学收入应纳税所得额 = 500 - 800 = - 300(元)　（不纳税）

翻译收入应纳税所得额 = 3 000 - 800 = 2 200(元)

在掌握了个人所得税确定计税依据的基本政策的基础上，进一步学习确定计税依据的具体政策。

情境一　确定计税依据——工资所得附加费用的扣除

A是甲国公民，受聘在我国境内的乙公司任总经理，年薪120万。

要求：确定A的个人所得税计税依据。

【政策提示】

税法规定，在中国境内企事业单位工作取得工资薪金的外籍人员、在中国境外任职或受雇取得工资薪金的中国公民、在中国境内企事业单位工作取得工资薪金的华侨港澳台同胞，确定工资薪金所得的计税依据时，在2 000元扣除额的基础上，再扣除附加减除费用2 800元。

【业务处理】

根据上述规定，A的计税依据为：

每月应纳税所得额 = 1 200 000 ÷ 12 - （2 000 + 2 800）= 95 200（元）

情境二　确定计税依据——“三险一金”、公务交通、通信补贴、免税之外的保险金的税务处理

我国公民A任职境内某公司财务总监。本月工资收入6 900元，内含按规定应缴付的医疗保险金、基本养老保险金、失业保险金、住房公积金1 300元。公司每月向A发放公务交通、通信补贴200元（当地税务机关核定的标准为150元/月）。另外，公司给A购买了1份商业保险，价值3000元。已于本月10日记入A的保险账户。

要求：确定A的个人所得税计税依据。

【政策提示】

税法规定：

(1) 个人按照省级以上人民政府规定的比例提取并缴付的住房公积金、医疗保险金、基本养老保险金、失业保险金，免予征收个人所得税。

(2) 企业为员工支付各项免税之外的保险金，应在企业向保险公司缴付时（即该保险落到被保险人的保险账户）并入员工当期的工资收入，按“工资、薪金所得”项目计征个人所得税。

(3) 个人取得公务交通、通信补贴收入超过标准的部分，按“工资薪金所得”项目计征个人所得税。按月发放的，并入当月“工资、薪金”所得计税；不按月发放的，分解到所属月份并与该月份“工资、薪金”所得合并计税。

【业务处理】

根据上述规定，A本月的计税依据为：

$$\begin{aligned}应纳税所得额 &= 6\,900-1\,300+(200-150)+3\,000-3\,500\\ &= 5\,150(元)\end{aligned}$$

情境三　确定计税次数——稿酬所得次数的确定

个人A在甲报刊上连载一部小说，分次取得稿酬20 000元、30 000元、35 000元。随后A将小说交与乙出版社出版，乙出版社支付稿酬100 000元。由于畅销，出版社增加印数，并向A追加支付稿酬5 000元。3年后，A与出版社协商决定再版该小说，A又取得稿酬60 000元。

要求：确定A取得稿酬所得的次数。

【政策提示】

税法规定，同一作品再版取得的所得，作另一次稿酬所得；同一作品在报刊上连载取得收入的，以连载完成后取得的所有收入合并为1次；同一作品出版和发表时，以预付稿酬或分次支付稿酬等形式取得的稿酬收入，合并为1次；同一作品出版和发表后，因添加印数而追加稿酬的，应与以前出版、发表时取得的稿酬合并为1次。

【业务处理】

根据上述规定，A取得稿酬3次。

情境四　确定计税依据——财产租赁所得相关税金、维修费用的扣除

A将自有用门面房出租给甲公司作商店用，租期一年。按合同规定，A每月取得租金收入3 000元，为此A每月缴纳营业税等相关税费160元。7月因房屋

漏水A支付房屋修缮费1 000元。A均出具有完税凭证及发票。

要求：确定A缴纳个人所得税的计税依据。

【政策提示】

税法规定：财产租赁收入，应依次减除在租赁过程中缴纳的税费、由纳税人负担的该出租财产实际开支的修缮费用、税法规定的费用扣除标准。其中，税金及附加指营业税、城建税、教附加和房产税；允许扣除的维修费每月不超过800元，没扣完的部分可以在以后月度扣除。

每次收入不超过4 000元的：

应纳税所得额 = 每次收入 - 税金及附加 - 修缮费（每次≤800元）- 800

每次收入超过4 000元的：

应纳税所得额 =〔每次收入 - 税金及附加 - 修缮费(每次≤800元)〕×(1 - 20%)

允许扣除的相关税费、修缮费，应由纳税人出具有效、准确的凭证，否则不得扣除。

【业务处理】

根据上述规定，A的计税依据为：

1~6月、9~12月每月的应纳税所得额 = 3 000 - 800 - 160 = 2 040（元）

7月的应纳税所得额 = 3 000 - 800 - 160 - 800 = 1 240（元）

8月的应纳税所得额 = 3 000 - 800 - 160 - 200 = 1 840（元）

情境五　确定计税依据——转让受赠不动产

甲公司于5月份将实际购置成本为300 000元的一处房产赠送给个人A，A受赠时支付相关税费112 204元。A于11月份以600 000元价格出售该处房产，转让过程中由A承担的5 000元费用经税务机关核定是合理的，同时A缴纳了营业税金及附加33 000元。

要求：确定A的计税依据。

【政策提示】

税法规定，受赠人转让受赠房屋，以转让受赠房屋的收入扣除原捐赠人取得该房屋的实际购置成本、赠与过程中受赠人支付的相关税费、受赠人转让受赠房屋过程中缴纳的税金和合理费用后的余额为应纳税所得额。

【业务处理】

根据上述规定，A的计税依据为：

应纳税所得额 = 600 000 - 300 000 - 112 204 - 33 000 - 5 000
= 149 796(元)

任务三　会计算个人所得税应纳税额

基本内容学习

个人所得税有两个基本计税公式：

公式一：应纳税额＝应税所得×适用税率－速算扣除数

公式二：应纳税额＝应税所得×适用税率

工资薪金所得、个体工商户的生产经营所得、对企事业单位的承包承租经营所得以及劳务报酬（需加成征收），都使用公式一进行计算；劳务报酬所得（不需加成征收）、稿酬所得、特许权使用费所得、财产租赁所得、财产转让所得、利息、股息红利所得、偶然所得和其他所得，都使用公式二进行计算。

基本内容应用

A为中国公民，本年取得的各项收入如下：

（1）1～5月份，每月参加文艺演出一次，每次收入20 000元。

（2）取得国债利息收入3 000元。

（3）取得一年期定期存款利息6 000元。

（4）转让居住4年的个人住房，取得收入300 000元，该房屋的购入原值150 000元，转让时发生合理费用21 000元。

（5）1月1日投资设立个人独资企业，当年取得收入110 000元，营业成本51 000元；管理费用等允许扣除的费用合计30 000元。

要求： 计算A应纳个人所得税。

处理：

（1）参加文艺演出应纳税额＝20 000×（1－20%）×20%×5
＝16 000（元）。

（2）国债利息收入免税。

（3）储蓄存款利息暂免税。

（4）财产转让所得应纳税额＝（300 000－150 000－21 000）×20%
＝25 800（元）。

（5）投资个人独资企业应纳税额＝（110 000－51 000－30 000）×20%－1 250＝4 550（元）。

所以，A应纳个人所得税额＝16 000＋25 800＋4 550＝46 450（元）。

在掌握了个人所得税基本计税方法的基础上，进一步学习个人所得税计算应纳税额的具体政策。

情境一　计算工资、薪金所得应纳税额——特殊行业的工薪计税

A是甲远洋运输公司的船员，本年各月工资收入、预缴税款情况，见表7－3（单位：元）。每月工资中含有“三险一金”500元。

要求： 计算A应纳的个人所得税。

表7－3　A船员工资收入及预缴税款情况表　　元

月份	工资收入	预缴税款
1	5 600.00	15.00
2	5 600.00	15.00
3	5 600.00	15.00
4	8 000.00	280.00
5	8 000.00	280.00
6	8 000.00	280.00
7	8 000.00	280.00
8	8 000.00	280.00
9	8 000.00	280.00
10	5 600.00	15.00
11	5 600.00	15.00
12	5 600.00	15.00
合计	81 600.00	1 770.00

【政策提示】

税法规定，采掘业、远洋运输业、远洋捕捞业这三个特定行业的职工取得的工资、薪金所得，采用按月预缴，年度终了后30日内合计其全年工资、薪金所得，再按12个月平均并计算实际应纳的税款，多退少补的办法。

应纳个人所得税额＝［（全年工资薪金收入÷12－费用扣除标准）×税率－速算扣除数］×12

对远洋运输船员每月的工资、薪金收入在统一扣除2 000元费用的基础上，准予再扣除2 800元，即准予扣除的费用标准为每月4 800元。

【业务处理】

根据上述规定：

A本年平均每月应纳税所得额＝81 600÷12－4 800－500＝1 500（元）

全年应纳税额＝（1 500×3%－0）×12＝540（元）

年终汇算清缴应退税额 = 1 770 - 540 = 1 230（元）

情境二　计算劳务报酬所得应纳税额——加成征收

歌手 A 与甲歌厅签约，在约定时段内为该歌厅提供演唱劳务，9 月份共演出 8 次，每次取得酬劳 200 元。另外还参加一次文艺演出，取得收入 30 000 元。

要求： 计算 A 当月应纳个人所得税。

【政策提示】

税法规定，对劳务报酬所得一次收入畸高的，即应纳税所得额一次超过 20 000元的，实行加成征收，适用三级超额累进税率表，见表 7 - 4。

表 7 - 4　三级超额累进税率表

级　数	每次应纳税所得额	税率/%	速算扣除数/元
1	不超过 20 000 元	20	0
2	超过 20 000 ~ 50 000 元	30	2 000
3	超过 50 000 元	40	7 000

【业务处理】

根据上述规定，A 的个人所得税为：

（1）在歌厅演唱属连续性劳务所得，应纳税所得额以一个月取得的收入为一次，即：

$$应纳税所得额 = 200 \times 8 - 800 = 800（元）$$

$$应纳税额 = 800 \times 20\% = 160（元）$$

（2）参加文艺演出属一次性劳务所得，以全部收入为一次，即：

$$应纳税所得额 = 30\,000 \times (1 - 20\%) = 24\,000（元）$$

$$应纳税额 = 24\,000 \times 30\% - 2\,000 = 5\,200（元）$$

所以，A 当月应纳个人所得税 = 160 + 5 200 = 5 360（元）

情境三　计算稿酬所得应纳税额——减征税额

作家 A 的一篇小说自本年 1 ~ 3 月在某报纸连载，分别获稿酬 1 000 元、800 元和 1 200 元。10 月将该小说出版成书，出版社支付稿酬 8 000 元。

要求： 计算该作家应纳个人所得税。

【政策提示】

税法规定，稿酬所得按应纳税额减征 30%。

【业务处理】

根据上述规定，A 的个人所得税为：

连载时：应纳税所得额 = 1 000 + 800 + 1 200 - 800 = 2 200(元)

应纳税额 = 2 200 × 20% ×（1 - 30%）= 308(元)

出版时：应纳税所得额 = 8 000 ×（1 - 20%）= 6 400(元)

应纳税额 = 6 400 × 20% ×（1 - 30%）= 896(元)

情境四　计算利息股息红利所得应纳税额——居民储蓄存款利息的税务处理

公民 A 于 2006 年 1 月 1 日存入银行 10 000 元钱，存款期限 3 年。银行存款年利率 4.5%。A 于 2009 年 1 月 1 日将存款取出。

要求：计算公民 A 应纳个人所得税。

【政策提示】

居民储蓄存款在 1999 年 10 月 31 日前孳生的利息，不征收个人所得税；1999 年 11 月 1 日至 2007 年 8 月 14 日孳生的利息，适用税率为 20%；2007 年 8 月 15 日至 2008 年 10 月 8 日孳生的利息，适用税率为 5%；2008 年 10 月 9 日起孳生的利息，暂免征收个人所得税。

【业务处理】

根据上述规定，A 应纳个人所得税如下所述。

2006 年 1 月 1 日 -2007 年 1 月 1 日：应缴纳的个人所得税 = 10 000 × 4.5% × 20% = 90（元）

2007 年 1 月 2 日 -2007 年 8 月 14 日：应缴纳的个人所得税 = 10 000 × 4.5% × 254 ÷ 360 × 20% = 63.5（元）

2007 年 8 月 15 日 -2007 年 10 月 8 日：应缴纳的个人所得税 = 10 000 × 4.5% × 53 ÷ 360 × 5% = 3.31（元）

2007 年 10 月 9 日 -2009 年 1 月 1 日免征个人所得税

情境五　计算全年一次性奖金应纳税额

A 是甲公司的员工，本月取得全年一次性奖金 24 400 元，当月工资为 4 000元。

要求：计算 A 当月应纳个人所得税。

【政策提示】

税法有如下规定：

（1）个人取得全年一次性奖金，且取得奖金当月个人的工资、薪金所得大于等于税法规定的费用扣除额时：

全年一次性奖金的应纳所得税额 = 全年一次性奖金 × 适用税率 - 速算扣除数

（2）个人取得全年一次性奖金，且取得奖金当月个人的工资、薪金所得小于税法规定的费用扣除额时：

全年一次性奖金的应纳所得税额 = （全年一次性奖金 - 当月工资与法定费用的差额）× 适用税率 - 速算扣除数

【业务处理】

根据上述规定，A 应纳个人所得税为：

当月工资应纳个人所得税 = (4 000 - 3 500) × 3% = 15(元)

全年一次性奖金应纳个人所得税 = 24 400 × 10% - 105 = 2 335(元)

所以,A 当月应纳个人所得税 = 2 335 + 15 = 2 350(元)

思 考

（1）若“情境五”中 A 本月的工资为 1 600 元时，如何计算税款？

（2）个人取得全年一次性奖金时，如何确定计税次数、适用税率？如何计算税款？取得全年一次性奖金的当月工资如何计税？

情境六 计算应纳税额——捐赠在计税时的处理

个人 A 参加商场有奖销售活动，中奖 18 000 元，通过民政局向甲敬老院捐赠 3 500 元。

要求：计算 A 应纳个人所得税。

【政策提示】

我国税法规定：

（1）对个人将其所得通过中国境内非营利的社会团体、国家机关向教育、公益事业和遭受严重自然灾害地区、贫困地区等的捐赠，捐赠额不超过应纳税所得额的 30% 的部分，可以从其应纳税所得额中扣除。

（2）个人通过非营利性的社会团体和国家机关进行的下列公益救济性捐赠支出，在计算缴纳个人所得税时，准予在税前的所得额中全额扣除。

①向红十字事业的捐赠。

②向农村义务教育的捐赠，包括对农村义务教育与高中在一起的学校的捐赠。

③对公益性青少年活动场所（其中包括新建）的捐赠。

④对汶川灾区的捐赠，允许在当年个人所得税前全额扣除。

【业务处理】

根据上述规定：

允许扣除的捐赠限额 = 18 000 × 30% = 5 400（元）

由于实际捐赠未超过限额，所以捐赠可以全额扣除。

A 应纳个人所得税 =（18 000 − 3 500）× 20% = 2 900（元）

思考

个人以不同的收入项目进行捐赠时，捐赠限额如何确定？

情境七　计算应纳税额——境外已纳税额的抵免

A 是我国的居民纳税人。本月有如下收入：在甲国某杂志发表论文一篇，取得税前稿酬 10 000 元（已折合成人民币，下同），在甲国已纳个人所得税 1 600 元；在甲国一所大学作讲座一次，获得税前劳务报酬 5 000 元，在甲国已纳个人所得税 700 元；从乙国取得税前股息 8 000 元，在乙国已纳个人所得税 1 500 元。

要求：计算 A 本月应向我国缴纳的个人所得税。

【政策提示】

纳税人在中国境外取得的所得，准予其在应纳税额中扣除已在境外缴纳的个人所得税，但扣除额不得超过抵免限额，抵免限额分国分项计算。对同一国家的不同应税项目，以其各项的抵免限额之和作为来自该国所得的抵免限额。

某国抵免限额 = Σ来源于该国的一项收入按我国税法计算的个人所得税

纳税人在一国实际缴纳的各项个人所得税税额之和小于该国限额时，应当在中国补缴差额部分的税款；纳税人在一国实际缴纳的各项个人所得税税额之和大于该国限额时，其超过部分不得作为税额扣除，但可以在以后年度扣除限额的余额内补扣，补扣期限最长不得超过 5 年。

【业务处理】

根据上述规定：

来源于甲国所得的抵免限额 = [10 000 × (1 − 20%) × 20% × (1 − 30%)] + 5 000 × (1 − 20%) × 20% = 1 920(元)

来源于乙国所得抵免限额 = 8 000 × 20% = 1 600（元）

由于 1 920 元 < 1 600 元 + 700 元，所以不需向我国补缴税款；由于 1 600 元 > 1 500 元，所以应当补缴 100 元个人所得税。

因此，A 应向我国补缴个人所得税 100 元。

任务四　会进行个人所得税纳税申报

基本内容学习

个人所得税实行纳税人代扣代缴和自行申报两种计征办法。

按照税法规定负有扣缴义务人的单位或者个人，在向个人支付应税报酬时，应计算应纳税额，并从其所得中扣除，同时向税务机关报送扣缴个人所得税报告表。这种做法的目的是控制税源，防止漏税和逃税。

自行申报是纳税人自行向税务机关申报取得的应税所得项目和数额，如实填写个人所得税纳税申报表，并按税法规定计算应纳税额的一种纳税方法。纳税人有以下情形之一的，应按规定到主管税务机关自行办理纳税申报：年所得12万元以上的；从中国境内两处或者两处以上取得工资、薪金所得的；从中国境外取得所得的；取得应纳税所得，没有扣缴义务人的；国务院规定的其他情形。

基本内容应用

一、代扣代缴申报纳税实务操作

（一）扣缴义务人相关信息

扣缴义务人：创展广告有限公司

扣缴义务人编码：63252325623598756232

扣缴义务人法定代表：章小燕

部门负责人：康萌

会计主管：李克爽

办税会计：马金

（二）业务资料

创展广告有限公司12月份支付如下个人报酬：

（1）支付本公司员工李楠工资3 600元，全年一次性奖金8 000元。

（2）支付本公司员工高峰工资6 000元，全年一次性奖金24 000元。

（3）支付外聘人员何小燕设计费4 500元。

（4）支付本公司举办的有奖销售活动中的中奖消费者方杰奖金2 000元。

（5）支付本公司员工王亚亚转让专利受让费30 000元。

（三）计算税额

（1）李楠应纳个人所得税为：

工资所得应纳税额 =（3 600 - 3 500）× 3% = 3(元)

全年一次性奖金所得应纳税额 = 8 000 × 3% = 240(元)

（2）高峰应纳个人所得税为：

工资所得应纳税额 =（6 000 - 3 500）× 10% - 105 = 145(元)

全年一次性奖金所得应纳税额 = 24 000 × 10% - 105 = 2 295(元)

（3）何小燕应纳个人所得税为：

劳务报酬所得应纳税额〔4 500 ×（1 - 20%）〕× 20% = 720（元）

（4）方杰应纳个人所得税为：

偶然所得应纳税额 = 2 000 × 20% = 400（元）

（5）王亚亚应纳个人所得税为：

特许权使用费所得应纳税额 =〔30 000 ×（1 - 20%）〕× 20%

= 4 800(元)

（四）填制报告表

根据扣缴的每个人的个人所得税税额填制《扣缴个人所得税报告表》，见表7 - 5。

二、自行申报纳税实务操作

（一）纳税人相关信息

地址：咸阳市抗战路23号

纳税人编码：1101236956832

银行账号：201—2269

邮政编码：711000

电话：029 - 37649972

（二）业务资料

张润杰为丰禾公司的承包人，按合同规定，每年上缴35 000元利润后经营成果归其所有。本年度张润杰上缴利润后分得69 000元，已经预缴个人所得税10 000元。

（三）计算税额

年应纳税所得额 = 69 000 - 2 000 × 12 = 45 000（元）

年应纳个人所得税税额 = 45 000 × 20% - 3 750 = 5 250（元）

汇算清缴应补（退）个人所得税税额 = 5 250 - 5 000 = 250（元）（为应补税额）

（四）填制报告表

据以上数据填报《个人承包承租经营所得税年度申报表》，见表7 - 6。

表7-5 扣缴个人所得税报告表

扣缴义务人编码：6 3 2 5 2 3 2 5 6 2 3 5 9 8 7 5 6 2 3 2

扣缴义务人名称（公章）：创展广告有限公司　　填表日期：某年1月3日

序号	纳税人姓名	身份证照类型	身份证照号码	国籍	所得项目	所得期间	收入额	免税收入额	允许扣除的税费	费用扣除标准	准予扣除的捐赠额	应纳税所得额	税率/%	速算扣除数	应扣税额	已扣税额	备注
1	2	3	4	5	6	7	8	9	10	11	12	13	14	15	16	17	18
合计										—	—	—	—	—	8 603.00	8 603.00	
1	李楠	略	略		工资所得	某年-12	3 600.00			3 500.00		100.00	3%	0	3.00	3.00	
					一次性奖金所得	某年-12	8 000.00			0.00		8 000.00	3%	0	240.00	240.00	
2	高峰	略	略		工资所得	某年-12	6 000.00			3 500.00		2 500.00	10%	105	145.00	145.00	
					一次性奖金所得	某年-12	24 000.00			0.00		24 000.00	10%	105	2 295.00	2 295.00	
3	何小燕	略	略		劳务报酬所得	某年-12	4 500.00			900.00		3 600.00	20%	0	720.00	720.00	
4	方杰	略	略		偶然所得	某年-12	2 000.00			0.00		2 000.00	20%	0	400.00	400.00	
5	王亚亚	略	略		特许权使用费所得	某年-12	30 000.00			6 000.00		24 000.00	20%	0	4 800.00	4 800.00	
扣缴义务人声明	我声明：此扣缴报告表是根据国家税收法律、法规的规定填报的，我确定它是真实的、可靠的、完整的。 声明人签字：马金																

会计主管签字：李克爽　　负责人签字：康萌　　扣缴单位（或法定代表人）（签章）：章小燕

受理人（签章）：　　受理日期：　年　月　日　　受理税务机关（章）：

国家税务总局监制

表 7-6　个人承包承租经营所得税年度申报表

纳税年度：自某年 01 月 01 日至某年 12 月 31 日　　　　填表日期：某年 02 月 20 日
纳税人编码：1101236956832　　　　金额单位：元

根据《中华人民共和国个人所得税法》第九条的规定制定本表。对企事业单位的承包、承租经营所得应纳的税款，纳税义务人应于年度终了后三个月内报送此表，进行汇算清缴、多退少补。

承包人姓名	张润杰	被承包承租经营企事业单位名称	丰禾公司	企事业单位地址	咸阳市抗战路 23 号		
业别	服务业	承包承租日期	某年 01 月 01 日	取得收入方式	转账	取得收入日期	某年 12 月 31 日
银行账号	201—2269	邮编	711000	电话	029-37649972		

项　目		金　额
应纳税所得额的计算	1. 全年收入额	69 000.00
	2. 费用	24 000.00
	3. 应纳税所得额	45 000.00
应纳个人所得税额的计算	4. 税率	20%
	5. 速算扣除数	3 750.00
	6. 应纳所得税额	5 250.00
	7. 减免所得税额	0.00
	8. 全年预缴税额	5 000.00
	9. 应退所得税额	250.00

授权代理人	（如果你已委托代理申报人，请填写下列资料） 为代理一切税务事宜，现授权______（地址）______为本人代理申报人，任何与本报表有关的来往文件都可寄与此人。 授权人签字：______	声明	我声明：此纳税申报表是根据《中华人民共和国个人所得税法》的规定填报的，我确信它是真实的、可靠的、完整的。 声明人签字：张润杰

代理申报人签字：　　　　纳税人签字：张润杰

以下由税务机关填写

收到日期		接收人		审核日期		主管税务机关盖章
审核记录						主管税务官员签字

项目8

资源税类的计算与申报

实际岗位

收入、成本、费用核算岗位；办税员。

工作任务

确定各资源税类税种的应税范围、计税依据和适用税率，计算应纳税额，按规定期限填制纳税申报表，进行纳税申报。

教学目的

通过“项目8”的教学和实训，达到：

* 能界定各资源税种的征税范围；
* 会计算当期各资源税种的税额；
* 会填制各资源税种的纳税申报表。

任务一　会计算、申报资源税

基本内容学习

资源税是对在我国境内从事应税矿产品开采或生产盐的单位和个人征收的一种税。

一、特点

我国资源税具有3个特点：只对特定资源征税，即矿产品和盐；具有受益税的性质，体现了对国有资源的有偿占用；具有级差收益税的特点，对同一资源采用差别税率。

二、纳税人和扣缴义务人

资源税的纳税人为在我国境内开采应税矿产品或者生产盐的单位和个人。单位指国有企业、集体企业、私营企业、股份制企业、外商投资企业、外国企业、行政事业单位、军事单位、社会团体及其他单位。个人指个体经营者和其他个人。

资源税以收购资源税未税矿产品的独立矿山、联合企业及其他单位为扣缴义务人。

知识拓展

什么是独立矿山、联合企业、其他单位?

独立矿山指只有采矿和选矿的独立核算、自负盈亏的单位。

联合企业指采矿、选矿、冶炼连续生产的企业，其采矿单位一般是该企业的二级或三级以下核算单位。

其他单位包括非矿山企业、单位、个体户等。

三、征税对象及范围

资源税的征税对象是应税矿产品和盐。

（一）原油

指开采的天然原油，包括企业生产的稠油、高凝油、凝析油等，不包括人造石油。

（二）天然气

指专门开采和与原油同时开采的天然气。

（三）煤炭

指原煤。

（四）其他非金属原矿

指上列产品和井矿盐以外的非金属矿原矿，包括宝石级金刚石、宝石、膨润土、石墨、石英砂、萤石、重晶石等。

（五）黑色金属原矿

指纳税人开采的金属矿石原矿，包括铁矿石、锰矿石、铬矿石。

（六）有色金属原矿

指纳税人开采的有色金属矿石原矿，包括铜矿石、铅锌矿石、铝土矿石、钨矿石、锡矿石、黄金矿等。

（七）盐

包括固体盐和液体盐。固体盐是指海盐原盐、湖盐原盐和井矿盐；液体盐俗称卤水，是指氯化钠含量达到一定浓度的溶液。

四、税率

资源税设置幅度定额税率，见表8－1。具体适用税额，由财政部会同国务院有关部门，根据纳税人开采或者生产应税产品的资源状况，在规定的幅度内执行。

表8－1　资源税税目税率表

序号	税目	税额	
1	原油	8～30元/吨	
2	天然气	2～15元/千立方米	
3	原煤	0.3～5元/吨	
4	其他非金属矿原矿	0.5～20元/吨、立方米	
5	黑色金属矿原矿	2～30元/吨	
6	有色金属矿原矿	0.4～30元/吨	
7	盐	固体盐	10～60元/吨
		液体盐	2～10元/吨

纳税人开采或者生产不同税目的应税产品，应当分别核算不同税目应税产品的课税数量，未分别核算或者不能准确提供不同税目应税产品的课税数量的，从高确定税率。

五、计算

资源税的计税公式为：

$$应纳税额=应税数量\times 单位税额$$

其中，应税数量的确定应视具体情况确定：

（1）纳税人开采或者生产应税产品销售的，以销售数量为课税数量。

（2）纳税人开采或者生产应税产品自用的，以自用数量为课税数量。

（3）扣缴义务人代扣代缴资源税，以收购未税矿产品的数量为计税依据。

思 考

资源税为什么是以销售量、自用量、收购量，而不是以开采量为计税依据？

六、纳税义务发生时间

纳税人采取分期收款结算方式的，为销售合同规定的收款日期的当天；

纳税人采取预收货款结算方式的，为发出应税产品的当天；

纳税人采取其他结算方式的，为收讫销售款或者取得销售款凭据的当天；

纳税人自采自用应税产品，为移送使用应税产品的当天；

扣缴义务人代扣代缴税款，为支付货款的当天。

七、纳税期限

资源税纳税期限为1日、3日、5日、10日、15日或者1个月，由主管税务机关根据实际情况具体核定。不能按固定期限计算纳税的，可以按次计算纳税。

纳税人以1个月为一期纳税的，自期满之日起10日内申报纳税；以1日、3日、5日、10日或者15日为一期纳税的，自期满之日起5日内预缴税款，于次月1日起10日内申报纳税并结清上月税款。

八、纳税地点

纳税人应当向应税产品的开采或者生产所在地主管税务机关缴纳资源税。纳税人在本省、自治区、直辖市范围内开采或者生产应税产品，其纳税地点需要调整的，由省、自治区、直辖市税务机关决定。

基本内容应用

A矿务局本月开采原煤200 000吨，销售了150 000吨，自用了30 000吨。税务机关核定的资源税率为2元/吨。

要求： 计算A矿务局本月应缴纳的资源税。

处理：

$$资源税 = (150\,000 + 30\,000) \times 2 = 360\,000\ (元)$$

在掌握了资源税基本税制内容的基础上，进一步学习其税制内容的具体政策及申报。

情境一　确定纳税人

A是中外合作开采石油的合资企业，B是中国自主开采石油的国有企业。

要求： 确定资源税纳税人。

【政策提示】

税法规定，中外合作开采石油、天然气，暂不征收资源税，征收矿区使用费。

【业务处理】

根据税法规定，A不是资源税的纳税人，只征收矿区使用费。B是资源税的纳税人。

情境二　确定征税范围

A企业开采石油、天然气，同时生产人造石油。B企业主要开采煤炭，也生产天然气、洗煤。

要求： 确定资源税征税范围。

【政策提示】

税法规定，对专门开采的天然气以及与原油同时开采的天然气，征税资源税，暂不包括煤矿生产的天然气。对开采原煤征收资源税，不包括洗煤、选煤及其他煤炭制品。

【业务处理】

根据税法规定，A企业开采石油、天然气应征收资源税，人造石油不属于资源税征税范围。B企业开采煤炭征收资源税，天然气和洗煤不属于资源税征税范围。

情境三　确定适用税率

A企业是独立矿山，主要开采铁矿石，该地区税务机关已核定其税率为15元/吨，对伴采的锰矿石尚未核定税率，但其采矿量较大。同时，A企业也开展收购铁矿石业务。当地收购单位适用的资源税税率有：锰矿石为11元/吨，铁矿石为14元/吨。

要求： 确定自采铁矿、自采锰矿、收购铁矿的税率。

【政策提示】

税法规定，对于伴采矿，量大的，由省、自治区、直辖市人民政府根据规定对其核定资源税单位税额标准；量小的，在销售时，按照国家对收购单位规定的单位税额标准缴纳资源税。

独立矿山、联合企业收购未税矿产品的，适用本单位应税产品的税率；其他收购单位收购的未税矿产品，适用主管税务机关核定的税率。

【业务处理】

根据税法规定，A企业开采铁矿石的税率为15元/吨，伴采矿锰矿石的税率由省、自治区、直辖市人民政府根据规定对其核定资源税单位税额，收购的未税铁矿石税率为15元/吨。

情境四　确定计税依据——综合回收率的运用

A企业本月生产销售原煤150 000吨，销售用自产原煤加工的洗煤30 000吨，已知综合回收率为60%，该煤矿煤炭资源税适用税率为1.5元/吨。

要求：确定A企业计算资源税的计税依据。

【政策提示】

税法规定，对于煤炭连续加工前无法正确计算原煤矿使用量的，将加工产品实际销售或自用量，按加工产品的综合回收率折算成原煤使用量作为课税数量。

综合回收率＝加工产品实际销售数量或自用数量÷耗用原煤数量

原煤课税数量＝加工产品实际销售数量或自用数量÷综合回收率

【业务处理】

根据税法规定，销售原煤计税依据为150 000吨，自用原煤计税依据为50 000吨（30 000÷60%）。

情境五　计算资源税额——选矿比的运用、冶金矿山铁矿石资源税的减征

A矿山本月将自产原矿铁矿石2 000吨直接对外销售，另将部分原矿入选精矿，当月销售铁矿石精矿1 000吨，已知选矿比为1:2.25，铁矿石资源税税率为10元/吨。

要求：计算该矿山当月应纳资源税。

【政策提示】

税法规定，对金属矿产品原矿和非金属矿原矿，无法准确掌握纳税人销售或移送使用金属和非金属矿产品原矿数量的，将其精矿按选矿比折算成原矿数量为课税数量。

选矿比＝精矿实际销售数量或自用数量÷原矿课税数量

原矿课税数量＝精矿实际销售数量或自用数量÷选矿比

对冶金矿山铁矿石资源税暂按规定税额标准的60%征收。

【业务处理】

根据税法规定：

应税数量 = 2 000 + 1 000 × 2.25 = 4 250（吨）

应纳税额 = 4 250 × 10 × 60% = 25 500（元）

情境六　计算资源税额——以外购的液体盐加工成固体盐销售

A盐场本月以自产的液体盐加工固体盐2 000吨，当月售出1 600吨；以外购液体盐820吨加工固体盐550吨，当月全部售出；另外还直接销售自产液体盐500吨。固体盐单位税额为10元/吨，液体盐单位税额为2元/吨。

要求：计算A盐场本月应纳资源税。

【政策提示】

税法规定，纳税人以自产的液体盐加工成固体盐销售的，以加工的固体盐数量为应税数量，按固体盐税率征税；以外购的液体盐加工成固体盐，其加工的固体盐所耗用液体盐的已纳税额准予扣除。

【业务处理】

根据税法规定，A盐场本月应纳资源税为：

销售自产固体盐应纳资源税 = 1600 × 10 = 16 000（元）

销售外购液体盐加工的固体盐应纳资源税 = 550 × 10 − 820 × 2 = 3 860（元）

销售自产液体盐应纳资源税 = 500 × 2 = 1 000（元）

A盐场共缴纳资源税 = 16 000 + 3 860 + 1 000 = 20 860（元）

情境七　填制资源税纳税申报表

（一）纳税人信息

名称：延兴集团，是开采铜矿的联合企业

纳税人识别号：130023562398563

微机代码：39-A1385

法定代表人：窦骏

（二）业务资料

11月份，销售铜矿石原矿30 000吨、精矿2 000吨。选矿比20%，适用税率1.1元/吨。

（三）计算税额

销售铜矿石原矿应纳税额 = 30 000 × 1.1 = 33 000（元）

入选精矿所使用的原矿石应纳税额 = 2 000 ÷ 20% × 1.1 = 11 000（元）

（四）填制申报表

据以上数据填报《资源税纳税申报表》，见表8－2。

表 8－2　资源税纳税申报表

填报日期：某年 12 月 5 日　　　　金额单位：元（列至角分）

<table>
<tr><td colspan="2">纳税人识别号</td><td colspan="3">130023562398563</td><td>微机代码</td><td colspan="5">39-A 1385</td></tr>
<tr><td colspan="2">纳税人名称</td><td colspan="3">延兴集团</td><td>税款所属期</td><td colspan="5">某年 11 月 1 日至某年 11 月 30 日</td></tr>
<tr><td colspan="2">产品名称</td><td>适用税目</td><td>课税单位</td><td>课税数量</td><td>单位税额</td><td>应纳税款</td><td>批准减征额</td><td>已缴税款</td><td>应征（退）税款</td><td>备注</td></tr>
<tr><td colspan="2">1</td><td>2</td><td>3</td><td>4</td><td>5</td><td>6＝4×5</td><td>7</td><td>8</td><td>9＝6－7－8</td><td>10</td></tr>
<tr><td rowspan="2">应纳税项目</td><td>铜矿石原矿</td><td>有色金属矿原矿</td><td>吨</td><td>30 000.00</td><td>1.10</td><td>33 000.00</td><td></td><td></td><td>33 000.00</td><td></td></tr>
<tr><td>铜矿石精矿</td><td>有色金属矿原矿</td><td>吨</td><td>10 000.00</td><td>1.10</td><td>11 000.00</td><td></td><td></td><td>11 000.00</td><td></td></tr>
<tr><td rowspan="2">减免税项目</td><td></td><td></td><td></td><td></td><td></td><td></td><td></td><td></td><td></td><td></td></tr>
<tr><td></td><td></td><td></td><td></td><td></td><td></td><td></td><td></td><td></td><td></td></tr>
<tr><td colspan="4">纳税人声明</td><td colspan="4">授权人声明</td><td colspan="3">代理人声明</td></tr>
<tr><td colspan="4">本纳税申报表是按照国家税法和税务机关规定填报的，我确信是真实的，合法的。如有虚假，愿负法律责任。
法定代表人（业主）签名：窦骏
某年 12 月 5 日</td><td colspan="4">我单位（公司）现授权　　为本纳税人的代理申报人，其法定代表人电话　　，任何与申报有关的往来文件都可寄与此代理机构。
委托代理合同号码：
授权人（法定代表人）签名：
年　月　日</td><td colspan="3">本纳税申报表是按照国家税法和税务机关有规定填报的，我确信是真实、合法的。如有不实，我愿承担法律责任。
法定代表人签名：
代理人盖章：
年　月　日</td></tr>
<tr><td colspan="4">受理申报　　年　月　日</td><td colspan="4">审核申报　　年　月　日</td><td colspan="3">录入　　年　月　日</td></tr>
<tr><td colspan="4">受理人：</td><td colspan="4">审核人：</td><td colspan="3">录入人：</td></tr>
</table>

任务二　会计算、申报城镇土地使用税

基本内容学习

城镇土地使用税是以国有土地为征税对象，以实际占用的土地单位面积为计税依据，对拥有土地使用权的单位和个人征收的一种税。城镇土地使用税具有行为税的性质。

一、征税范围

城镇土地使用税的征税范围是城市、县城、建制镇、工矿区。

二、纳税人

城镇土地使用税的纳税人，是指在税法规定的征税范围内使用土地的单位和个人。单位包括国有企业、集体企业、私营企业、股份制企业、外商投资企业、外国企业以及其他企业和事业单位、社会团体、国家机关、军队以及其他单位；个人包括个体工商户以及其他个人。

三、税率

城镇土地使用税采用幅度定额税率。每平方米年税额为：大城市1.5～30元；中等城市1.2～24元；小城市0.9～18元；县城、建制镇、工矿区0.6～12元。

四、计算

城镇土地使用税的计税公式为：

$$年应纳税额=实际使用面积\times 单位税额$$

五、纳税义务发生时间

（1）购置新建商品房，自房屋交付使用之次月起缴纳城镇土地使用税。

（2）购置存量房，自办理房屋权属转移、变更登记手续，房地产权属登记机关签发房屋权属证书之次月起缴纳城镇土地使用税。

（3）纳税人出租、出借房产，自交付出租、出借房产之次月起，缴纳城镇土地使用税。

（4）以出让或转让方式有偿取得土地使用权的，应由受让方从合同约定交付土地时间的之次月起缴纳城镇土地使用税；合同未约定土地交付时间的，由受让方从合同签订的次月起缴纳城镇土地使用税。

（5）纳税人新征用的耕地，自批准征用之日起满一年时，开始缴纳土地使用税。

（6）纳税人新征用的非耕地，自批准征用次月起，缴纳土地使用税。

六、纳税期限

城镇土地使用税实行按年计算，分期缴纳的征收方法，具体纳税期限由省、自治区、直辖市人民政府确定。

七、纳税地点

城镇土地使用税由土地所在地的税务机关征收。纳税人使用的土地不属于同一省（自治区、直辖市）管辖范围的，由纳税人分别向土地所在地的税务机关申报缴纳。在同一省（自治区、直辖市）管辖范围内，纳税人跨地区使用的土地，如何确定纳税地点，由各省、自治区、直辖市税务机关确定。

基本内容应用

A公司的厂址在市区，用于生产经营的土地面积为10 000 m^2。税务机关核定的城镇土地使用税的税率为5元/m^2。

要求：计算A公司本年应缴纳的城镇土地使用税。

处理：

A公司本年应缴纳的城镇土地使用税 = 10 000 × 5 = 50 000（元）

在掌握了城镇土地使用税基本税制内容及申报的基础上，进一步学习其税制内容的具体政策及申报。

情境一　确定征税范围——开征区域

A公司在城市中心有办公楼一座，城郊有大型生产基地，并在县城内、县辖村设有经营机构。

要求：确定A企业应就哪些机构用地缴纳城镇土地使用税。

【政策提示】

税法规定，城镇土地使用税在城市、县城、建制镇、工矿区范围内开征。城市是指经国务院批准设立的市，其征税范围包括市区、郊区和市辖县县城；县城是指县人民政府所在地的城镇；建制镇是指经省、自治区、直辖市人民政府批准设立的，符合国务院规定的镇建制标准的镇，其征税范围为镇人民政府所在地，不包括所辖的行政村；工矿区是指工商业比较发达，人口比较集中的大型工矿企业所在地。

【业务处理】

根据税法规定，A公司在城市中心的办公楼、城郊的大型生产基地，以及县城内的经营机构均属于城镇土地使用税征税范围，县辖村的经营机构不属于城镇土地使用税征税范围。

情境二　确定征税范围——免税范围

A公司的经营机构所在地在城市二等地段，还有自办的学校、医院，地点在城市的郊区。

要求：确定A公司应就哪些机构用地缴纳城镇土地使用税。

【政策提示】

税法规定：

（1）国家机关、人民团体、军队自用的土地免征土地使用税。但如果上述单位将自用土地对外出租、经营，则不属于免税范围。

（2）由国家财政部门拨付事业经费的单位自用的土地免征土地使用税。

（3）宗教寺庙、公园、名胜古迹自用土地免征土地使用税。经营用地不免。

（4）市政街道、广场、绿化地带等公共用地免征土地使用税。非社会性的公共用地不免税。

（5）直接用于农、林、牧、渔业的生产用地免征土地使用税。

（6）经批准开山填海整治的土地和改造的废弃土地，从使用的月份起免缴城镇土地使用税5~10年。

（7）对非营利性医疗机构、疾病控制机构和妇幼保健机构等卫生机构自用的土地免征城镇土地使用税。对营利性医疗机构自用的土地自2000年起免征城镇土地使用税3年。

（8）企业办的学校、医院、托儿所、幼儿园，其用地能与企业其他用地明确区分的，免征城镇土地使用税。

（9）老年服务机构自用的土地免征土地使用税。

【业务处理】

根据税法规定，A公司的机构所占地属于城镇土地使用税征税范围，自办的学校、医院所占地免征城镇土地使用税。

提　示

哪些机构属于老年服务机构?

老年服务机构是指专门为老年人提供生活照料、文化、护理、健身等多方面服务的福利性、非营利性机构。主要包括老年社会福利院、敬老院（养老院）、老年服务中心、老年公寓（含老年护理院、康复中心、托老所）

情境三　确定纳税人

A企业在甲市拥有两处土地使用权，一处自用，一处与B单位共用；在乙市拥有一处土地使用权，委托C公司代管。

要求：确定城镇土地使用税纳税人。

【政策提示】

税法规定，根据土地用地者的不同情况，纳税人具体确定为：城镇土地使用税由拥有土地使用权的单位或个人缴纳；拥有土地使用权的纳税人不在土地所在地的，由代管人或实际使用人纳税；土地使用权未确定或权属纠纷未解决的，由实际使用人纳税；土地使用权共有的，由共有各方分别纳税。

【业务处理】

根据政策规定，自用土地的纳税人为A企业，公用土地的纳税人分别为A企业和B单位，乙市土地的纳税人为C公司。

情境四　确定计税依据

A公司在甲市拥有两处土地使用权，一处有《土地使用证》，注明使用土地面积20 000平方米；一处尚未核发《土地使用证》，A公司已向当地政府部门上报土地面积15 000平方米，目前正在审核中。

要求：确定城镇土地使用税的计税依据。

【政策提示】

税法规定，凡由省、自治区、直辖市人民政府确定的单位组织测定土地面积的，以测定的面积为准；尚未组织测量，但纳税人持有政府部门核发的土地使用证书的，以证书确认的土地面积为准；尚未核发出土地使用证书的，应由纳税人申报土地面积，据以纳税，待核发土地使用证以后再作调整。

【业务处理】

根据政策规定，A公司城镇土地使用税的计税依据分别为20 000平方米和15 000平方米，其中15 000平方米的申报数据待核发土地使用证后再作调整。

情境五　填制城镇土地使用税纳税申报表

（一）纳税人信息

纳税人名称：咸阳天润集团公司

纳税人类型：股份有限公司，增值税一般纳税人

法定代表人：李华

会计主管：张晓国

营业地址：咸阳市人民中路98号

电话：029-85556688

税务登记号：360403111100005

开户银行及账号：工行咸阳市人民中路支行　2-12365722

主管税务机关：咸阳市地方税务局秦都分局

（二）业务资料

某年12月10日核发的土地登记卡中记载，企业所在城市一等地段的工业用地面积为27万平方米、在城市二等地段的工业用地面积为54万平方米，已知，该企业所处地段适用年税额分别为8元/平方米、5元/平方米。年税额分上下半年缴纳。本次申报下半年的税额。

（三）计算税额

应纳城镇土地使用税 $=270\ 000\times 8+540\ 000\times 5=4\ 860\ 000$（元）

（四）填制申报表

根据应纳城镇土地使用税的相关金额填制《城镇土地使用税纳税申报表》，见表8－3。

表8－3　城镇土地使用税纳税申报表

填表日期：某年12月31日　　　　　　　　　　　　　　　　　　　　金额单位：元（列至角分）

纳税人识别号：36040311110005

纳税人名称		咸阳天润集团公司			税款所属日期		某年7月1日——某年12月31日						
坐落地点		咸阳市人民中路98号			联系电话	029-85556688			开户银行及账号		工行咸阳人民中路支行　2-12365722		
用地项目	坐落地点	上期实际占地面积	本期增减	本期实际占地面积	法定免税面积	应税面积	土地等级	适用税率	全年应纳税额	全年缴纳次数	本期		
											应纳税额	已纳税额	应补税额
工业用地	咸阳市人民中路98号					270 000平方米	一等	8元/平方米	2 160 000	2	1 080 000		1 080 000
工业用地	咸阳市兰成路104号					540 000平方米	二等	5元/平方米	2 700 000	2	1 350 000		1 350 000
合计									4 860 000		2 430 000		2 430 000
如纳税人填报，由纳税人填写以下各栏						如委托代理人填报，由代理人填写以下各栏						备注	
会计主管：张晓国		纳税人公章（盖章）				代理人名称		代理人公章					
						代理人地址							
						经办人							
以下由税务机关填写													
收到申报日期						接收人							

任务三　会计算、申报土地增值税

基本内容学习

土地增值税是对转让国有土地使用权、地上建筑物及其附着物（以下简称转让房地产）并取得收入的单位和个人，就其转让房地产所取得的增值额征收的一种税。开征土地增值税，对增强国家对房地产开发和房地产市场的调控力度，抑制炒买炒卖土地，投机获取暴利的行为有较强的调节作用。

土地增值税具有5个特点：第一，征税面比较广，凡在我国境内转让房地产并取得增值收入的单位和个人，除税法规定免税的外，均应按照税法规定缴纳土地增值税；第二，以转让房地产取得的增值额为征税对象；第三，采用扣除法和评估法计算增值额。一般来说，以纳税人转让房地产取得的收入，减除法定扣除项目金额后的余额作为计税依据。对旧房及建筑物的转让，以及对纳税人转让房地产申报不实、成交价格偏低的，采用评估价格法确定增值额；第四，实行超率累进税率；第五，实行按次征收，每转让一次就征收一次土地增值税。

一、纳税人

凡是有偿转让我国国有土地使用权、地上建筑物及其附着物（以下简称转让房地产）产权，并且取得收入的单位和个人，为土地增值税的纳税人。具体包括国有企业、集体企业、私营企业、外商投资企业和外国企业；机关、团体、部队、事业单位、个体工商户，及其他单位和个人；外国机构、华侨、港澳台同胞及外国公民。

二、征税范围

（1）土地增值税只对转让国有土地使用权的行为征税，转让非国有土地使用权和出让国有土地使用权的行为均不征税。

国有土地使用权是指土地使用人根据国家法律、合同等规定，对国家所有的土地享有的使用权利。按现行规定，集体所有的土地须先由国家征用后才能转让其使用权。未经国家征用的集体土地不得转让使用权。自行转让集体土地使用权是一种违法行为，应由有关部门依照相关法律来处理，而不应纳入土地增值税的征税范围。

国有土地使用权出让是指国家以土地所有者的身份将土地使用权在一定年限内让与土地使用者，并由土地使用者向国家支付土地出让金的行为。由于土地使用权的出让方是国家，出让收入在性质上属于政府凭借所有权在土地一级市场上收取的租金，所以，政府出让土地的行为及取得的收入也不在土地增值税的征税之列。

提　示

国有土地使用权的出让不同于国有土地使用权的转让。

（2）土地增值税既对转让土地使用权征税，也对转让地上建筑物和其他附着物的产权征税。

所谓地上建筑物，是指建于土地上的一切建筑物，包括地上地下的各种附属设施。如厂房、仓库、商店、医院、住宅、地下室、围墙、烟囱、电梯、中央空调、管道等。所谓附着物是指附着于土地上、不能移动，一经移动即遭损坏的物品。

（3）土地增值税只对有偿转让的房地产征税，对以继承、赠与等方式无偿转让的房地产，不予征税。

不征土地增值税的房地产赠与行为包括两种情况。房产所有人、土地使用权所有人将房屋产权、土地使用权赠与直系亲属或承担直接赡养义务人的行为；房产所有人、土地使用权所有人通过中国境内非营利的社会团体、国家机关将房屋产权、土地使用权赠与教育、民政和其他社会福利、公益事业的行为。

思　考

赠送房地产需通过的“社会团体”指哪些部门?

赠送房地产需通过的“社会团体”是指中国青少年发展基金会、希望工程基金会、宋庆龄基金会、减灾委员会、中国红十字会、中国残疾人联合会、全国老年基金会、老区促进会，以及经民政部门批准成立的其他非营利的公益性组织。

三、税率

土地增值税实行四级超率累进税率，具体见表8－4。

表8－4　四级超率累进税率表

级数	土地增值额与扣除项目金额比例	税率/%	速算扣除系数/%
1	未超过50%的	30	0
2	超过50%～100%以内的	40	5
3	超过100%～200%以内的	50	15
4	超过200%的	60	35

四、税收优惠

（1）纳税人建造普通标准住宅，增值额未超过扣除项目金额20%的，给予免税。增值额超过扣除项目金额之和20%的，应就其全部增值额按规定计税。

（2）因国家建设需要，依法征用、回收的房地产，免税。

（3）个人因工作调动或改善居住条件而转让原自用住房，经向税务机关申报核准，凡居住满5年或5年以上的，免予征收土地增值税；居住满3年未满5年的，减半征收土地增值税。居住未满3年的，按规定计征土地增值税。

（4）以房地产进行投资、联营的，投资、联营的一方以土地（房地产）作价入股进行投资或作为联营条件，将房地产转让到所投资、联营的企业中时，暂免征收土地增值税；一方出地，一方出资金，双方合作建房的，建成后按比例分房自用的，可免缴土地增值税。

五、计算

土地增值税的计税公式为：

增值额 = 转让房地产收入 − 扣除项目金额

应纳税额 = 增值额 × 税率 − 扣除项目金额 × 速算扣除系数

式中，“转让房地产收入”是指纳税人转让房地产所取得全部价款及有关的经济收益，包括货币收入、实物收入及其他收入等全部收入。

“扣除项目金额”包括以下6项。

（1）取得土地使用权所支付的金额。纳税人以协议、招标、拍卖等出让方式取得土地使用权的，其价款为纳税人所支付的土地出让金；以行政划拨方式取得土地使用权的，其价款为按国家有关规定补交的出让金，以转让方式取得土地使用权的，其价款为向原土地使用人实际交付的地价款。

（2）房地产开发成本。包括土地征用及拆迁补偿、前期工程费用、建筑安装工程费、基础设施费、公共配套设施费、开发间接费。

（3）房地产开发费用。是指与开发项目有关的销售费用、管理费用和财务费用。该项目的扣除据财务费用中利息支出的不同情况而采用不同的扣除方法。

财务费用中的利息支出，凡能够按转让房地产项目计算分摊并提供金融机构证明的，允许据实扣除，但最高不能超过商业银行同类同期贷款利率计算的金额。其他房地产开发费用，按取得土地使用权所支付的金额和房地产开发成本两项金额之和的5%以内计算扣除。

凡不能按转让房地产项目计算分摊利息支出或不能提供金融机构证明的，房地产开发费用按取得土地使用权所支付的金额和房地产开发成本两项金额的10%以内计算扣除。

（4）与转让房地产有关的税金。是指纳税人在转让房地产时缴纳的营业税、城建税、教育费附加、印花税。房地产开发企业的印花税已列入“管理费用”，不在此扣除。此处指其他纳税人的印花税。

（5）财政部规定的其他扣除项目。对从事房地产开发的纳税人，可按取得土地使用权所支付的金额和房地产开发成本两项金额之和，加计20%的扣除。

（6）旧房屋建筑物的评估价格。评估价格是指建筑物重置成本价乘以成新度折扣率后的价格。房屋建筑物的评估价应由规定的资信机构评估，当地税务机关及房地产管理部门确认新旧程度及折扣率。

思　考

扣除项目金额中的第三项“房地产开发费用”提及的“按取得土地使用权所支付的金额和房地产开发成本两项金额之和的5%（或10%）以内计算扣除”在计算中如何使用？

六、纳税义务发生时间

纳税人应当自转让房地产合同签订之日起七日内向房地产所在地主管税务机关办理纳税申报，并在税务机关核定的期限内缴纳土地增值税。

七、纳税期限

土地增值税的纳税期限，由主管税务机关根据房地产的不同情况具体确定。

（1）以一次交割、付清价款方式转让房地产的，由主管税务机关在纳税人办理纳税申报后，根据其应纳税额的大小及向有关部门办理过户、登记手续的期限等，规定其在办理过户、登记手续前数日内一次性缴纳全部土地增值税。

（2）分期付款方式转让房地产的，主管税务机关可根据合同规定的收款日期，分期缴纳土地增值税。

（3）项目全部竣工决算前转让房地产的，纳税人在项目竣工结算前转让房地产取得的收入，由于涉及成本核算或其他原因，无法据实计算土地增值税的，可以预征土地增值税，在项目竣工办理结算后再进行清算，根据应征税额和已征税额进行结算清缴，多退少补。

八、纳税地点

土地增值税的纳税人应向房地产所在地主管税务机关办理纳税申报，并在税务机关核定的期限内缴纳土地增值税。

房地产所在地是指房地产的坐落地。纳税人转让的房地产坐落在两个或两个以上地区的，应按房地产所在地分别申报纳税。

当纳税人是自然人的，当其转让的房地产坐落地与其居住所在地一致时，在住所所在地税务机关申报纳税；当转让的房地产坐落地与其居住所在地不一致时，在办理过户手续所在地的税务机关申报纳税。

基本内容应用

A房地产开发公司出售一幢写字楼，收入总额为10 000万元。开发该写字楼有关支出为：支付地价款及各种费用1 000万元；房地产开发成本3 000万元；财务费用中的利息支出为500万元（可按转让项目计算分摊并提供金融机构证明），但其中有50万元属加罚的利息，其他房地产开发费用项目支出合计为240万元；转让环节缴纳的有关税费共计为555万元；该单位所在地政府规定的其他房地产开发费用计算扣除比例为5%。

要求：计算该房地产开发公司应纳的土地增值税。

处理：

（1）取得的收入：10 000万元。

（2）取得土地使用权支付的地价款及有关费用：1 000万元。

（3）房地产开发成本：3 000万元。

（4）利息支出=500－50=450（万元）。

（5）房地产开发费用（除利息支出外）的扣除限额＝（1 000+3 000）×5%＝200（万元）。

因除利息支出外的房地产开发费用的实际支出金额大于扣除限额（240＞200），所以除利息支出外的房地产开发费用只能按200万元扣除。

（6）允许扣除的税费：555万元。

（7）从事房地产开发的纳税人加计扣除20%。

允许扣除额＝（1 000＋3 000）×20%＝800（万元）；

允许扣除的项目金额合计＝1 000＋3 000＋450＋200＋555＋800＝6 005（万元）。

（8）增值额=10 000－6 005=3 995（万元）。

（9）增值额与扣除项目金额比率=3 995÷6 005×100%=66.53%。

确定税率40%，速算扣除率5%。

（10）应纳税额=3 995×40%－6 005×5%=1 297.75（万元）。

在掌握土地增值税的基本税制内容的基础上，进一步学习其税制内容的具体政策及申报。

情境一　确定征税范围——以房地产进行投资、联营

A公司将自有一处房产投资于B机械制造厂，作价500万元折为股份；以自有一处国有土地使用权投资于C房地产开发公司，作价300万元折为股份。C房地产开发公司接受该处土地使用权后根据业务需要又将它转让给D房地产开发公司。

要求：确定土地增值税的征税范围。

【政策提示】

税法规定，对于以房地产进行投资、联营的，如果投资、联营的一方以土地（房地产）作价入股进行投资或作为联营条件，暂免征收土地增值税。但对以房地产作价入股，凡所投资、联营的企业从事房地产开发的，或者房地产开发企业以其建造的商品房进行投资和联营的，或是投资、联营企业将上述房地产再转让，则属于征收土地增值税的范围。

【业务处理】

根据政策规定，A公司转让给B机械制造厂的房产免征土地增值税，转让给C房地产开发公司的土地使用权属于土地增值税征税范围，C房地产公司再转让给D房地产开发公司的土地使用权也属于土地增值税征税范围。

情境二 确定征税范围——合作建房、房地产出租

A公司与甲公司签订合作建房协议，共同开发某房地产项目，A公司负责投入资金及全部开发活动，甲公司将所有的一处国有土地使用权投入该项目，建成后甲公司分得30%的房产（包括住宅及商铺），将其用于办公和对外出租，A企业分得其余房产，将其出售给乙公司，共取得收入1 200万元。

要求：确定土地增值税的征税范围。

【政策提示】

税法规定，对于一方出地，一方出资金，双方合作建房，建成后分房自用的，暂免征收土地增值税。建成后转让的，属于土地增值税的征收范围。

房地产出租，出租人取得收入，但没有发生房地产产权的转让，不属于征收土地增值税的范围。

【业务处理】

根据政策规定，甲公司自用和出租的房产免征土地增值税，A公司销售的房产属于土地增值税征税范围。

情境三 确定征税范围——企业兼并转让房地产

A厂被甲公司兼并后，将其原有经营用房产90%的部分转让给甲公司，10%的部分转让给乙公司。

要求：确定土地增值税的征税范围。

【政策提示】

税法规定，在企业兼并中，对被兼并企业将房地产转让到兼并企业中的，暂免征收土地增值税。

【业务处理】

根据政策规定，A厂转让给甲公司的房产免征土地增值税，转让给乙公司的房产属于土地增值税征税范围。

情境四　确定征税范围——交换房地产

由于业务需要，A厂与甲公司将原各自拥有的房产交换，根据合同规定A厂还支付给甲公司一笔房产价差。

要求：确定土地增值税的征税范围。

【政策提示】

税法规定，交换房地产行为即发生了房产产权、土地使用权的转移，交换双方又取得了实物形态的收入，属于征收土地增值税的范围。对个人之间互换自有居住用房地产的，经当地税务机关核实，可以免征土地增值税。

【业务处理】

根据政策规定，A厂和甲公司的房产发生互换，都属于土地增值税的征税范围。

情境五　确定征税范围——房地产抵押

A厂因资金短缺，于2009年1月将一处自有房产抵押与甲银行并取得贷款，还款期2年。现还款期限已到，由于A厂不能还本付息赎回该处房产，遂于2011年2月与甲银行办理了该处房产过户手续。

要求：确定土地增值税的征税范围。

【政策提示】

税法规定，房地产在抵押期间不征收土地增值税。待抵押期满后，视该房地产是否转移产权来确定是否征税。以房地产抵债而发生房地产产权转让的，属于土地增值税的征收范围。

【业务处理】

根据政策规定，A厂自有房产自2009年1月到2011年1月抵押期间不征收土地增值税，2011年2月转让后属于土地增值税征税范围。

情境六　确定征税范围——房地产评估增值

A厂在清产核资时对房地产进行重新评估，在所有资产中，有一项房地产的原账面原值为210万元，经评估增值50万元，该处房地产正在生产经营使用中。

要求：确定土地增值税的征税范围。

【政策提示】

税法规定，房地产评估增值，没有发生房地产权属的转让，不属于土地增值税的征收范围。

【业务处理】

根据政策规定，A厂的评估增值房产不属于土地增值税征税范围。

情境七　确定征税范围——代建房地产

A房地产公司受甲公司委托，代其进行一处建筑物的开发建造。合同规定竣工后甲公司向A房地产公司支付代建费用700万元。甲公司将收回的房地产用于本单位的生产经营。

要求：确定土地增值税的征税范围。

【政策提示】

税法规定，房地产开发公司代客户建造建筑物，并向客户收取劳务费的行为，由于并没有发生土地使用权的转让，不属于土地增值税的征税范围。

【业务处理】

根据政策规定，A房地产开发公司代建的房地产不属于土地增值税征税范围。

情境八　确定征税范围——土地使用者处置土地使用权

A公司将一处国有土地使用权（无土地使用证）转让给甲公司，双方签订了转让合同，A公司取得转让收入200万元。

要求：确定土地增值税的征税范围。

【政策提示】

税法规定，土地使用者转让、抵押或置换土地，只要土地使用者享有占有、使用、收益或处分该土地的权利，且有合同等证据表明其实质转让、抵押或置换了土地并取得了相应的经济利益，属于土地增值税的征税范围。

【业务处理】

根据政策规定，A公司转让的土地使用权属于土地增值税征税范围。

情境九　填制土地增值税纳税申报表

（一）纳税人信息

纳税人名称：咸阳新华房地产开发集团公司，主要从事房地产开发，物业管理，房地产租赁等业务。

纳税人类型：股份有限公司

法人代表：张华敏

营业地址：咸阳市人民西路15号

电话：029-81226589

开户银行：咸阳市工行人民路分理处

账号：5-12345788

税务登记号：360403000000088

主管税务机关及代码：咸阳市地方税务局秦都分局，1234002

（二）业务资料

（1）1月12日经咸阳市政府批准，取得了开发区01号商业用地，土地面积4 000 000平方米，1月22日支付土地出让金、土地登记费共计6 007.20万元。

（2）2月份按照市政府相关文件要求，支付市政公共基础设施配套费、绿化工程款、审图费等费用合计753.75万元，支付地质、勘探等费用26.4万元。

（3）3月12日前后支付给咸阳市中建一公司四笔建筑工程款，共计8 300万元。

（4）12月份按照市政府相关文件，上缴城建局建筑质量监督费17.6万元，上缴城管局建筑垃圾处置费4.8万元。

（5）本年度有四个单位团购住宅，共销售住宅768套。收入分别为1 728万元、8 640万元、5 184万元、12 096万元。碧水云天项目售罄。

（6）根据公司成本费用明细账记录，碧水云天住宅区项目开发费用合计76.3万元。

（7）12月23日，付建行借款利息120万元，作为水天花园和碧水云天项目的开发资金。

（8）12月25日，碧水云天项目完工，该项目分摊管理费用108万元，经营费用150万元，财务费用（不含利息支出）6万元。

（9）本项目的销售业务均已在销售的次月缴纳了营业税、城建税、教育费附加。

（10）本项目共签订建筑承包合同一份，合同金额8 300万元，签订房地产销售合同四份，合同金额合计12 528万元。

（三）计算税额

1. 取得的收入：$1\,728+8\,640+5\,184+12\,096=27\,648$（万元）

2. 取得土地使用权支付的地价款及有关费用：6 007.2（万元）

3. 房地产开发成本 $=753.75+26.4+8\,300+17.6+4.8=9\,102.55$（万元）

4. 房地产开发费用 $=120+(6\,007.2+9\,102.55)\times5\%=875.487\,5$（万元）

5. 允许扣除的税费 $=27\,648\times5\%\times(1+7\%+3\%)=1\,520.64$（万元）

6. 从事房地产开发的纳税人加计扣除20%

允许扣除额 $=(6\,007.2+9102.55)\times20\%=3\,021.95$（万元）

7. 允许扣除的项目金额合计 $=6\,007.2+910\,2.55+875.487\,5+1\,520.64+3\,021.95=20\,527.828$（万元）

8. 增值额 $=27\,648-20\,527.828=7\,120.172$（万元）

9. 增值额与扣除项目金额比率 $=7\,120.172\div20\,527.828\times100\%=34.69\%$

确定税率30%，速算扣除率0。

10. 应纳税额 $=7\,120.172\times30\%-20\,527.828\times0=2\,136.0516$（万元）

（四）填制申报表

根据应纳土地增值税的相关金额填制《土地增值税纳税申报表》，见表8－5。

表8－5　土地增值税纳税申报表

（从事房地产开发的纳税人适用）

税款所属时间：2010年1月至12月　　　　填表日期：2010年12月31日

纳税人编码：360403000000088　　　　金额单位：人民币元　面积单位：平方米

纳税人名称	咸阳新华房地产开发集团公司			项目名称	碧水云天	项目地址	咸阳市环湖路2号
业　别	房地产	经济性质	股份有限公司	纳税人地址	咸阳市人民西路15号	邮政编码	712000
开户银行	工行人民路分理处	银行账号	5-12345788	主管部门	咸阳市地方税务局秦都分局	电话	029-81226589

项目		行次	金额
一、转让房地产收入总额　1＝2＋3		1	276 480 000
其中	货币收入	2	276 480 000
	实物收入及其他收入	3	
二、扣除项目金额合计　4＝5＋6＋13＋16＋20		4	205 278 280
1. 取得土地使用权所支付的金额		5	60 072 000
2. 房地产开发成本　6＝7＋8＋9＋10＋11＋12		6	91 025 500
其中	土地征用及拆迁补偿费	7	
	前期工程费	8	78 015 00
	建筑安装工程费	9	83 000 000
	基础设施费	10	224 000
	公共配套设施费	11	
	开发间接费用	12	
3. 房地产开发费用　13＝14＋15		13	8 754 875
其中	利息支出	14	1 200 000
	其他房地产开发费用	15	7 554 875
4. 与转让房地产有关的税金等　16＝17＋18＋19		16	15 206 400

续表

项目		行次	金额
其中	营业税	17	13 824 000
	城市维护建设税	18	967 680
	教育费附加	19	414 720
5. 财政部规定的其他扣除项目		20	30 219 500
三、增值额 21 = 1 − 4		21	71 201 720
四、增值额与扣除项目金额之比 22 = 21 ÷ 4		22	34.69%
五、适用税率		23	30%
六、速算扣除系数		24	0%
七、应缴土地增值税税额 25 = 21 × 23 − 4 × 24		25	213 60516
八、已缴土地增值税税额		26	0
九、应补（退）土地增值税税额 27 = 25 − 26		27	213 60516

授权代理人	（如果你已委托代理申报人，请填写下列资料） 为代理一切税务事宜，现授权____（地址）____为本纳税人的代理申报人，任何与本报表有关的来往文件都可寄与此人。 授权人签字：________			声明	我声明：此纳税申报表是根据《中华人民共和国土地增值税暂行条例》及其《实施细则》的规定填报的。我确信它是真实的、可靠的、完整的。 声明人签字：______张华敏______	
纳税人签章		法人代表签章	张华敏	经办人员（代理申报人）签章		备注

（以下部分由主管税务机关负责填写）

主管税务机关收到日期		接收人		审核日期		税务审核人员签章	
审核记录						主管税务机关盖章	

项目 9

财产税类的计算与申报

实际岗位

收入、成本、费用核算岗位；办税员。

工作任务

在确定当期财产税类应税业务的基础上，计算当期应纳各种财产税税额，编制会计凭证，登录相关账簿，在规定期限内填制各财产税类的纳税申报表，进行纳税申报。

教学目的

通过“项目 9”的学习和实训，达到：

* 会确定各财产税类的计税依据；
* 会计算当期各财产税类的税额；
* 会填制各财产税类的纳税申报表。

任务一　会计算、 申报房产税

基本内容学习

房产税是以房屋为征税对象，按照房屋的计税余值或租金收入向房产所有人征收的一种税。

一、征税范围

所谓房产，是指以房屋形态表现的财产。房屋指有屋面和围护结构（有墙或两边有柱），能够遮风避雨，可供人们在其中生产、生活、工作、学习、娱乐、居住或储藏物资的场所。

房产税的征税范围为城市、县城、建制镇、工矿区，不包括农村。

思考

能辨别实际业务中所见到的建筑物、构筑物是否属于“房产”吗？

二、纳税人

凡在我国境内拥有房屋产权的单位和个人均为房产税的纳税义务人。

三、税率

依照房产余值计算缴纳的，房产税的税率为1.2%；依照房产租金收入计算缴纳的，税率为12%。

四、计算

（一）计税依据的确定

房产税的计税依据是计税余值或房产租金收入，分别称为从价计征和从租计征。

当从价计征时，房产税依照房产原值一次减除10%～30%后的余额，即计税余值计算缴纳。房产原值是指纳税人“固定资产”科目中记载的房屋原价，具体减除幅度，由省、自治区、直辖市人民政府规定。没有房产原值的，由房产所在地税务机关参考同类房产核定。

当从租计征时，以房产租金收入为房产税的计税依据。房产的租金收入是指房屋产权所有人出租房产使用权所得的报酬，包括货币收入和实物收入。

知识拓展

房产原值的范围

房产原值包括与房屋不可分割的各种附属设备或一般不单独计算价值的配套设施。主要有暖气、卫生、通风、照明、煤气等设备；各种管线，如蒸气、压缩空气、石油、给水排水等管道及电力、电信、电缆导线；电梯、升降机、过道、晒台等。

（二）税额的计算

（1）从价计征时：

$$应纳税额 = 房产原值 \times (1 - 扣除比例) \times 适用税率$$

（2）从租计征时：

$$应纳税额 = 租金收入 \times 适用税率$$

五、税收优惠

（1）国家机关、人民团体、军队自用房产，国家财政部门拨付事业经费的单位自用房产免税。

由国家财政部门拨付事业经费的单位，其经费来源实行自收自支后，应征收房产税。但为了鼓励事业单位经济自立，从其经费实行自收自支的年度起，免征房产税3年。

（2）宗教寺庙、公园、名胜古迹自用房产免税。将自有房产出租以及用于非本身业务的生产、营业用房产，不属于免税范围。

（3）个人所有非营业用房免税。

（4）经财政部批准免税的其他房产免税。

具体指损坏不堪使用的房产和危房；因企业停产、撤销而闲置的房产；房产大修停用半年以上；基建工地各种工棚、材料棚、休息棚、工作室、食堂、茶炉房等临时房屋，在施工期间免税；利用地下人防设施；微利、亏损企业的房产；房管部门经租的民用住房；非盈利性医疗单位、疾病控制单位、妇幼保健站自用房产；高校后勤实体；老年服务机构自用房产。

提 示

“自用房产”在不同单位的具体所指范围

国家机关、人民团体、军队、财政拨付事业经费的单位的自用房产是指单位本身的办公用房和公务用房。

宗教寺庙自用的房产，是指举行宗教仪式等的房屋和宗教人员使用的生活用房屋。

公园、名胜古迹自用的房产，是指供公共参观游览的房屋及其管理单位的办公用房屋。

六、纳税义务发生时间

（1）纳税人将原有房产用于生产经营，从生产经营之月起，缴纳房产税。

（2）纳税人自行新建房屋用于生产经营，从建成之次月起，缴纳房产税。

（3）纳税人委托施工企业建设的房屋，从办理验收手续之次月起，缴纳房产税。

（4）纳税人购置新建商品房，自房屋交付使用之次月起，缴纳房产税。

（5）纳税人购置存量房，自办理房屋权属转移、变更登记手续，房地产权属登记机关签发房屋权属证书之次月起，缴纳房产税。

（6）纳税人出租、出借房产，自交付出租、出借房产之次月起，缴纳房产税。

（7）房地产开发企业自用、出租、出借本企业建造的商品房，自房屋使用或交付之次月起，缴纳房产税。

七、纳税期限

房产税实行按年计算、分期缴纳的征收方法，具体纳税期限由省、自治区、直辖市人民政府确定。

八、纳税地点

房产税在房产所在地缴纳。房产不在同一地方的纳税人，应按房产的坐落地点分别向房产所在地的税务机关纳税。

基本内容应用

A公司，本年1月1日“固定资产”分类账中，房产原值为240万元，自2月份开始，企业将其中的50万元的房产租给其他单位使用（房产已于1月底交付承租方），每年的租金为6万元，租期两年。从价计征房产税时的扣除比例为20%，按年计算，分季度缴纳。

要求： 计算A公司第一季度应缴纳的房产税税额。

处理：

（1）1月份按房产余值计算应纳房产税：

年应纳税额 = 2 400 000 ×（1 − 20%）× 1.2% = 23 040（元）；

1月份应纳税额 = 23 040 ÷ 12 = 1 920（元）。

（2）2月份按房产余值和按租金收入分别计算房产税：

从价计征的房产应纳房产税 =（2 400 000 − 500 000）×（1 − 20%）× 1.2% ÷ 12 = 1 520（元）；

从租计征的房产应纳房产税 = 60 000 × 12% ÷ 12 = 600（元）。

2月份应纳房产税税额合计 = 1 520 + 600 = 2 120（元）。

（3）3月份应纳税额：与2月份相同。

（4）该企业2010年第一季度应缴纳的房产税税额 = 1 920 + 2 120 × 2 = 6 160（元）。

在掌握了房产税的基本税制内容的基础上，进一步学习其税制内容的具体政策及申报。

情境一 确定纳税人

A公司拥有多处应税房产：办公楼和厂房的产权属于全民所有，自用于生产经营；因经营需要将职工食堂的产权出典给甲公司；还有两处经营机构房产在外地，由乙公司代为管理。

要求：确定各项房产的纳税人。

【政策提示】

房产税的纳税人具体规定为：产权属于全民所有的，由经营管理的单位和个人缴纳；产权出典的，由承典人缴纳；产权所有人、承典人不在房产所在地的，或者产权未确定及租典纠纷未解决的，由房产代管人或者使用人缴纳。

【业务处理】

根据税法规定，办公楼和厂房的房产税纳税人是A公司，职工食堂的房产税纳税人是甲公司，外地的两处经营机构房产税纳税人是乙公司。

情境二 确定税率

A个人有一处门面房和一处住房，将门面房出租给甲公司作商店用，将住房出租给乙某个人居住。

要求：确定房产税税率。

【政策提示】

税法规定，为了配合国家住房制度改革，支持住房租赁市场的健康发展，经国务院批准，从2001年1月1日起对个人按市场价格出租的居民住房，其应缴纳的房产税暂减按4%的税率征收。

【业务处理】

根据税法规定，A出租门面房适用的房产税税率为12%，出租居民住房适用的房产税税率为4%。

情境三 确定计税依据——投资联营、融资租赁房屋的依据确定

A集团拥有多处自有房产，为拓展市场，将其中两处房产投资与甲、乙两公司。投资于甲公司的房产价值200万元，与甲公司约定A集团参与投资利润分红并承担相应风险，本年取得分红5万元；投资于乙公司的房产价值120万元，与乙公司约定A集团不承担联营风险，每年取得固定红利2万元。另外，A集团以融资租赁方式租入一处房产，期限5年，共应付租金230万元。已知适用的扣除比例为20%。

要求：确定A集团计算房产税的计税依据。

【政策提示】

税法规定：对投资联营的房产，如投资者参与投资利润分红、共担风险，则从价计征房产税；如投资者只收取固定收入、不承担联营风险，实际上是以联营名义取得房产租金，应从租计征房产税。

对融资租赁房屋的，其租赁费与一般房屋出租的租金不同，实际上是一种变相的分期付款购买固定资产的形式，所以实行从价计征房产税。

【业务处理】

根据税法规定，A集团计征房产税的计税依据为：

投资于甲公司的房产的计税依据 = 200 ×（1 - 20%）= 160（万元）

投资于乙公司的房产的计税依据 = 2（万元）

融资租赁的房产的计税依据 = 230 ×（1 - 20%）= 184（万元）

情境四　确定计税依据——以劳务或其他形式取得房产出租的报酬的依据确定

A厂于本年1月份起将一处厂房出租给甲公司，厂房原值100万元，租期一年。合同规定，甲公司以每月提供加工费为7 000元的加工劳务抵顶租金。已知该市同类房产租金平均价格为8 000元/月。

要求：确定A厂本年计算房产税的计税依据。

【政策提示】

税法规定，当出租房屋，取得劳务或其他形式的报酬时，应根据当地同类房产的租金水平，确定租金标准，依率计征。

【业务处理】

根据税法规定：

A企业出租厂房的房产税计税依据 = 8 000 × 12 = 96 000（元）

情境五　确定计税依据——改建、扩建房屋、更换配套设施的处理

A厂对原有甲、乙、丙三处房产进行改扩建，已知三处房产原值分别为10万元、12万元和20万元。其中，对甲房产进行扩建，增加房产价值5万元；更换乙房产的采暖设施，原设施原值1.2万元，更换的新设置价值2.1万元；更换丙房产的照明线（属零配件），该配件原值0.1万元，新配件价值0.12万元。

要求：确定A厂计算房产税的计税依据。

【政策提示】

税法规定，纳税人对原有房屋进行改建、扩建的，要相应增加房屋的原值；对更换房屋附属设备和配套设施的，在将其价值计入房产原值时，可扣减原来相

应设备和设施的价值；对附属设备和配套设施中易损坏，需要经常更换的零配件，更新后不再计入房产原值，原零配件的原值也不扣除。

【业务处理】

根据税法规定，A 厂计算房产税的计税依据为：

甲房产的计税依据 = 10 + 5 = 15(万元)

乙房产的计税依据 = 12 + 2.1 − 1.2 = 12.9(万元)

丙房产的计税依据 = 20(万元)

情境六　填制房产税纳税申报表

(一) 纳税人信息

纳税人名称：咸阳天润集团公司

纳税人类型：股份有限公司，增值税一般纳税人

法定代表人：李华

会计主管：张晓国

营业地址：咸阳市人民中路98 号

电话：029 − 85556688

税务登记号：360403111100005

开户银行及账号：工行咸阳市人民中路支行　2 − 12365722

主管税务机关：咸阳市地方税务局秦都分局

(二) 业务资料

企业市区有房屋四幢，根据房屋登记卡资料，建筑面积共11 800 平方米。一幢办公楼用于办公，账面原值360 万元，已提折旧66 万元；一幢厂房用于生产，账面原值200 万元，已提折旧36 万元；一幢厂房（共六层，设每层结构、价值相等）账面原值1 800 万元，已提折旧240 万元，一层和二层出租给 A 厂，年租金收入50 万元，三层到六层用于生产经营；一幢综合楼（共四层，设每层结构、价值相等）账面原值2 100 万元，已提折旧300 万元，一层和二层出租给 B 公司，年租金收入20 万元，三层和四层用于生产经营。

当地政府规定允许按房产原值一次扣除30%，企业以半年为期缴纳税款。

(三) 计算税额

$$
\begin{aligned}
\text{年应纳房产税} &= 360 \times (1-30\%) \times 1.2\% + 200 \times (1-30\%) \times 1.2\% + \\
&\quad (1800 \div 6 \times 4) \times (1-30\%) \times 1.2\% + (2100 \div 4 \times 2) \times \\
&\quad (1-30\%) \times 1.2\% + 50 \times 12\% + 20 \times 12\% \\
&= 32.004\ (\text{万元})
\end{aligned}
$$

(四) 填制申报表

根据应纳房产税的相关金额填制《房产税纳税申报表》，见表9 − 1。

表 9－1　房产税纳税申报表

填表日期：某年 12 月 31 日

纳税人识别号：360403111100005　　　　金额单位：元（列至角分）

<table>
<tr><td colspan="2">纳税人名称</td><td colspan="5">咸阳天润集团公司</td><td colspan="4">税款所属日期</td><td colspan="5">某年 7 月 1 日——某年 12 月 31 日</td></tr>
<tr><td colspan="3">坐落地点</td><td colspan="4">咸阳市人民中路 98 号</td><td colspan="3">建筑面积/m²</td><td colspan="6">11 800</td></tr>
<tr><td rowspan="2">房屋名称</td><td rowspan="2">上期申报房屋原值</td><td rowspan="2">本期增减</td><td rowspan="2">本期实际房产原值</td><td colspan="3">其中</td><td rowspan="2">扣除率/%</td><td colspan="2">计税依据</td><td rowspan="2">适用税率/%</td><td rowspan="2">全年应纳税额</td><td rowspan="2">全年缴纳次数</td><td colspan="3">本期</td></tr>
<tr><td>从价计征房产原值</td><td>从租计征房产原值</td><td>免税计征房产原值</td><td>房产余值</td><td>租金收入</td><td>应纳税额</td><td>已纳税额</td><td>应补税额</td></tr>
<tr><td>办公楼</td><td></td><td></td><td>3 600 000</td><td>3 600 000</td><td></td><td></td><td>30</td><td>2 520 000</td><td></td><td>1.2</td><td>30 240</td><td>2</td><td>15 120</td><td></td><td>15 120</td></tr>
<tr><td>厂房</td><td></td><td></td><td>2 000 000</td><td>2 000 000</td><td></td><td></td><td>30</td><td>1 400 000</td><td></td><td>1.2</td><td>16 800</td><td>2</td><td>8 400</td><td></td><td>8 400</td></tr>
<tr><td>厂房</td><td></td><td></td><td>18 000 000</td><td>12 000 000</td><td>6 000 000</td><td></td><td>30</td><td>8 400 000</td><td>500 000</td><td>1.2
12</td><td>160 800</td><td>2</td><td>80 400</td><td></td><td>80 400</td></tr>
<tr><td>综合楼</td><td></td><td></td><td>21 000 000</td><td>10 500 000</td><td>10 500 000</td><td></td><td>30</td><td>7 350 000</td><td>200 000</td><td>1.2
12</td><td>112 200</td><td>2</td><td>56 100</td><td></td><td>56 100</td></tr>
<tr><td>合计</td><td></td><td></td><td></td><td></td><td></td><td></td><td></td><td></td><td></td><td></td><td>320 040</td><td>2</td><td>160 020</td><td></td><td>160 020</td></tr>
<tr><td colspan="6">如纳税人填报，由纳税人填写以下各栏</td><td colspan="6">如委托代理人填报，由代理人填写以下各栏</td><td colspan="4">备　注</td></tr>
<tr><td colspan="2" rowspan="3">会计主管：
张晓国</td><td colspan="4" rowspan="3">纳税人公章（盖章）</td><td colspan="2">代理人名称</td><td colspan="2"></td><td colspan="2" rowspan="3">代理人（公章）</td><td colspan="4" rowspan="3"></td></tr>
<tr><td colspan="2">代理人地址</td><td colspan="2"></td></tr>
<tr><td colspan="2">经办人</td><td colspan="2"></td></tr>
<tr><td colspan="16">以　下　由　税　务　机　关　填　写</td></tr>
<tr><td colspan="3">收到申报日期</td><td colspan="6"></td><td colspan="2">接　收　人</td><td colspan="5"></td></tr>
</table>

任务二　会计算、申报契税

基本内容学习

契税是因房屋买卖、典当、赠与或交换而发生产权转移时，依据当事人双方订立的契约及相应价格，向权属承受人征收的一种税。具有在转让环节征收、按次征税、由受让方缴纳的特点。

一、征税对象和范围

契税以发生土地使用权和房屋所有权权属转移的土地和房屋为征税对象，具体的征税范围包括：

（一）国有土地使用权出让

国有土地使用权出让是指土地使用者向国家交付土地使用权出让费用，国家将国有土地使用权在一定年限内让予土地使用者的行为。

（二）土地使用权转让

土地使用权转让，是指土地使用者以出售、赠与、交换或者其他方式将土地使用权转移给其他单位和个人的行为。

（三）房屋买卖

房屋买卖，是指房屋所有者将其房屋出售，由承受者交付货币、实物、无形资产或者其他经济利益的行为。

（四）房屋赠与

房屋赠与，是指房屋所有者将其房屋无偿转让给受赠者的行为。

（五）房屋交换

房屋交换，是指房屋所有者之间相互交换房屋的行为。

二、纳税人

契税以在我境内承受土地、房屋权属的单位和个人为纳税人。单位，是指企业单位、事业单位、国家机关、军事单位和社会团体以及其他组织。个人，是指个体经营者及其他个人，包括外商投资企业、外国企业和外籍个人。

三、税率

契税的适用税率为3%～5%，由省、自治区、直辖市人民政府在前款规定的幅度内按照本地区的实际情况确定，并报财政部和国家税务总局备案。

四、应纳税额计算

（一）计税依据的确定

契税的计税依据，是指土地使用权、房屋所有权发生转移，权属承受人应支付的价格。依不动产的转移方式、定价方法不同，契税计税依据具体规定为：

（1）国有土地使用权出让、土地使用权转让、房屋买卖，为合同确定的价格即成交价格，包括承受者应交付的货币、实物、无形资产或者其他经济利益。

（2）土地使用权、房屋赠与，由征收机关参照市场价格核定。

（3）土地使用权、房屋交换，为所交换的土地使用权、房屋的价格的差额。

上述成交价格明显低于市场价格并且无正当理由的，或者价格的差额明显不合理并且无正当理由的，由征收机关参照市场价格核定。

（二）税额的计算

契税应纳税额计算公式：

应纳税额 = 计税依据 × 适用税率

应纳税额以人民币计算。以外汇结算的，按照纳税义务发生之日中国人民银行公布的人民币市场汇率中间价折合成人民币计算。

五、税收优惠

（1）国家机关、事业单位、社会团体、军事单位承受土地、房屋用于办公、教学、医疗、科研和军事设施的，免征契税。

（2）城镇职工按规定第一次购买公有住房的，免征契税。

（3）因不可抗力灭失住房而重新购买住房的，酌情准予减征或者免征契税。

（4）纳税人承受荒山、荒沟、荒丘、荒滩土地使用权，用于农、林、牧、渔业生产的，免征契税。

（5）依照我国有关法律规定以及我国缔结或参加的双边和多边条约或协定的规定应当予以免税的外国驻华使馆、领事馆、联合国驻华机构及其外交代表、领事官员和其他外交人员承受土地、房屋权属的，经外交部确认，可以免征契税。

（6）财政部规定的其他减征、免征契税的项目。

六、纳税义务发生时间

契税的纳税义务发生时间，为纳税人签订土地、房屋权属转移合同的当天，或者纳税人取得其他具有土地、房屋权属转移合同性质凭证的当天。纳税人因改变土地、房屋用途应当补缴已经减征、免征契税的，其纳税义务发生时间为改变有关土地、房屋用途的当天。

七、纳税期限

纳税人应当自纳税义务发生之日起 10 日内，向土地、房屋所在地的契税征收机关办理纳税申报，并在契税征收机关核定的期限内缴纳税款。

八、纳税地点

契税征收机关为土地、房屋所在地的财政机关或者地方税务机关。

基本内容应用

A 公司从甲公司受让一处国有土地用于生产经营。转让书据注明该处土地面积 20 000 平方米，转让价格 300 000 元。税务机关核定的适用税率为 4%。

要求： 计算 A 公司应缴纳的契税。

处理：

$$契税 = 300\ 000 \times 4\% = 12\ 000（元）$$

在掌握了契税的基本税制内容的基础上，进一步学习其税制内容的具体政策及申报。

情境一　确定征税范围

A 公司在业务往来过程中取得几处土地使用权，其中包括：甲公司投资入股的一处房产、乙公司以土地使用权抵债的一处土地、以预购方式从丙公司取得一处土地使用权。

要求： 确定契税的征税范围。

【政策提示】

税法规定，下列情形视同转移权属，属于契税的征税范围：以土地、房屋权属作价投资、入股；以土地、房屋权属抵债；以获奖方式承受土地、房屋权属；以预购方式或者预付集资建房款方式承受土地、房屋权属。

【业务处理】

根据规定，A 公司从甲、乙、丙 3 个公司取得的房屋和土地使用权都属于契税的征税范围。

情境二 计算契税税额

A日用化工厂以一栋厂房换取甲公司办公楼一栋，房屋契约写明：A厂厂房价值3 800万元，甲公司办公楼价值5 000万元，A厂应支付甲公司价差1 200万元。同时，A日用化工厂以一处土地使用权换取乙公司的一处土地使用权，土地契约写明：A厂、乙公司的土地价值均为1 000万元。经税务机关核定，上述两笔交易所提供的数据信息是合理的。已知当地契税税率5%。

要求：计算应纳契税税额。

【政策提示】

税法规定，土地使用权交换、房屋交换，交换价格相等的，免征契税。交换价格不相等的，按超出部分由支付差价方缴纳税款。

【业务处理】

根据规定，A厂应根据其支付的差额缴税：

$$应纳契税税额=(5\,000-3\,800)\times 5\%=60\ (万元)$$

A日化厂和乙公司交换的土地使用权价格相等，免征契税。

情境三 填制契税纳税申报表

（一）纳税人信息

纳税人名称：咸阳新华房地产开发集团公司，主要从事房地产开发，物业管理，房地产租赁等业务

纳税人类型：股份有限公司

法人代表：张敏

营业地址：咸阳市人民东路15号

电话：029－81226589

开户银行：咸阳市工行人民路分理处

账号：5－12345788

税务登记号：360403000000088

办税员：郑可

主管税务机关及代码：咸阳市地方税务局秦都分局，1234002

（二）业务资料

经咸阳市政府批准，与咸阳市国有土地管理局（地址：咸阳市新兴街24号，电话：33674287）办妥相关手续，于1月12日取得了开发区01号商业用地使用权并取得土地使用证。该处土地面积4 000 000平方米，支付土地出让金6 000万元，税务机关核定的适用税率为3%。

（三）计算税额

应纳契税＝6 000×3%＝1 800（万元）

（四）填制申报表

根据应纳契税的相关金额填制《契税纳税申报表》，见表9－2。

表9－2　契税纳税申报表

填表日期：某年1月20日

承受方	名称	咸阳新华房地产开发集团公司	识别号	36040300000088
	地址	咸阳市人民东路15号	联系电话	029—81226589
转让方	名称	咸阳市国有土地管理局	识别号	
	地址	咸阳市新兴街24号	联系电话	33674287
土地、房屋权属转移	合同签订时间	2010年1月12日		
	土地、房屋地址	咸阳市经济开发区01号		
	权属转移类别	出让		
	权属转移面积	4 000 000平方米		
	成交价格	60 000 000元		
适用税率		3%		
计征税额		18 000 000元		
减免税额		元		
应纳税额		18 000 000元		
纳税人员签章		咸阳新华房地产开发集团公司（盖章）	经办人员签章	郑可（签章）

（以下部分由征收机关负责填写）

征收机关收到日期		接收人		审核日期	
审核记录					
审核人员签章		征收机关签章			

（本表A4竖式，一式两份：第一联为纳税人保存；第二联由主管征收机关留存。）

任务三　会计算、申报车船税

基本内容学习

车船税是对在我国车船管理部门登记的车辆、船舶，按照车船的种类和规定的税额计算征收的一种税。

一、征税对象和范围

车船税的征税对象是应税车辆和船舶，范围包括依法在公安、交通、农业等车船管理部门登记的车船。

二、纳税人、扣缴义务人

在中华人民共和国境内，车辆、船舶（以下简称车船）的所有人或者管理人为车船税的纳税人。管理人是指对车船具有管理使用权，不具有所有权的单位。

从事机动车交通事故责任强制保险业务的保险机构为机动车车船税的扣缴义务人。

知识拓展

车船税规定的各类车船的范围

（1）载客汽车，划分为大型客车、中型客车、小型客车和微型客车4个子税目。其中，大型客车是指核定载客人数大于或者等于20人的载客汽车；中型客车是指核定载客人数大于9人且小于20人的载客汽车；小型客车是指核定载客人数小于或者等于9人的载客汽车；微型客车是指发动机气缸总排气量小于或者等于1升的载客汽车。

（2）三轮汽车，是指在车辆管理部门登记为三轮汽车或者三轮农用运输车的机动车。

（3）低速货车，是指在车辆管理部门登记为低速货车或者四轮农用运输车的机动车。

（4）专项作业车，是指装置有专用设备或者器具，用于专项作业的机动车；轮式专用机械车是指具有装卸、挖掘、平整等设备的轮式自行机械。

（5）拖船，是指专门用于拖（推）动运输船舶的专业作业船舶。

三、税率

车船税设置定额税率，见表9-3。

表9-3 车船税税目税额表

税目	计税单位	每年税额	备注
载客汽车	每辆	60~660元	包括电车。 载客汽车各子目的每年税额幅度为： （1）大型客车，480元至660元； （2）中型客车，420元至660元； （3）小型客车，360元至660元； （4）微型客车，60元至480元。
载货汽车	按自重每吨	16~120元	包括半挂牵引车、挂车。
三轮汽车低速货车	按自重每吨	24~120元	
摩托车	每辆	36~180元	
船舶	按净吨位每吨	3~6元	船舶具体适用税额为： （1）净吨位小于或者等于200吨的，每吨3元； （2）净吨位201吨至2 000吨的，每吨4元； （3）净吨位2 001吨至10 000吨的，每吨5元； （4）净吨位10 001吨及其以上的，每吨6元。 拖船和非机动驳船分别按船舶税额的50%计算

四、计算

（一）计税依据

（1）载客汽车、摩托车，以“辆”为计税依据。

（2）载货汽车、三轮汽车、低速货车、专项作业车和轮式专用机械车，以“自重吨位”为计税依据。“自重吨位”指机动车的整备质量。

（3）船舶，以“净吨位”为计税依据。“净吨位”一般是额定装运货物和载运旅客的船舱所占用的空间容积，即船舶各个部位的总容积，扣除按税法规定的非营业用所占容积，包括驾驶室、轮机间、业务办公室、船员生活用房等容积。

所涉及的核定载客人数、自重吨位、净吨位、马力等计税标准，以车船管理部门核发的车船登记证书或者行驶证书相应项目所载数额为准。纳税人未按照规定到车船管理部门办理登记手续的，上述计税标准以车船出厂合格证明或者进口凭证相应项目所载数额为准；不能提供车船出厂合格证明或者进口凭证的，由主管地方税务机关根据车船自身状况并参照同类车船核定。

知识拓展

确定计税依据的具体规定

(1) 客货两用汽车按照载货汽车的计税单位和税额标准计征车船税。

(2) 车辆自重尾数在0.5吨以下（含0.5吨）的，按照0.5吨计算；超过0.5吨的，按照1吨计算。

(3) 船舶净吨位尾数在0.5吨以下（含0.5吨）的不予计算，超过0.5吨的按照1吨计算。

(4) 1吨以下的小型车船，一律按照1吨计算。

(5) 拖船按照发动机功率每2马力折合净吨位1吨确定计税依据。

（二）应纳税额的计算

车船税的计税公式为：

应纳税额 = 应税数量 × 适用税率

五、税收优惠

下列车船免征车船税：非机动车船（不包括非机动驳船）；拖拉机；捕捞、养殖渔船；军队、武警专用的车船；警用车船；按照有关规定已经缴纳船舶吨税的船舶；依照我国有关法律和我国缔结或者参加的国际条约的规定应当予以免税的外国驻华使馆、领事馆和国际组织驻华机构及其有关人员的车船。

省、自治区、直辖市人民政府可以根据当地实际情况，对城市、农村公共交通车船给予定期减税、免税。

六、纳税义务发生时间

车船税纳税义务发生时间的为车船管理部门核发的车船登记证书或者行驶证书所记载日期的当月。纳税人未按照规定到车船管理部门办理应税车船登记手续的，以车船购置发票所载开具时间的当月作为车船税的纳税义务发生时间。对未办理车船登记手续且无法提供车船购置发票的，由主管地方税务机关核定纳税义务发生时间。

七、纳税期限

按年申报缴纳，具体申报纳税期限由省、自治区、直辖市人民政府确定。在一个纳税年度内，已完税的车船被盗抢、报废、灭失的，纳税人可以凭有关管理机关出具的证明和完税证明，向纳税所在地的主管地方税务机关申请退还自被盗抢、报废、灭失月份起至该纳税年度终了期间的税款。

已办理退税的被盗抢车船，失而复得的，纳税人应当从公安机关出具相关证明的当月起计算缴纳车船税。

八、纳税地点

车船税由地方税务机关负责征收。由省、自治区、直辖市人民政府根据当地实际情况确定。跨省、自治区、直辖市使用的车船，纳税地点为车船的登记地。

由扣缴义务人代收代缴机动车车船税的，纳税人应当在购买机动车交通事故责任强制保险的同时缴纳车船税。纳税人在购买机动车交通事故责任强制保险时缴纳车船税的，不再向地方税务机关申报纳税。

基本内容应用

A运输公司拥有载货汽车10辆（其中2辆报停，货车载重吨位5吨），乘人客车30辆（其中，45座车15辆；19座车10辆；8座小型车5辆）。已知车船税的年税率为：载货汽车40元/吨；乘人汽车：大于20座（含）以上的每辆600元，9（含）至20座的每辆540元，9座以下的每辆480元。

要求： 计算该公司本年应纳车船税税额。

处理：

$$货车应纳税额 = 8 \times 5 \times 40 = 1\,600（元）$$

$$乘人汽车应纳税额 = 15 \times 600 + 10 \times 540 + 5 \times 480 = 16\,800（元）$$

$$A运输公司本年应纳税额车船税 = 1\,600 + 16\,800 = 18\,400（元）$$

在掌握了车船税基本税制内容的基础上，进一步学习其税制内容的具体政策及申报。

情境一 确定纳税人

B公司于本年6月购入一辆货车，尚未办理车辆登记，随即将车辆出租给A个人用于生产经营活动。

要求： 确定车船税的纳税人。

【政策提示】

税法规定，车船的所有人或者管理人未缴纳车船税的，使用人应当代为缴纳车船税。

【业务处理】

根据规定，B公司作为车辆所有人，是车船税的纳税人，但其尚未缴纳车船税，由使用人A代为缴纳。

思考

如“情境一”中所示，A代为缴纳车船税，能否认为A就是车船税的纳税人？

情境二　计算车船税——购置的新车船应纳车船税的计算

A公司于本年4月12日购入小轿车一辆，至本年12月31日一直未到车辆管理部门登记。已知小轿车年单位税额为480元。

要求： 计算车船税。

【政策提示】

税法规定，购置的新车船，购置当年的应纳税额自纳税义务发生的当月起按月计算。计算公式为：

$$应纳税额=(年应纳税额/12)\times应纳税月份数$$

【业务处理】

根据规定，A公司应纳车船税税额 $=480\div12\times9=360$（元）

情境三　填制车船税纳税申报表

（一）纳税人信息

纳税人名称：咸阳天润集团公司

纳税人类型：股份有限公司，增值税一般纳税人

法定代表人：李华

会计主管：张晓国

营业地址：咸阳市人民中路98号

税务登记号：360403111100005

开户银行及账号：工行咸阳市人民中路支行　2-12365722

主管税务机关：咸阳市地方税务局秦都分局

（二）业务资料

企业固定资产登记卡中记载，企业拥有货车一辆，自重5吨，陕D120098；叉车一辆，自重1吨，货装—01-05；小轿车一辆，帕萨特领驭1.8T，陕D120978；摩托车一辆，自重0.5吨，陕D786655。已知，货车年税额50元/吨，小轿车年税额480元/辆，摩托车年税额60元/辆。企业按年缴纳车船税。

（三）计算税款

$$货车应纳车船税=5\times50=250(元)$$
$$叉车应纳车船税=1\times50=50(元)$$
$$小轿车应纳车船税=480(元)$$
$$摩托车应纳车船税=60(元)$$

（四）填制申报表

根据应纳车船税的相关金额填制《车船税纳税申报表》，见表9-4。

表9－4 车船税纳税申报表

填报日期：某年12月31日

纳税人识别号：360403111100005　　金额单位：元（列至角分）

<table>
<tr><td>纳税人名称</td><td colspan="4">咸阳天润集团公司</td><td>税款所属日期</td><td colspan="4">某年1月1日至某年12月31日</td></tr>
<tr><td rowspan="2">车船类别</td><td rowspan="2">数量</td><td rowspan="2">计税标准</td><td rowspan="2">计税依据</td><td rowspan="2">单位税额</td><td rowspan="2">全年应纳税额</td><td rowspan="2">年缴纳次数</td><td colspan="3">本　期</td></tr>
<tr><td>应纳税额</td><td>已纳税额</td><td>应补（退）税额</td></tr>
<tr><td>1</td><td></td><td>2</td><td>3</td><td>4</td><td>5＝3×4</td><td>6</td><td>7</td><td>8</td><td>9＝7－8</td></tr>
<tr><td>货车</td><td>1</td><td>自重</td><td>5吨</td><td>50</td><td>250</td><td>1</td><td>250</td><td>0</td><td>250</td></tr>
<tr><td>叉车</td><td>1</td><td>自重</td><td>1吨</td><td>50</td><td>50</td><td>1</td><td>50</td><td>0</td><td>50</td></tr>
<tr><td>小轿车</td><td>1</td><td>辆</td><td>1辆</td><td>480</td><td>480</td><td>1</td><td>480</td><td>0</td><td>480</td></tr>
<tr><td>摩托车</td><td>1</td><td>辆</td><td>1辆</td><td>60</td><td>60</td><td>1</td><td>60</td><td>0</td><td>60</td></tr>
<tr><td>合计</td><td>4</td><td></td><td></td><td></td><td>840</td><td>1</td><td>840</td><td>0</td><td>840</td></tr>
<tr><td colspan="5">如纳税人填报，由纳税人填写以下各栏</td><td colspan="4">如委托代理人填报，由代理人填写以下各栏</td><td>备注</td></tr>
<tr><td colspan="2" rowspan="3">会计主管（签章）
张晓国</td><td colspan="3" rowspan="3">纳税人（公章）</td><td>代理人名称</td><td></td><td colspan="2" rowspan="2">代理人（公章）</td><td rowspan="3"></td></tr>
<tr><td>经办人姓名</td><td></td></tr>
<tr><td>代理人地址</td><td></td><td>电话</td><td></td></tr>
<tr><td colspan="10">以下为税务机关填写</td></tr>
<tr><td colspan="2">收到申报日期</td><td colspan="3"></td><td>接收人</td><td colspan="4"></td></tr>
</table>

项目 10

行为税类的计算与申报

实际岗位

成本、费用核算岗位；办税员。

工作任务

在确定当期各行为税税目的基础上，核定当期计税依据和适用税率，计算当期应纳税额，编制会计凭证，登录相关账簿，在规定期限内填制各税的纳税申报表，进行纳税申报。

教学目的

通过“项目 10”的教学和实训，达到：

* 能够确定相应的税目、计税依据和税率；
* 会计算各税种的应纳税额；
* 会填制各行为目的税种的纳税申报表。

任务一　会计算、申报印花税

基本内容学习

印花税是对经济活动和经济交往中书立、领受或使用的具有法律效率的凭证征收的一种税。它具有维护社会经济交易秩序的重要作用。

一、征税范围

（一）应税合同

包括购销、加工承揽、建设工程承包、财产租赁、货物运输、仓储保管、借款、财产保险、技术合同或者具有合同性质的凭证。具有合同性质的凭证，是指具有合同效力的协议、契约、合约、单据、确认书及其他各种名称的凭证。

（二）产权转移书据

包括财产所有权和版权、商标专用权、专利权、专有技术使用权等转移书据、土地使用权出让合同、土地使用权转让合同、商品房销售合同。

（三）营业账簿

即单位和个人记载生产经营活动的财务会计核算账册。

（四）权利、许可证照

包括政府部门发给的房屋产权证、工商营业执照、商标注册证、专利证、土地使用证。

（五）经财政部确定征税的其他凭证

知识拓展

应纳印花税的“经济合同”

（1）购销合同，包括：供应、预购、采购、购销结合及协作、调剂、补偿、易货等合同。

（2）加工承揽合同，包括：加工、定做、修缮、修理、印刷、广告、测绘、测试等合同。

（3）建设工程勘察设计合同，包括：勘察、设计合同。

（4）建筑安装工程承包合同，包括：建筑、安装工程承包合同。

（5）财产租赁合同，包括：房屋、船舶、飞机、机动车辆、机械、器具、设备等。

（6）货物运输合同，包括：民用航空、铁路运输、海上运输、内河运输、公路运输和联运合同。

（7）仓储保管合同，包括：仓储、保管合同。

（8）借款合同，包括：银行及其他金融组织和款人（不包括银行同业拆借）所签订的借款合同。

（9）财产保险合同，包括：财产、责任、保证、信用等。

（10）技术合同，包括：技术开发、转让、咨询、服务等。

二、纳税人

印花税的纳税人是书立、领受或使用凭证的单位或个人。

立合同人，指合同的当事人，即对凭证有直接权利义务关系的单位和个人。立据人，产权转移书据的纳税人是立据人，即书立产权转移书据的单位和个人。立账簿人，营业账簿的纳税人是立账簿人，即设立并使用营业账簿的单位和个人。领受人，权利许可证照的纳税人是领受人，即领取并持有该项凭证的单位和个人。使用人，应税凭证的使用人指在国外书立、领受应税凭证，在国内使用该凭证的单位和个人。各类电子应税凭证的签订人，即以电子形式签订的各类应税凭证的当事人。

提　示

印花税的纳税人

同一凭证，由两方或者两方以上当事人签订并各执一份的，应当由各方就所执的一份各自全额贴花，当事人各方都是印花税纳税义务人。

三、税率

印花税的税率有两种形式，即比例税率和定额税率。各类合同以及具有合同性质的凭证、产权转移书据、营业账簿中记载资金的账簿，适用比例税率；权利许可证照和营业账簿中的其他账簿，适用定额税率。具体税率见表10－1。

表10－1　印花税税目税率表

序号	税目	范　围	计税依据	税率	纳税人	说明
1	购销合同	包括供应、预购、采购、购销、结合及协作、调剂、补偿、易货等合同	购销金额	0.3‰	立合同人	
2	加工承揽合同	包括加工、定作、修缮、修理、印刷广告、测绘、测试等合同	加工或承揽收入	0.5‰		
3	建设工程勘察设计合同	包括勘察、设计合同	收取费用	0.5‰		
4	建筑安装工程承包合同	包括建筑、安装工程承包合同	承包金额	0.3‰		
5	财产租赁合同	包括租赁房屋、船舶、飞机、机动车辆、机械、器具、设备等合同	租赁金额	1‰		税额不足1元，按1元贴花

续表

<table>
<tr><th>序号</th><th>税目</th><th colspan="2">范 围</th><th>计税依据</th><th>税率</th><th>纳税人</th><th>说明</th></tr>
<tr><td>6</td><td>货物运输合同</td><td colspan="2">包括民用航空运输、铁路运输、海上运输、内河运输、公路运输和联运合同</td><td>运输费用</td><td>0.5‰</td><td rowspan="5">合同人</td><td>单据作为合同使用的，按合同贴花</td></tr>
<tr><td>7</td><td>仓储保管合同</td><td colspan="2">包括仓储、保管合同</td><td>仓储保管费用</td><td>1‰</td><td>仓单或栈单作为合同使用的，按合同贴花</td></tr>
<tr><td>8</td><td>借款合同</td><td colspan="2">银行及其他金融组织和借款人（不包括银行同业拆借）所签订的借款合同</td><td>借款金额</td><td>0.05‰</td><td>单据作为合同使用的，按合同贴花</td></tr>
<tr><td>9</td><td>财产保险合同</td><td colspan="2">包括财产、责任、保证、信用等保险合同</td><td>保险费收入</td><td>1‰</td><td>单据作为合同使用的，按合同贴花</td></tr>
<tr><td>10</td><td>技术合同</td><td colspan="2">包括技术开发、转让、咨询、服务等合同</td><td>所载金额</td><td>0.3‰</td><td rowspan="5"></td></tr>
<tr><td>11</td><td>产权转移书据</td><td colspan="2">包括财产所有权和版权、商标专用权、专利权、专有技术使用权等转移书据、土地使用权出让合同、土地使用权转让合同、商品房销售合同</td><td>所载金额</td><td>0.5‰</td><td>立据人</td></tr>
<tr><td rowspan="2">12</td><td rowspan="2">营业账簿</td><td rowspan="2">生产、经营用账册</td><td>记载资金的账簿</td><td>实收资本和资本公积的合计金额</td><td>0.5‰</td><td rowspan="2">立账簿人</td></tr>
<tr><td>其他账簿</td><td>件</td><td>5元</td></tr>
<tr><td>13</td><td>权利、许可证照</td><td colspan="2">包括政府部门发给的房屋产权证、工商营业执照、商标注册证、专利证、土地使用证</td><td>件</td><td>5元</td><td>领受人</td></tr>
<tr><td colspan="8">注：证券交易印花税（股票印花税）根据书立证券交易合同的金额对卖方（或继承、赠与A股、B股股权的出让方）计征，税率为1‰。</td></tr>
</table>

四、计税依据

印花税根据应税凭证的不同，设置了价值形态和实物形态两种计税依据。

（一）从价计征时计税依据的确定

（1）各类经济合同，以合同上记载的金额、收入或费用为计税依据。具体包括：

①购销合同，计税依据为合同或应税凭证记载的购销金额。如果是以物易物方式签订的购销合同，计税金额为合同所载的购、销金额合计数。

②加工承揽合同，计税依据为合同或应税凭证记载的加工或承揽收入。如果是由受托方提供原材料的加工、定作合同，凡在合同中分别记载加工费金额与原材料金额的，加工费金额按"加工承揽合同"，原材料金额按"购销合同"计税，两项税额相加数，即为合同应贴印花；若合同中未分别记载，则就全部金额依照"加工承揽合同"计税贴花。

③建设工程勘察设计合同，计税依据为合同或应税凭证记载的勘察、设计收取的费用（即勘察、设计收入）。

④建筑安装工程承包合同，计税依据为合同或应税凭证记载的承包金额，不得剔除任何费用。施工单位将自己承包的建设项目分包或转包给其他施工单位所签订的分包合同或转包合同，应以新的分包合同或转包合同所载金额为依据计算应纳税额。

⑤财产租赁合同，计税依据为合同或应税凭证记载的租赁金额（即租金收入）。注意两点：第一，税额不足 1 元的按照 1 元贴花。第二，财产租赁合同只是规定（月）天租金而不确定租期的，先定额 5 元贴花，在结算时按实际租赁金额补贴印花。

⑥货物运输合同，计税依据为合同或应税凭证记载的取得的运输费金额（即运费收入），不包括所运货物的金额、装卸费和保险费等。

⑦仓储保管合同，计税依据为合同或应税凭证记载的仓储保管的费用（即保管费收入）。有些企业以进仓单作为合同使用，有的又以收费单据作合同使用的，则进仓单或收费单据可作为应税凭证。

⑧借款合同，计税依据为合同或应税凭证记载的借款金额（即借款本金），分以下 4 种情况：

a. 凡是一项信贷业务既签订借款合同，又一次或分次填开借据的，只以借款合同所载金额为计税依据计税贴花；凡是只填开借据并作为合同使用的，应以借据所载金额为计税依据计税贴花。

b. 借贷双方签订的流动周转性借款合同，一般按年（期）签订，规定最高限额，借款人在规定的期限和最高限额内随借随还，为避免加重借贷双方的负担，对这类合同只以其规定的最高限额为计税依据，在签订时贴花一次，在限额内随借随还不签订新合同的，不再贴花。

c. 对借款方以财产作抵押，从贷款方取得一定数量抵押贷款的合同，应按借款合同贴花；在借款方因无力偿还借款而将抵押财产转移给贷款方时，应再就双方书立的产权书据，按产权转移书据的有关规定计税贴花。

d. 对银行及其他金融组织的融资租赁业务签订的融资租赁合同，应按合同所载租金总额，暂按借款合同计税。

⑨财产保险合同，计税依据为合同或应税凭证记载支付（收取）的保险费金额，不包括所保财产的金额。

⑩技术合同，计税依据为合同或应税凭证记载的价款、报酬或使用费的金额。技术开发合同研究开发经费不作为计税依据。

（2）产权转移书据，以书据中所载的金额为计税依据；

（3）记载资金的营业账簿，以实收资本和资本公积两项合计的金额为计税依据。

（二）从量计税情况下计税依据的确定

实行从量计税的其他营业账簿和权利、许可证照，以计税数量为计税依据。

五、计算

从价定率计税时：

应纳印花税额＝计税金额×适用税率

从量定额计税时：

应纳印花税额＝应税凭证数量×定额税率

知识拓展

计算印花税的细节要求

（1）按金额计税的应税凭证，未标明金额的，应按照凭证所载数量及市场价格确定计税金额。

（2）同一凭证由两方或者两方以上当事人签订并各执一份的，应当由各方所执的一份全额贴花。

（3）同一凭证因载有两个或两个以上经济事项而适用不同税率，如分别载有金额的，应分别计算应纳税额，相加后按合计税额贴花；如未分别记载金额的，应从高适用税率计税贴花。

（4）已贴花的应税凭证，修改后所载金额增加的，其增加部分应当补贴印花税票。

（5）按比例税率计算纳税而应纳税额又不足1角的，免纳印花税；应纳税额1角以上的，其税额尾数不满5分的不计，满5分的按1角计算贴花。对财产租赁合同的应纳税额超过1角但不足1元的，按1元贴花。

（6）应税凭证所载金额为外币的，按凭证书立当日的国家外汇管理局公布的外汇牌价折合成人民币，计算应纳税额。

六、减免优惠

（一）法定凭证免税

以下凭证依法免税：已缴纳印花税的凭证的副本或者抄本；财产所有人将财产赠给政府、社会福利单位、学校所立的书据；经财政部批准免税的其他凭证。

（二）免税额

应纳税额不足1角的，免征印花税。

（三）特定凭证免税

以下凭证按规定免税：国家指定的收购部门与村民委员会、农民个人书立的农副产品收购合同；无息、贴息贷款合同；外国政府或者国际金融组织向我国政府及国家金融机构提供优惠贷款所书立的合同。

（四）特定情形免税

（1）商店、门市部的零星加工修理业务开具的修理单，不贴印花。

（2）房地产管理部门与个人订立的租房合同，凡用于生活居住的，暂免贴印花；用于生产经营的，应按规定贴花。

（3）铁路、公路、航运承运快件行李、包裹开具的托运单据，暂免贴印花税。

（4）对企业车间、门市部、仓库设置的不属于会计核算范围，或虽属会计核算范围，但不记载金额的登记簿、统计簿、台账等，不贴印花。

（5）实行差额预算管理的单位，不记载经营业务的账簿不贴花。

七、纳税义务发生时间

印花税的纳税义务发生时间分别为：账簿起用时；合同（协议）签订时；证照领受时；资本注册时或增加时。

八、纳税地点

印花税一般实行就地纳税。对于全国性订货会（包括展销会、交易会等）所签合同，由纳税人回其所在地办理贴花完税手续；地方主办，不涉及省际关系的订货会（包括展销会、交易会等），由省级政府自行确定纳税地点。

九、纳税期限

印花税应税凭证应当于书立或者领受时贴花（申报缴纳税款）。同一种类应纳税凭证，需频繁贴花的，应向主管税务机关申请按期汇总缴纳印花税。汇总缴纳限期由地方税务机关确定，但最长期限不得超过1个月。

十、缴纳方法

根据应纳税额的大小、贴花的次数等情况，可以分别采用自行贴花、汇缴及委托代征的办法。

自行贴花即自算、自购、自贴、自销的“四自”纳税方法。

汇缴是当一份应税凭证应纳印花税额超过500元时，应向当地税务机关申请填写缴款书或者完税证，将其中一联粘贴在应税凭证上或者由税务机关在应税凭证上加注完税标记代替贴花；同一种类应税凭证需频繁贴花的，纳税人可以自行决定是否按期汇总纳税方式，汇总缴纳的期限是1个月。

委托代征办法是通过税务机关的委托，经由发放机关或办理应税凭证的单位代为征收印花税税款。

思考

纳税人向税务机关购买了印花税票后，国家就取得印花税收入了吗？纳税人就履行了纳税义务了吗？

基本内容应用

A公司本年1月份开业。领受了工商营业执照、房屋产权证、土地使用证各1份；建账时共设8本账簿，其中资金账簿中记载实收资本220万元。当年发生经营活动，签订以下合同：签订购销合同4份，共记载金额280万元；签订借款合同1份，记载金额50万元，当年取得借款利息0.8万元；签订租赁合同1份，记载支付租赁费50万元；签订技术服务合同1份，记载金额60万元。

要求： 计算A公司应缴纳的印花税税额。

处理：

领受3份证照应缴纳的印花税额 $= 3 \times 5 = 15$(元)

设置账簿应缴纳的印花税税额 $= 7 \times 5 + 2\,200\,000 \times 0.5‰ = 1135$(元)

签订购销合同应缴纳的印花税税额 $= 2\,800\,000 \times 0.3‰ = 840$(元)

签订借款合同应缴纳的印花税税额 $= 500\,000 \times 0.05‰ = 25$(元)

签订租赁合同应缴纳的印花税税额 $= 500\,000 \times 1‰ = 500$(元)

签订技术服务合同应缴纳的印花税税额 $= 600\,000 \times 0.3‰ = 180$(元)

在掌握了印花税基本税制内容的基础上，进一步学习其税制内容的具体政策及申报。

情境一　确定纳税人

A公司向B厂购买钢材，为保证收回货款，B厂要求A公司提供担保，甲机构为A公司提供了购货担保。三方签订购销合同，并到乙公证处对合同进行了公证。

要求：确定印花税纳税人。

【政策提示】

税法规定，立合同人指合同的当事人，对凭证有直接权利义务关系的单位和个人，但不包括担保人、证人、鉴定人。如果合同有代理人的，当事人的代理人有代理纳税的义务。

【业务处理】

根据上述规定，该购销合同的纳税人为A公司和B厂。

情境二　确定征税范围——以营业账簿的用途确定是否应纳印花税

A企业根据业务需要，启用以下账簿：反映经营活动的“实收资本”“资本公积”“主营业务收入”“银行存款”等各种账簿，还启用了反映公司工会经费收支的“工会经费”等账簿。

要求：确定印花税的征税范围。

【政策提示】

税法规定，纳入征税范围的营业账簿，不按立账簿人是否属于经济组织（工商企业单位、工商业户）来划定范围，而是按账簿的经济用途来确定征免界限。若是与生产经营活动相关的账簿就视同于企业账簿，应纳印花税；若是不反应生产经营活动，只是单位内部如职工食堂、工会组织以及自办的学校、托儿所、幼儿园的经费收支账簿，就不属于“营业账簿”税目。

【业务处理】

根据上述规定，该企业反映经营活动的各类账簿应按规定分别计算缴纳印花税；而工会经费收支账簿则不计税。

思考

非企业性单位的会计账簿是否属于应税账簿

(1) 行政单位的账簿是否属于应税账簿？

(2) 有经营收入、实行差额预算管理的事业单位的账簿是否属于应税账簿？

(3) 有经营收入、经费来源实行自收自支事业单位的账簿是否属于应税账簿？

情境三　确定征税范围——以会计核算级次确定营业账簿是否应纳印花税

A企业采用分级核算方法，财会部门启用了“实收资本”“资本公积”等账簿以记载生产经营活动。其他各管理部门也设置若干账户进行该部门的明细核算。

要求：确定印花税的征税范围。

【政策提示】

税法规定，对采用一级核算形式的单位，只就财会部门设置的账簿贴花；采用分级核算形式的除财会部门的账簿应贴花外，财会部门设置在其他部门和车间的明细分类账，亦应按规定贴花。

【业务处理】

根据上述规定，该企业财务部门和其他各管理部门应分别根据所启用账簿计算缴纳印花税。

情境四　确定征税范围——未按期兑现的合同的处理

A公司与B公司于6月份签订一份仓库租赁合同，B公司随即贴花。之后A公司因故于9月与B公司协商解除了该项合同。A公司就该合同自始至终未缴纳印花税，合同本身也没有贴花。

要求：确定该合同是否属于印花税应税合同。

【政策提示】

税法规定，应纳税凭证应当于书立或者领受时即应贴花，具体是指在合同的签订时、书据的立据时、账簿的启用时和证照的领受时贴花。因此，不论合同是否兑现或能否按期兑现，都一律要按照规定贴花。

【业务处理】

根据上述规定，即使合同解除，A公司和B公司也应就其签订的仓库租赁合同分别计算缴纳印花税。

情境五　确定计税依据

A建设单位与B公司签订了一份有关建设项目的勘察设计合同，勘察设计费用200万元，均已贴花。由于勘察项目难度较大，经协商双方就原合同修改了勘察设计费用，将其增至270万元。

要求：确定印花税计税依据。

【政策提示】

税法规定，已贴花的应税凭证，修改后所载金额增加的，其增加部分应当补贴印花税票。

【业务处理】

根据上述规定，A建设单位与B公司在合同签订时已经就其合同记载金额（200万元）计算贴花，合同修订后双方只就其金额增加部分（70万元）分别计税贴花。

情境六　确定征税范围——既书立合同又开立单据的处理

A公司与B公司签订一项货物运输合同，合同签订时B公司给A公司预付了运费，A公司开具了收款单据。

要求：确定印花税应税范围。

【政策提示】

税法规定，办理一项业务，如果既书立合同，又开立票据，只就合同贴花；凡不书立合同，只开立单据，以单据作为合同适用的，其使用的单据应按规定贴花。

【业务处理】

根据上述规定，A公司与B公司只就签订的合同，按照货物运输合同计算缴纳印花税，不再就收款单据纳税。

情境七　填制印花税纳税申报表

（一）纳税人信息

纳税人名称：好家实业有限公司

法定代表人：叶丽

纳税人类型：股份有限公司，增值税一般纳税人

财务负责人：李婷

地址及电话：咸阳市渭阳区宝泉路386号　029－33369368

开户行及账号：工商银行渭阳中心支行　2－23896318

税务登记号：614004003216589

（二）业务资料

好家实业有限公司本年10月开业，经营期限10年。开业时领受房产权证、工商营业执照、土地使用证各一份；企业营业账簿中，“实收资本”“资本公积”科目共载有资金800万元，其他营业账簿6本；订立购销合同一份，所载金额为300万元；借款合同一份，所载金额300万元；与其他企业订立转移专用技术使用权书据一份，所载金额100万元。

（三）计算税额

领受权利许可证照应缴纳的印花税税额 $=3\times5=15$（元）

设置账簿应缴纳的印花税税额 $=6\times5+8\,000\,000\times0.5‰=4\,030$（元）

签订购销合同应缴纳的印花税税额 $=3\,000\,000\times0.3‰=900$（元）

签订借款合同应缴纳的印花税税额 $=3\,000\,000\times0.05‰=150$（元）

订立产权转移数据应缴纳的印花税税额 $=1\,000\,000\times0.5‰=500$（元）

（四）填制申报表

据以上数据填报《印花税申报表》，见表10－2。

表 10-2　印花税纳税申报表

填报日期：某年 11 月 8 日

纳税人识别号：614004003216589　　　　金额单位：元（列至角分）

纳税人名称	好家实业有限公司				税款所属日期		某年 10.1－某年 10.31			
应税凭证名称	件数	计税金额	适用税率	应纳税额	已纳税额	应补（退）税额	贴花情况			
							上期结存	本期购进	本期贴花	本期结余
1	2	3	4	5	6	7＝5－6	8	9	10	11
权利许可证照	3		5	15		15				
产权转移书据	1	1000 000	0.5‰	500		500				
购销合同	1	3000 000	0.3‰	900		900				
借款合同	1	3000 000	0.05‰	150		150				
记载资金账簿	1	8000 000	0.5‰	4 000		4 000				
其他账簿	6		5	30		30				

如纳税人填报，由纳税人填写以下各栏		如委托代理人填报，由代理人填写以下各栏				备注
会计主管（签章）李婷	纳税人（公章） 好家实业有限公司	代理人名称		代理人（公章）		
		代理人地址				
		经办人姓名		电话		
以下为税务机关填写						
收到申报日期		接收人				

任务二　会计算、申报车辆购置税

基本内容学习

车辆购置税是对在我国境内购置应税车辆的单位和个人，在购置环节向其征收的一种税。

一、征税范围

车辆购置税的开征区域是境内，即应税车辆的购置地或使用地在境内，即应缴纳车辆购置税。车辆购置税的征收范围包括汽车、摩托车、电车、挂车、农用运输车。具体征收范围见表10－3。

表10－3　车辆购置税征收范围表

应税车辆	具体范围	注　释
汽车	各类汽车	
摩托车	轻便摩托车	最高设计时速不大于50 km/h，发动机汽缸总排量不大于50 cm^3 的两个或者三个车轮的机动车
	二轮摩托车	最高设计车速大于50 km/h，或者发动机汽缸总排量大于50 cm^3 的两个车轮的机动车
	三轮摩托车	最高设计车速大于50 km/h，或者发动机汽缸总排量大于50 cm^3，空车重量不大于400 kg的三个车轮的机动车
电车	无轨电车	以电能为动力，由专用输电电缆线供电的轮式公共车辆
	有轨电车	以电能为动力，在轨道上行驶的公共车辆
挂车	全挂车	无动力设备，独立承载，由牵引车辆牵引行驶的车辆
	半挂车	无动力设备，与牵引车辆共同承载，由牵引车辆牵引行驶的车辆
农用运输车	三轮农用运输车	柴油发动机，功率不大于运输车7.4 kw，载重量不大于500 kg，最高车速不大于40 km/h的三个车轮的机动车
	四轮农用运输车	柴油发动机，功率不大于运输车28 kw，载重量不大于1 500 kg，最高车速不大于50 km/h的四个车轮的机动车

二、纳税人

在我国境内购置应税车辆的单位和个人为车辆购置税的纳税人。所称单位，包括国有企业、集体企业、私营企业、股份制企业、外商投资企业、外国企业以及其他企业和事业单位、社会团体、国家机关、部队以及其他单位；所称个人，包括个体工商户以及其他个人。

三、税率

车辆购置税的税率为10%。

四、计税依据

车辆购置税的计税价格根据不同情况确定为：

（1）纳税人购买自用的应税车辆的计税价格，为纳税人购买应税车辆而支付给销售者的全部价款和价外费用，不包括增值税税款。

（2）纳税人进口自用的应税车辆的计税价格为：

$$计税价格 = 关税完税价格 + 关税 + 消费税$$

（3）纳税人自产、受赠、获奖或者以其他方式取得并自用的应税车辆的计税价格，由主管税务机关参照最低计税价格核定。最低计税价格由国家税务总局参照应税车辆市场平均交易价格规定。

纳税人购买自用或者进口自用应税车辆，申报的计税价格低于同类型应税车辆的最低计税价格又无正当理由的，按照最低计税价格征收车辆购置税。

思　考

车辆购置税的计税依据和车辆销售方计算增值税的计税依据有何联系？

五、计算

车辆购置税实行从价定率的办法计算应纳税额。应纳税额的计算公式为：

$$应纳税额 = 计税价格 \times 税率$$

纳税人以外汇结算应税车辆价款的，按照申报纳税之日中国人民银行公布的人民币基准汇价，折合成人民币计算应纳税额。

六、纳税环节

车辆购置税实行购置环节一次性征收制度。购置，包括购买、进口、自产、受赠、获奖或者以其他方式取得并自用应税车辆的行为。购置已征车辆购置税的车辆，不再征收车辆购置税。

纳税人应当在向公安机关车辆管理机构办理车辆登记注册前，缴纳车辆购置税。税务机关发现纳税人未按照规定缴纳车辆购置税的，有权责令其补缴；纳税人拒绝缴纳的，税务机关可以通知公安机关车辆管理机构暂扣纳税人的车辆牌照。

七、纳税地点及期限

纳税人购置应税车辆，应当向车辆登记注册地的主管税务机关申报纳税；购置不需要办理车辆登记注册手续的应税车辆，应当向纳税人所在地的主管税务机关申报纳税。

纳税人应当自购买之日起60日内申报纳税；进口自用应税车辆的，应当自进口之日起60日内申报纳税；自产、受赠、获奖或者以其他方式取得并自用应税车辆的，应当自取得之日起60日内申报纳税。

八、优惠

（1）外国驻华使馆、领事馆和国际组织驻华机构及其外交人员自用的车辆，免税。

（2）中国人民解放军和中国人民武装警察部队列入军队武器装备订货计划的车辆，免税。

（3）设有固定装置的非运输车辆，免税。

（4）有国务院规定予以免税或者减税的其他情形的，按照规定免税或者减税。

免税、减税车辆因转让、改变用途等原因不再属于免税、减税范围的，应当在办理车辆过户手续前或者办理变更车辆登记注册手续前缴纳车辆购置税。

基本内容应用

一、计算车辆购置税

A外贸进出口公司，增值税一般纳税人，本月发生如下经济业务：

（1）向甲汽车制造公司购进6辆国产车辆，发票注明购进价为不含税价100 000元/辆。其中4辆作为业务车供本公司自用，另2辆用于抵顶前欠乙船运公司240 000元的债务；国家税务总局规定同类车辆最低计税价格为110 000元（税务机关认为100 000元/辆的购进价格明显偏低且无正当理由）。

（2）向丙汽车厂购买一辆自用的载货汽车及挂车、配套的备用件，分别取得机动车统一发票载明的载货汽车价税合计款210 600元，挂车价税合计款93 600元，备用件价税合计款3 744元。

（3）接受丁汽车制造厂赠送新小汽车1辆，经税务机关审核，参照国家税务总局规定上述同类车型应税车辆的最低计税价格为100 000元，小汽车的成本为70 000元，成本利润率为8%。

要求： 计算该公司应纳的车辆购置税税额。

处理：

（1）购入直接抵债的车辆应由取得车辆自用的乙船运公司缴纳车辆购置税，

所以该外贸公司就 4 辆自用车缴纳车辆购置税。由于交易价格明显偏低且无正当理由，所以应按照国家税务总局规定的同类车辆最低计税价格计算纳税。

应纳车辆购置税 = 110 000 × 10% × 4 = 44 000（元）。

（2）购置载货汽车及挂车应纳车辆购置税 =（210 600 + 93 600 + 3 744）÷（1 + 17%）× 10% = 26 320（元）。

（3）应纳车辆购置税 = 100 000 × 10% = 10 000（元）。

二、填制车辆购置税申报表

（一）纳税人信息

纳税人名称：李华

身份证号：610442198502154562

电话：029 – 35556688

地址：咸阳市人民中路 98 号

邮编：712000

（二）业务资料

李华购买了一辆大众牌小轿车，取得机动车销售统一发票上注明：日期为某年 1 月 15 日，价税合计为 89800 元。车辆基本信息如下：

生产企业名称：上海大众汽车有限公司　　厂牌型号：ZDZ2145A

发动机号：A1254895　　车辆识别代号：LJDDAA125D0012598

（三）计算税额

应纳车辆购置税 = 89 800 ÷（1 + 17%）× 10% = 7 675.21（元）

（四）填制纳税申报表

据以上数据填报《车辆购置税申报表》，见表 10 – 4。

表 10 – 4　车辆购置税纳税申报表

填表日期：某年 2 月 3 日

纳税人名称：李华　　　　金额单位：元

纳税人证件名称	身份证		证件号码		610442198502154562
联系电话	35556688	邮政编码	712000	地址	咸阳市人民中路 98 号
车辆基本情况					
车辆类别	☑1 汽车 □2 摩托车 □3 电车 □4 挂车 □5 农用运输车				
生产企业名称	上海大众汽车有限公司.		机动车销售统一发票（或有效凭证）价格		89 800
厂牌型号	ZDZ2145A		关税完税价格		

续表

<table>
<tr><td>发动机号码</td><td colspan="2">A1254895</td><td>关税</td><td></td></tr>
<tr><td>车辆识别代号
（车架号码）</td><td colspan="2">LJDDAA125D0012598</td><td>消费税</td><td></td></tr>
<tr><td>购置日期</td><td colspan="2">2011 年 1 月 15 日</td><td>免（减）税条件</td><td></td></tr>
<tr><td>申报计税价格</td><td>计税价格</td><td>税率</td><td>免税、减税额</td><td>应纳税额</td></tr>
<tr><td>1</td><td>2</td><td>3</td><td>4 = 2 × 3</td><td>5 = 1 × 3 或 2 × 3</td></tr>
<tr><td>76752. 14</td><td>76 752. 14</td><td>10%</td><td></td><td>7 675. 21</td></tr>
<tr><td></td><td></td><td></td><td></td><td></td></tr>
<tr><td colspan="3">申报人声明</td><td colspan="2">授权声明</td></tr>
<tr><td colspan="3">此纳税申报表是根据《中华人民共和国车辆购置税暂行条例》的规定填报的，我相信它是真实的、可靠的、完整的。
声明人签字：李华</td><td colspan="2">如果你已委托代理人申报，请填写以下资料：为代理一切税务事宜，现授权（　　），地址（　　）为本纳税人的代理申报人，任何与本申报表有关的往来文件，都可寄予此人。
授权人签字：</td></tr>
</table>

<table>
<tr><td rowspan="5">纳税人签名或盖章
（签字）</td><td colspan="3">如委托代理人的，代理人应填写以下各栏</td></tr>
<tr><td>代理人名称</td><td></td><td rowspan="4">代理人
（章）</td></tr>
<tr><td>地址</td><td></td></tr>
<tr><td>经办人</td><td></td></tr>
<tr><td>电话</td><td></td></tr>
<tr><td colspan="2">接收人：
接收日期：</td><td colspan="2">主管税务机关（章）：</td></tr>
</table>

附录

税收征收管理法概述

为了规范税款的征收和缴纳行为，保证国家财政收入，维护纳税人合法权益，促进经济发展和社会和谐，1992 年 9 月 4 日，第七届全国人大常委会第 27 次会议通过了《中华人民共和国税收征收管理法》，于 1993 年 1 月 1 日起施行，后又于 2001 年 4 月 28 日第九届全国人民代表大会常务委员会第二十一次会议对其进行了修订。2002 年 9 月 7 日，国务院又颁布了《中华人民共和国税收征收管理法实施细则》。

《税收征收管理法》及《实施细则》适用于依法由税务机关征收的各税种的征收管理。

附录一　了解税收法律关系及征纳双方的权利和义务

一、税收、税法、税收法律关系

税收是国家为了满足公共需要，凭借政治权力，强制、无偿地参与国民收入的分配，以取得财政收入的形式。税法是调节国家与纳税人之间在征纳税过程中的权利和义务的法律规范的总称。

税收和税法是密切相关的：税收是税法的具体内容；税法是税收的法律表现形式。税收是经济活动，属于经济基础；税法是法律规范，属于上层建筑。税收必须依税法进行；税法是税收的依据和保障。

税收法律关系是指税法所确认和调整的税收征纳双方在税款征纳过程中形成的权利和义务关系，由主体、客体和内容三要素构成。税收法律关系的主体，是指在税收法律关系中依法享有权利和承担义务的当事人，包括征税主体和纳税主体。征税主体是指在税收法律关系中代表国家享有征税权利的一方当事人，具体指各级税务机关和海关等。纳税主体是指税收法律关系中负有纳税义务的一方当事人，包括法人、自然人和其他组织。在税收法律关系中，征税主体和纳税主体是行政管理中管理和被管理的关系，但法律地位是平等的。税收法律关系的客体，是指税收法律关系主体双方权利和义务共同指向的对象。可以是提供产品、劳务所取得的流转额、所得额，也可以是财产、资源或行为。

税收法律关系的内容，是指税收法律关系的主体双方所享受的权利和应承担的义务。

二、征纳双方的权利和义务

（一）税务机关的权利

税务机关，作为税收法律关系的征收主体，作为税收征收管理的职能部门，享有以下权利。

（1）税收法规的起草、拟定权。税务机关有权提出税收政策建议，拟定税收法规草案，制定税收征管的部门规章等。

（2）税务管理权。税务机关有权对纳税人进行税务登记、账簿凭证、纳税申报等日常税务管理。

（3）税款征收权。税务机关有权征收税款。这是税务机关最基本、最主要的权利。

（4）税务检查权。税务机关有权检查纳税人的纳税义务履行情况。

（5）行政处罚权。税务机关有权对税收违法行为依法进行行政制裁。

（6）其他权利。税务机关在税收征管过程中，根据不同的情形，有：审批减免税、延期纳税申请的权力，委托代征税款的权力，阻止纳税人离境的权力等。

（二）税务机关的义务

税务机关在行使职权的过程中，也应承担相应的义务。

（1）无偿宣传、辅导税法的义务。

（2）保密义务。税务机关在税收征管过程中，应为纳税人、扣缴义务人保守商业秘密和隐私，为检举者保密。

（3）办理税务登记的义务。在纳税人依法办理各种税务登记时，应及时提供相关服务。

（4）开具完税凭证的义务。在受理纳税人缴纳税款业务时，应及时开具完税凭证。

（5）受理税务行政复议的义务。当征纳双方发生税收争议，纳税人或其代理人向相关税务机关提出税务行政复议申请时，应积极受理。

（6）回避义务。税务人员在实施税收征管过程中，与纳税人或相关人员有利害关系，可能影响到公正执法的，应当回避。

（7）其他义务。税务机关在税收征管过程中，根据不同的情形，有：进行纳税检查时出示证明义务，返还多征税款的义务，保护纳税人合法权益的义务等。

（三）纳税人、扣缴义务人的义务

纳税人，作为税收法律关系的纳税主体，作为税收征收管理中的被管理者，应履行以下义务。

（1）按规定办理纳税登记，正确使用税务登记证的义务。

（2）按规定设置、使用和保管账簿凭证的义务。

（3）按期办理纳税申报的义务。

（4）接受税务检查的义务。

（5）其他义务。视具体情形，有：在解决税收征以前先按税务机关决定缴纳税款和滞纳金的义务，欠税较大的纳税人在处分较大财产前向税务机关报告的义务，提供纳税担保的义务等。

（四）纳税人、扣缴义务人的权利

纳税人、扣缴义务人在主要履行纳税义务的同时，也享有一定权利。

（1）有向税务机关了解税收法律、行政法规权利。

（2）有要求税务机关就相关信息保密的权利。

（3）有依法申请减税、免税、退税的权利。

（4）对税务机关所作出的决定，有陈述权、申辩权的权利。

（5）对税务机关所作出的决定不服时，有依法申请行政复议、提起行政诉讼、请求国家赔偿等权利。

（6）对税务机关、税务人员的违法违纪行为有控告和检举的权利。

三、税收征收管理体制

我国现行的财政管理体制是分税制，即在划分中央与地方政府事权的基础上，根据税种划分中央与地方的财政收入。按照分税制的要求，将开征的所有税种划分为中央税、地方税和中央地方共享税。中央税为影响面涉及全国、需要国家统一管理、收入较大的税种；共享税为税源较广、征管难度较大的税种；地方税为与地方资源和经济联系紧密、税源较分散的税种。

我国的税收主要由税务机关、海关等部门负责征收管理。在省级以下，税务机关分设国家税务机关和地方税务机关。

国家税务机关系统负责征收和管理的税种有：增值税；消费税；车辆购置税；铁道部门、各银行总行、各保险公司总公司集中缴纳的营业税、企业所得税和城市维护建设税；中央企业缴纳的所得税；中央与地方所属企业、事业单位组成的联合企业、股份制企业缴纳的企业所得税；地方银行、非银行金融企业缴纳的企业所得税；海洋石油企业缴纳的缴纳的所得税、资源税；从 2009 年起，新增企业中缴纳增值税的企业和在国家税务局缴纳营业税的企业的企业所得税。

地方税务机关系统负责征收和管理的税种有：营业税；企业所得税；个人所得税；资源税；印花税；城市维护建设税；房产税；城镇土地使用税；耕地占用税；土地增值税；车船税；烟叶税。

海关系统负责征收管理的税种有：关税；船舶吨税；进口环节的增值税、消费税。

附录二　掌握税务管理的基本内容

税务管理是税务机关为了执行国家税收法规而对纳税人、扣缴义务人实施的基础管理。税务管理是税收征管工作的基础，主要包括税务登记管理、账簿凭证管理、纳税申报等方面的内容。

一、税务登记管理

税务登记是指纳税人为履行纳税义务，就有关纳税事宜依法向税务机关办理登记的一种法定手续，是税收征收管理的起点，也是税务机关掌握税源的手段。办理了税务登记，纳税人的身份及征纳双方的法律关系即得到确认。

（一）税务登记的范围

凡是从事生产经营的纳税人，包括企业、企业在外地设立的分支机构和从事生产经营的场所、个体工商业户和从事生产经营的事业单位均应办理税务登记。

依法负有扣缴税款义务的扣缴义务人，应当办理扣缴税款登记。

（二）办理税务登记的主管机关

县以上（含）国家税务局、地方税务局是税务登记的主管机关，负责办理各项税务登记，以及税务登记证的验证、换证等事项。

各级工商行政管理机关应当向同级国家税务机关或地方税务机关定期通报办理开业、变更、注销登记，以及吊销营业执照的情况。

（三）税务登记的种类

（1）设立（开业）税务登记。设立税务登记是指纳税人依法成立，进行工商行政登记后，为确认其纳税人身份、确定税收法律关系、纳入国家税务管理体系而进行的登记。

①登记地点。从事生产经营的纳税人，向生产经营地税务机关办理税务登记。

②登记时间。从事生产经营、领取营业执照的纳税人，自领取营业执照之日起 30 日内办理税务登记；从事生产经营、未领取营业执照、但经有关部门批准设立的纳税人，自有关部门批准设立之日起 30 日内办理税务登记；从事生产经营、未领取营业执照、未经有关部门批准设立的纳税人，自纳税义务发生之日起

30 日内办理税务登记；有独立的生产经营权、独立核算、定期上交承包（租）费的承包（租）人，应当自承包（租）合同签订之日起 30 日内办理税务登记；从事生产经营的纳税人外出经营、在同一县（市）实际经营在连续的 12 个月内累计超过 180 天的，应当自期满之日起 30 日内向生产经营所在地办理税务登记；境外企业在境内承包建筑、安装、勘探工程和提供劳务的，应当自项目合同签订之日起 30 日内向项目所在地主管税务机关办理税务登记。

非从事生产经营但依法负有纳税义务的单位和个人，除国家机关、个人和无固定经营场所的流动性农村小商贩外，均应自纳税义务发生之日起 30 日内，向纳税义务发生地税务机关办理税务登记。

已经办理税务登记的扣缴义务人，应当自扣缴义务发生之日起 30 日内，向税务登记地税务机关办理扣缴税款登记。依法可不办理税务登记的扣缴义务人，应当自扣缴义务发生之日起 30 日内向机构所在地税务机关办理扣缴税款登记。

③登记需提供的资料。办理设立税务登记时，根据不同情形提供下列资料和证件：工商营业执照或其他执业证件；有关合同、章程、协议书；组织机构统一代码证书；法定代表人或业主的合法身份证件；各地方规定的其他证件。

④登记的内容。纳税人在办理税务登记时，应如实、完整填写税务登记表。主要内容包括：单位名称、法定代表人或业主的合法身份证件及其号码；住所及经营地点；企业类型；核算方式；生产经营方式、经营范围及经营期限；注册资金；财务负责人及联系方式；其他事项。

（2）变更税务登记。变更税务登记是指纳税人办理税务登记后，因登记内容发生变化，需要对原内容进行更改而向主管税务机关办理的税务登记。

①登记时间。需在工商行政管理机关办理变更登记的纳税人，应自工商变更登记之日起 30 日内向原税务机关办理变更税务登记；不需在工商行政管理机关办理变更登记的纳税人，应自税务登记内容实际发生变化或自有关部门批准或宣布变更之日起 30 日内向原税务机关办理变更税务登记。

②登记需提供的资料。需在工商行政管理机关办理变更登记的纳税人，在办理变更税务登记时应提供：工商登记变更表；工商营业执照；变更登记内容的有关文件；原税务登记证件；其他有关资料。

不需在工商行政管理机关办理变更登记的纳税人，在办理变更税务登记时应提供：变更登记内容的有关文件；原税务登记证件；其他有关资料。

（3）停业、复业税务登记。停业、复业税务登记是指实行定期定额征收方式的纳税人，因自身经营的需要而向税务机关办理的暂停经营或恢复经营的税务登记。

①停业税务登记。纳税人在停业前应办理停业税务登记。如实填写停业申请登记表，包括停业理由；停业期限；停业前的税款缴纳情况，并结清应纳税款、

滞纳金、罚款；停业前发票的领用存情况，并交由税务机关保管其税务登记证件、发票领购簿、未使用完的发票和其他税务证件。

纳税人在停业期间发生纳税义务的，应依法申报纳税。

②复业税务登记。纳税人在恢复生产经营前应办理复业税务登记。如实填写《停、复业报告书》，领回并启用税务登记证件、发票领购簿、未使用完的发票和其他税务证件。

纳税人停业期满不能及时恢复生产经营的，应在停业期满前向税务机关提出延长停业登记申请，并如实填写《停、复业报告书》。

（4）外出经营报验登记。外出经营报验登记是指从事生产经营的纳税人，到外县（市）进行临时性的生产经营活动时，按规定办理的税务登记。

纳税人应在外出经营前，持税务登记证件向主管税务机关申请开具《外出经营活动税收管理证明》（以下简称《外管证》）。税务机关按照一地一证的原则核发《外管证》。《外管证》的有效期限一般为 30 日，最长不得超过 180 日。

纳税人在《外管证》注明地进行生产经营前，提供税务登记证副本和《外管证》，应向当地税务机关办理报验登记。若纳税人在《外管证》注明地销售货物的，还应如实填写《外出经营货物报验单》。

纳税人外出经营活动结束，应向《外管证》注明地税务机关填报《外出经营活动情况申报表》，结清税款，缴销发票。并在《外管证》有效期满后 10 日内，回原登记地税务机关办理《外管证》缴销手续。

（5）注销税务登记。注销税务登记是指纳税人发生解散、破产、撤销等情形，依法终止纳税业务时，向原税务机关办理的登记。办理注销税务登记后，该当事人不再受原税务机关的管理。

①登记时间。纳税人依法终止纳税义务的，应在向原工商行政管理机关办理注销登记前，向原税务登记机关办理注销税务登记。按规定不需在工商行政管理机关办理注销登记的，应自有关机关批准或宣布终止之日起 15 日内，向原税务登记机关办理注销税务登记。纳税人被工商行政管理机关吊销营业执照或被其他机关予以撤销登记的，应自营业执照被吊销或被其他机关登记撤销之日起 15 日内，向原税务登记机关办理注销税务登记。纳税人因住所或经营地点变动，需改变税务登记机关的，应在向工商管理机关办理变更、注销登记前，或住所、经营地点变动前向原税务机关办理注销税务登记，并自注销税务登记之日起 30 日内向迁达地税务机关办理税务登记。境外企业在境内承包建筑、安装、勘探工程和提供劳务的，应在项目完工、离境前 15 天内，向原税务机关办理注销税务登记。

②登记的手续。纳税人办理注销税务登记前，应向税务机关提交相关证明文件和资料，如实填报《注销税务登记申请审批表》，结清应纳税款、滞纳金、罚款，缴销发票、税务登记证件和其他税务证件，经税务机关核准后，办理注销税

务登记手续。

（四）税务登记证件及其使用和管理

纳税人提交资料齐全、税务登记表填写符合规定的，税务机关应及时发放税务登记证件。纳税人办理变更税务登记的，若变更的内容未涉及到税务登记证中的内容的，不重新核发税务登记证件。

税务登记证件包括税务登记证及其副本，临时税务登记证及其副本，扣缴税款登记证及其副本。

税务登记证件的主要项目有：纳税人名称；税务登记号码；法定代表人名称生产经营地址；经营范围；批准设立机关；发证日期及有效期等。

纳税人应将税务登记证正本在其生产经营或办公场所公开悬挂，接受税务机关检查。纳税人在办理以下业务时，必须提供或出示税务登记证：开立银行账户（纳税人应自开立账户之日起 15 日内向税务机关报告其全部账号；银行和其他金融机构应在纳税人的账户中登录税务登记证号，并在税务登记证件中登录账户账号）；领购发票；申请减、免、退税；申请延期申报、延期纳税；申请开具《外管证》；其他税务事项。

纳税人、扣缴义务人遗失税务登记证件的，应自遗失税务登记证件之日起 15 日内，书面报告主管税务机关，如实填写《税务登记证件遗失报告表》，并就税务登记证件的相关信息在税务机关认可的报刊上登出遗失声明，凭报刊上登出的遗失声明向主管税务机关申请补办税务登记证件。

二、账簿、凭证管理

（一）账簿、凭证的设置

账簿是指纳税人连续登记各类经济业务的账册、簿籍，包括总账、明细账、日记账及其他辅助性账簿。凭证是指记录经济业务、明确经济责任的书面证明。纳税人、扣缴义务人应按规定设置账簿，根据有效凭证进行核算。

从事生产经营的纳税人，应自领取营业执照或发生纳税义务之日起 15 日内设置账簿。生产规模小、无建账能力的纳税人，可聘请有资格的专业人员代为建账和处理账务。聘请专业人员有困难的，经县以上税务机关批准，可按规定建立收支凭证粘贴簿、进货销货登记簿或使用税控装置。扣缴义务人应自规定的扣缴义务发生之日起 10 日内，按税种分别设置代扣代缴、代收代缴税款账簿。纳税人、扣缴义务人会计制度健全，能够通过计算机正确完整记录收入、所得和代扣代缴税款情况的，其计算机输出的完整的书面会计记录，视同会计账簿。

（二）发票管理

发票是指在购销货物、提供或接受劳务及从事其他经济业务时，开具或收取的收付款凭证。发票是会计核算的原始凭证，也是税务检查的重要依据。

税务机关是发票的主管机关，发票从印制、领购、开具、取得、保管到缴销，均由税务机关负责。全国统一发票监制章是税务机关管理发票的法定标志，除特殊情况外，发票均应套印全国统一发票监制章。

发票通常按行业特点分为普通发票、增值税专用发票、专业发票。普通发票主要由营业税纳税人和增值税小规模纳税人使用。增值税专用发票是专供增值税一般纳税人销售货物或提供应税劳务时使用的发票。专业发票是由国有金融、邮电、铁路、民航、公路、水运等单位开具的行业特点很明显的发票。

1. 普通发票的管理

（1）基本联次。发票的基本联次分为三联：第一联为存根联，开票方留存备查；第二联为发票联，由收执方作为收付款的原始凭证；第三联为记账联，开票方作为记账的原始凭证。县以上税务机关可根据需要适当增减联次，并确定其用途。

（2）印制。普通发票由省级税务机关指定企业印制，实行不定期换版制度。

（3）领购。纳税人在领取税务登记证件后，即可向主管税务机关申请领购发票。依法不需要办理税务登记的单位需要领购发票时，可按规定向主管税务机关申请领购发票。临时到本省、自制区、直辖市以外从事生产经营活动的纳税人，凭证明向经营地税务机关申请领购经营地发票。

单位、个人在申请领购发票时，须提出购票申请，提供经办人身份证明、税务登记证件、财务印章或发票专用章的印模。经税务机关审核后，发给发票领购簿，并核准其购票种类、数量和购票方式。单位和个人可凭发票领购簿和核准的相关事宜向税务机关领购发票。

（4）开具、使用的基本要求。当单位、个人销售商品、提供劳务收取款项，收款方应向付款方开具发票，特殊情况下由收款方向付款方开具发票。开具发票应项目填写齐全、内容真实、字迹清楚、加盖印章。其他要求一般有：

①取得发票方不得要求变更品名和金额。

②开票人应在发生业务、确认收入时开具发票，未发生业务一律不准开发票。

③全部联次一次填开，内容完全一致。

④发票限于领购人在本省、自制区、直辖市内开具，省级税务机关可以规定跨市县开发票的办法。

⑤未经批准，不得跨区携带、邮寄、运输空白发票。

⑥开具发票应使用中文，民族自治区可同时使用当地通用的一种民族文字，涉外企业可同时使用一种外国文字。

⑦不得转借、转让、代开发票。

⑧应按号码顺序开具发票，未经批准，不得拆本使用发票。

（5）保管。对已开具的发票存根联和发票登记簿，应当保存5年，期满后，报经税务机关查验销毁，不得擅自销毁。

若发生发票丢失，应于丢失当日书面报告主管税务机关，并在报刊和电视等传播媒体上公告声明作废。

（6）检查。税务机关有权对发票的印制、领购、开具、取得和保管情况进行检查；可以对与发票有关的凭证和资料进行查阅、复制、录音、录像；询问与发票有关的问题。印制、使用发票的单位和个人必须如实反映情况，积极配合税务机关的检查。

2. 增值税专用发票的管理

（1）基本联次。增值税专用发票的联次由基本联次、附加联次构成。基本联次为三联：发票联，作为购货方核算采购成本和增值税进项税额的记账凭证；抵扣联，作为购买方报送主管税务机关作进项税额抵扣认证和留存备查的凭证；记账联，作为销售方核算收入和增值税销项税额的记账凭证。

其他联次由纳税人自行确定。

（2）印制。增值税专用发票由国家税务总局指定的企业统一印制。

（3）开具、使用的基本要求。一般纳税人应通过增值税防伪税控系统领购、开具、缴销、认证增值税专用发票。

增值税专用发票实行最高开票限额管理。纳税人应填写《最高开票限额申请表》，报税务机关审批。在开具专用发票时，单份专用发票开具的销售额合计不得达到核定的上限额度。

3. 专业发票的管理

专业发票由于具有很强的行业特点，通常由行业主管部门统一管理，自行设计样式，不套印税务机关的统一发票监制章，但也不排除根据需要将其纳入统一发票管理。

（三）财会制度的上报

从事生产经营的纳税人，应自领取税务登记证件之日起15日内，将其财务会计制度报送主管税务机关备案。若实行了会计电算化管理，则应在使用前将会计核算软件及说明书等资料报送主管税务机关备案。

账簿、会计凭证和报表应用中文填报，民族自治区可同时使用当地通用的一种民族文字，涉外企业可同时使用一种外国文字。

（四）涉税资料的保管

账簿、会计凭证、报表、发票、完税凭证等涉税资料，不得伪造、变造、擅自损毁，应妥善保存10年（另有规定的除外）。

三、纳税申报

纳税申报是指纳税人按照税务机关核定的期限就计算缴纳税款的相关事宜向

税务机关提交的书面报告的过程。

（一）申报的内容

纳税人进行纳税申报、扣缴义务人报告其代扣（代收）代缴税款时，由于对不同税种的管理和需掌握的信息的不同，各税种的《纳税申报表》所反映的纳税申报内容有所区别。但基本的内容有税种、税目、计税依据、适用税率、应纳税额、应代扣（代收）税款额、税款所属期限等。

纳税人办理纳税申报时，应如实填写各税种的纳税申报表，同时按规定报送相关资料。一般有：财会报表及说明材料；与纳税相关的合同、协议和凭证；税控装置的电子报税资料；若有外出经营活动，则应报送《外管证》和异地完税凭证；其他有关证件资料。

（二）申报的方式

纳税申报方式是指纳税人、扣缴义务人在纳税申报期限内，按规定到指定税务机关进行纳税申报的形式。一般有以下四种方式。

（1）自行申报。自行申报是指纳税人、扣缴义务人按照税务机关核定的纳税申报期限直接到主管税务机关报税大厅办理纳税手续的申报方式。

（2）邮寄申报。邮寄申报是指纳税人、扣缴义务人经税务机关核准后，使用统一的申报专用信封，交由邮政部门邮寄至税务机关，以进行申报的方式。邮寄申报以邮戳日期为实际申报日期。

（3）数据电文申报。数据电文申报是指以税务机关确定的电话语音、电子数据交换和网络传输等方式进行申报的方式。

（4）其他方式。实行定期定额方式缴纳税款的纳税人，可以实行简易申报、简并征期等申报方式。

简易申报是指实行定期定额方式缴纳税款的纳税人，在规定的期限内缴纳税款的，可以视同申报；简并征期是指实行定期定额方式缴纳税款的纳税人，经税务机关核准后，可以采取将纳税期限合并为按季、按半年、按年进行申报。

（三）申报的其他要求

（1）纳税人在申报期限内无应纳税额，也应按规定办理纳税申报。

（2）纳税人享受税收优惠待遇的，在减免税期间内也应办理纳税申报。

（3）纳税人、扣缴义务人按期办理纳税申报或报送代扣代缴报告表确有困难需延期的，应在规定的期限内向税务机关提出书面延期申请，经税务机关审批，在核准的期限内办理申报。

（4）纳税人、扣缴义务人因不可抗力不能按期办理纳税申报或报送代扣代缴报告表的，可以延期申报，但应在不可抗力消除后立即向税务机关报告。

附录三　了解税款征缴方式，　掌握税款征收措施

税款征收是税务机关以税收法律法规为依据，组织税款入库的一系列活动的总称。它是税收征管的核心、目的和归宿。

一、税款征收方式

税款征收方式是指税务机关根据不同税类、税种的特点和不同纳税人的实际情况，确定的税款征收方式。

（一）查账征收

查账征收是指税务机关对会计核算健全的纳税人，依据其报送的纳税申报表、会计报表和其他资料，确定计税依据和适用税率，计算应纳税额的征收方式。查账征收是较规范的征收方式，适用于会计核算健全、能够正确计算税款、如实履行纳税义务的纳税人。

（二）查定征收

查定征收是指会计核算不健全，但能如实反映成本、产量或销售量其中的一部分，税务机关可据此对其核定产量或销售额并据以计算税款的征收方式。适用于会计核算不健全、经营规模小、产品零星、税源分散，但能提供部分会计资料的纳税人。

（三）查验征收

查验征收是指税务机关通过查验纳税人的应税商品数量，按市场一般销售单价确认其销售额，并据以计算应纳税额的征收方式。适用于会计核算不健全、流动性大的纳税人。

（四）定期定额征收

定期定额征收是指对纳税人在特定的经营地点、经营时期和经营范围前提下核定其销售额或所得额，并据以计算应纳税额的征收方式。适用于经批准可不设置账簿、无任何资料可以参考的纳税人，主要为城乡个体工商业企业、各人独资企业。

二、税款的缴纳方式

税款缴纳方式是指税务机关根据不同税类、税种的特点和不同纳税人的实际情况，确定的税款缴纳方式。

（一）纳税人直接向国库经收处缴纳税款

纳税人自行向国库经收处缴纳税款，以国库经收处的回执和填报的纳税申报

表、附报的会计资料等资料向税务机关申报纳税。这种缴纳方式适用于在设有国库经收处的银行开设账户，向税务机关办理申报的纳税人。

（二）税务机关自收税款并办理入库手续

由税务机关直接收取税款并办理入库手续。这种缴纳方式适用于需要税务机关代开发票、发生临时纳税义务、被税务机关采取强制执行措施时的纳税人。

（三）代扣代缴

由支付款项给纳税人的单位和个人，从所支付的款项中依法扣收税款并代为缴纳。这种缴纳方式适用于零星分散的纳税人。

（四）代收代缴

由收取款项的单位和个人，在向纳税人收取款项的同时依法收取税款并代为缴纳。适用于发生易被忽略或较隐蔽的应税情形的纳税人。

（五）委托代征

由受托单位按照税务机关的要求，以税务机关的名义，在为纳税人提供服务或对纳税人实施管理的同时向纳税人征收税款。适用于须向受托单位办理相关事宜的纳税人。

除上述几种缴纳方式外，随着经济的发展、科技的进步，出现了新的纳税方式，如利用网络、磁卡等。

无论是税款征收方式，还是缴纳方式，都是为了既保证国家税款及时足额入库，又方便纳税人申报缴纳，还应使税收成本尽量少。

三、税款征收措施

为了保证税款的即是足额入库，税务机关可以采取相应的措施。

（一）核定应纳税额

当纳税人有下列情形之一时，税务机关有权核定其应纳税额：

（1）依法律法规可不设置账簿的。

（2）依法律法规应设置、但未设置账簿的。

（3）擅自销毁账簿后拒不提供纳税资料的。

（4）虽设账簿，但账簿混乱、凭证不全，难以查账的。

（5）发生纳税义务，但未按规定期限办理纳税申报，经税务机关责令限期申报后逾期仍未申报的。

（6）纳税人申报的计税依据明显偏低又无正当理由的。

税务机关在核定应纳税额时，可采用的方法有：参照当地同类行业、同类经营规模的纳税人的税负水平核定；以收入（或成本与合理费用、利润合计）核定；以耗用的原料推算核定；其他方法。

（二）对关联企业间的往来进行纳税调整

纳税人与关联企业有业务往来时，应当按照独立企业之间的业务往来进行收入和费用的结算，否则，税务机关有权调整。当纳税人与其关联企业有下列情形之一时，税务机关有权进行纳税调整。

（1）购销业务、提供接受劳务、转让财产、提供财产使用权等业务未按独立企业之间的业务往来收取收入或支付费用。

（2）融通资金所支付或收取的利息超过或者低于独立企业间所能同意的数额，或者利率超过或低于同类业务正常利率。

（3）未按独立企业间业务往来处理的其他情形。

纳税人可以向主管税务机关报告与其关联企业之间业务往来的定价原则，经与主管税务机关协商，预先约定有关定价事项，由主管税务机关监督执行。

税务机关在调整关联企业间业务往来时，可采用以下方法：参照独立企业间进行同类业务的价格费用；参照再销售给无关联的第三者的价格费用；按照成本与合理费用、利润合计确定；其他方法。

（三）责令缴纳，加收滞纳金

纳税人未按规定期限缴纳税款的，扣缴义务人未按规定期限解缴税款的，税务机关可责令限期缴纳，并从滞纳税款之日起，至纳税人、扣缴义务人实际缴纳或解缴税款之日止，按日加收滞纳税款万分之五的滞纳金。

对未按规定办理税务登记的从事生产经营及临时从事经营的纳税人，税务机关核定其应纳税额，责令缴纳。不缴纳者，税务机关可扣押其相当于应纳税款的商品。扣押后纳税人履行纳税义务的，税务机关必须及时解除扣押，归还商品；扣押后纳税人仍不履行纳税义务的，经县以上税务局（分局）长批准，依法拍卖或变卖所扣押的商品，以所得抵缴税款。

（四）责令提供纳税担保

纳税担保是指经税务机关同意或确认，法人、组织、自然人以保证、抵押、质押方式，为纳税人应当缴纳的税款及滞纳金提供担保的行为。担保人应就纳税人应纳的税款、滞纳金及实现税款、滞纳金的费用提供担保。

当纳税人发生下列情形时，应提供纳税担保。

（1）税务机关有根据认为从事生产经营的纳税人有逃避纳税义务行为，在纳税期限满之前已责令限期缴纳税款，但在限期内发现纳税人有明显的转移、隐匿其应税商品、财产或收入的迹象时。

（2）欠缴税款、滞纳金的纳税人或其法定代表人需要出境时。

（3）纳税人与税务机关发生纳税争议而未缴清税款，需申请行政复议时。

（4）其他情形。

（五）采取税收保全措施

税务机关责令纳税人提供纳税担保，而纳税人拒绝或无力提供纳税担保的，经县以上税务局（分局）长批准，税务机关可以采取税收保全措施。

税收保全措施有两种：书面通知纳税人开户行或其他金融机构冻结纳税人相当于应纳税款的存款；扣押、查封纳税人的价值相当于应纳税款的商品、货物或财产。

当需扣押纳税人的财产做保全措施时，财产是指纳税人的豪华住宅、一处以外的住房、现金、有价证券、机动车辆、金银首饰、古玩字画等。个人及其所扶养的家属维持生活必需的住房和用品，单价在5000元以下的其他生活用品，不在税收保全措施的范围内。

（六）采取强制执行措施

纳税人未按规定期限缴纳税款、扣缴义务人未按规定期限解缴税款和纳税担保人未按规定期限缴所担保的税款的，税务机关已责令限期缴纳，但逾期仍未缴纳的，经县以上税务局（分局）长批准，税务机关可以采取强制执行措施。强制执行措施有两种：书面通知纳税人开户行或其他金融机构从其存款中扣缴税款及滞纳金；依法拍卖或变卖纳税人的价值相当于应纳税款的商品、货物或财产，以所得抵缴税款及滞纳金。财产范围同税收保全措施中的相关规定。

（七）阻止出境

欠缴税款的纳税人或其法定代表人在出境前未按规定结清税款、滞纳金、罚款，或未提供纳税担保的，税务机关可以通知管理机关阻止其出境。

（八）其他措施

（1）行使税收优先权、代位权与撤销权。为了保护国家利益，当不同的利益权利均需维护时，国家征税有优先权。具体有：税收优先于无担保债权（法律另有规定除外）；税收优先于欠税发生在其以财产设定抵押、质押之前的抵押权、质权和留置权；税收优先于行政机关处以的罚款、没收违法所得。

欠缴税款的纳税人因怠于行使或放弃到期债权，或无偿转让财产，或以明显不合理低价转让财产而受让人知道该情形，税务机关可以依照《合同法》的规定行使代位权、撤销权。税务机关行使代位权、撤销权的，不免除纳税人的纳税义务和应承担的法律责任。

（2）公告纳税人的涉税事项。县（含）以上税务机关应按期在办税场所或媒体上公告纳税人的欠缴税款情况，以督促纳税人自觉缴纳欠税。

（3）参与纳税人的财产清算。纳税人解散、撤销、破产，在清算前应向其主管税务机关报告。未结清税款的，其主管税务机关参加清算。

（4）税款的追缴与退还。当应征税款与实收税款有出入时，应按规定的期限予以纠正，以保证国家和纳税人的利益。

税务机关发现纳税人多缴税款时，应自发现之日起10日内办理退还手续。纳税人自结算缴纳税款之日起3年内发现多缴税款的，可以要求税务机关退还多缴的税款并加算银行同期活期存款利息，税务机关及时查实后应当立即退还。

因税务机关的责任，使纳税人、扣缴义务人未缴或少缴税款的，税务机关在3年内可以要求纳税人、扣缴义务人补缴税款，但不得加收滞纳金。因纳税人、扣缴义务人非主观故意的失误导致未缴或少缴税款的，税务机关在3年内可以追征税款及滞纳金，当未缴或少缴税款累计在10万元以上的，追征期可延长至5年。因纳税人的故意违法税法行为导致未缴或少缴税款的，税务机关可无限期追征。

当纳税人既有多缴税款，又有欠税时，允许将应退税款和利息先抵扣欠缴税款。

另外，为了保证税款的及时足额征收，纳税人应执行以下规定：欠税数额较大（5万元以上）的纳税人在处分其不动产或大额财产之前应向税务机关报告；欠缴税款的纳税人以其财产设置抵押、质押时，应向抵押权人、质押权人说明其欠税情况；纳税人发生合并、分立时应向税务机关报告并依法结清税款，否则合并后或分立后的纳税人继续履行未履行的纳税义务。

附录四　了解税务检查的形式、方法和职责

税务检查是指税务机关依法对纳税人、扣缴义务人履行纳税义务、扣缴义务和其他税务事项进行检查、核实、监督等活动的总称。是保证国家利益、税收法律法规贯彻落实的重要手段。

一、税务检查的形式

（一）调账检查

税务机关在税务检查中依法将被查对象的账簿、凭证、报表及其他有关资料调回税务机关进行检查。

（二）现场检查

税务机关委派检查人员到被查纳税人的办公地点对其账务资料进行检查。

（三）委托协查

当税务检查需跨地区进行，但又不便直接派人到外地查证时，请求对方主管税务机关以予以协助，包括函件协查、网络协查。

二、税务检查的方法

（一）全查法

对被查纳税人一定时期内所有的会计凭证、账簿、报表、其他会计资料及各

种存货进行全面、系统的检查。

（二）抽查法

对被查纳税人一定时期内的会计凭证、账簿、报表、其他会计资料及各种存货抽取一部分进行检查。

（三）顺查法

按照被查纳税人会计核算的顺序，依次检查会计凭证、账簿、报表，并将其进行核对。

（四）逆查法

按照被查纳税人会计核算的逆序，依次检查会计报表、账簿、凭证，并将其进行核对。

（五）比较分析法

将被查纳税人一定时期的财务指标进行横向、纵向比较，分析异常变化情况，从中发现存在问题的线索。

（六）逻辑推算法

根据财务数据的相互关系，用科学测定的数据与被查纳税人的账面记录或申报数据进行比对，已验证其真实、合理性，从中发现存在问题的线索。

（七）核对法

将被查纳税人提供的会计资料及实物进行相互核对，验证其真实性，从中发现存在问题的线索。

三、征纳双方在纳税检查中的权利和义务

（一）税务机关的权利和义务

1. 税务机关的权利

（1）查账权。税务机关有权检查纳税人的账簿、凭证、报表等，检查扣缴义务人代扣代缴、代收代缴税款账簿、凭证、报表等。

（2）场地检查权。税务机关有权到纳税人的生产经营场所和货物存放地检查其货物或其他财产。

（3）责成提供资料权。税务机关有权责成纳税人、扣缴义务人提供与纳税或代扣代缴、代收代缴有关的文件、证明等资料。

（4）询问权。税务机关有权询问纳税人、扣缴义务人与纳税或代扣代缴、代收代缴有关的问题和情况。

（5）交通邮政检查权。税务机关有权到车站、码头、机场、邮政部门等场所检查纳税人托运、邮寄应税商品、货物的有关单据、凭证及资料。

（6）存款账户检查权。经县以上税务局（分局）长批准，凭全国统一格式

的检查存款账户许可证明，可以查询被查纳税人的存款账户。经设区的市、自治州以上税务局（分局）长的批准，可以查询个人的储蓄存款。

（7）获取证据权。税务机关在调查税务违法案件时，对与案件有关的情况和资料，可以记录、录音、录像、复制和照相。

2. 税务机关的义务

（1）税务机关派出人员进行税务检查时，应当出示税务检查证和税务检查通知书。

（2）税务检查人员有责任为被检查人员保守秘密。

（3）税务机关在税务及检查中获得的资料不得用于税收以外的用途。

3. 纳税人的权利

对税务检查人员未出示税务检查证和税务检查通知书的，纳税人有权拒绝检查。

4. 纳税人的义务

（1）必须接受税务机关依法进行的税务检查。

（2）纳税人在接受税务检查时，应如实反映情况、提供有关资料，不得拒绝、隐瞒。有关单位和个人也有义务向税务机关如实提供有关资料及证明资料。

附录五　掌握税务行政复议、税务行政诉讼的受案范围和审理程序

为保障纳税人、扣缴义务人及其他税务当事人的合法权益，监督税务机关依法行使职权，国家税务总局依据《中华人民共和国行政复议法》等有关法律法规，经过试行、修改，于2004年2月24日发布《税务行政复议规则（暂行）》，自2004年5月1日起施行。

一、税务行政复议

纳税人及其他当事人（申请人，下同）认为税务机关（被申请人，下同）的具体行政行为侵犯了其合法权益，可依法向税务行政复议机关（简称复议机关，下同。是指依法受理税务行政复议申请，对具体行政行为进行审查并作出行政复议决定的税务机关）申请行政复议。

（一）受案范围

复议机关受理申请人就下列具体行政行为提出的复议申请。

（1）税务机关的征税行为，包括确认纳税主体、征税对象、征税范围、减免退税、适用税率、计税依据、纳税环节、纳税期限、纳税地点、税款征收方式、加收滞纳金、扣缴义务人的代扣（收）代缴行为。

（2）税务机关实施的税收保全措施。

（3）税务机关未及时解除保全措施，使申请人合法权益遭受损失的行为。

（4）税务机关实施的强制执行措施。

（5）税务机关作出的行政处罚行为，包括罚款、没收财物和违法所得、停止出口退税权。

（6）税务机关不予依法办理或答复涉税事宜，包括不予审批减免税或出口退税、不予抵扣税款、不予退还税款、不予颁发税务登记证、不予发售发票、不予开具完税凭证或出具票据、不予认定为增值税一般纳税人、不予核准延期申报、不予批准延期纳税。

（7）税务机关做出的取消增值税一般纳税人资格的决定。

（8）税务机关收缴发票、停止发售发票的行为。

（9）税务机关做出的责令提供纳税担保的决定或不依法确认纳税担保有效的行为。

（10）税务机关不依法给予举报奖励的行为。

（11）税务机关通知出境管理机关阻止出境的行为。

（12）税务机关的其他具体行政行为。

（二）复议的参加人

提起税务行政复议的前提是申请人不服税务机关作出的具体征税行为，所以，申请人必须是行政相对人本人，申请人只要认为其权益受到侵犯，就可以申请复议。申请人也可以请代理人代为申请复议。被申请人一般为主管税务机关。

（三）复议程序

（1）申请。申请人以口头或书面的方式，在接到处罚决定之日起 60 日内，向复议机关提出申请。

（2）受理。复议机关接到申请之日起 5 日内在审查申请的合法性的前提下，决定是否受理。不受理的，应告知其理由和不受理裁决书接到之日起 15 日内有起诉权利。受理的，自受理之日起 7 日内将申请复印件送达被申请人。

（3）审查。被申请人收到申请复印件之日起 10 日内提出书面答复，提交当时做出税务行政行为的相关证据资料，证明其行为的合法性。不答复或不提交的视为无证据。

（4）决定。复议机关在受理申请之日起 60 日内，就被申请人提交的证据资料进行审查、核实，经复议机关负责人同意或集体讨论后作出维持、变更或撤销等处理决定，在决定撤销、变更具体行政行为时，对符合规定的赔偿请求依法给予赔偿。复议机关应将复议决定制作成《行政复议决定书》送达申请人。

（5）执行。《行政复议决定书》送达申请人之日即生效。若申请人不服处理决定，可在接到决定书之日起 15 日内起诉。若申请人不起诉也不履行，由相应机关强制执行：作出维持处理决定的，由原税务机关申请法院或依法强制执行；

作出变更处理决定的，由复议机关申请法院或依法强制执行。

二、税务行政诉讼

税务行政诉讼是当事人认为税务机关及其工作人员的税务具体行政行为违法或不当，侵犯了其合法权益，依法向法院提起诉讼，由法院对税务具体行政行为的合法性和适当性进行审理并作出裁判的司法活动。

当事人对税务机关作出的征税行为不服的，应当先申请行政复议，对行政复议决定不服的，再向法院提起行政诉讼。当事人对税务机关作出的其他具体行政行为不服的，可以直接向法院提起行政诉讼。

（一）受案范围

法院受理原告就下列具体行政行为提出的诉讼申请：

（1）税务机关作出的征税行为。

（2）税务机关责令提供纳税担保的行为。

（3）税务机关实施的税收保全措施。

（4）税务机关实施的行政处罚行为。

（5）税务机关作出的不予办理或答复税收相关事宜行为。

（6）税务机关作出的取消一般纳税人资格的决定。

（7）税务机关阻止原告出境的行为。

（8）税务机关作出的其他行政行为。

（二）参加人

税务行政诉讼的参加人，指依法法参加税务行政诉讼活动，享有诉讼权利，承担诉讼义务，并且与诉讼争议和诉讼结果有利害关系的主体。一般包括原告、被告。

（1）原告。税务行政诉讼的原告，指认为税务机关及其工作人员的税务具体行政行为侵犯其合法权益，而向人民法院提起诉讼的纳税人、扣缴义务人、纳税担保人等税务当事人及其他行政相对人。

必须符合 3 个法定条件，才具备原告资格：必须是税务具体行政行为所针对的行政相对人；必须是认为税务具体行政行为侵犯其合法权益的行政相对人；必须是向人民法院提起税务行政诉讼的行政相对人。

原告在税务行政诉讼中享有以下权利：提起税务行政诉讼的权利；索取被告税务机关答辩状的权利；申请审判人员及其他有关人员回避的权利；申请撤诉的权利；对生效的法院裁判提出申诉的权利；依法请求行政赔偿的权利；其他捍卫自己合法权益的权利，如委托代理人进行诉讼的权利、使用本民族语言文字的权利等。

原告在税务行政诉讼中必须履行的义务：根据人民法院的要求提供或补充证据的义务；接受人民法院的传唤参加诉讼活动的义务；履行人民法院发生法律效

力的判决和裁定的义务；遵守法定期限、服从法庭指挥的义务；不妨碍干涉他人诉讼权利的义务；不滥用诉讼权利的义务；不得伪造、隐藏、毁灭证据的义务；等。

（2）被告。税务行政诉讼的被告，指其实施的税务具体行政行为被原告指控侵犯其合法权益，并由人民法院通知应诉的各级税务机关。具体为：

①税务具体行政行为未经复议的，以作出税务具体行政行为的税务机关为被告。

②税务具体行政行为经过复议的，复议机关维持原税务具体行政行为，作出原税务具体行政行为的税务机关是被告；复议机关改变原税务具体行政行为的，税务复议机关是被告；复议机关逾期不作决定的，作出原税务具体行政行为的税务机关是被告。

③两个以上税务机关或税务机关与其他行政机关作出同一税务具体行政行为的，共同作出税务具体行政行为的机关是共同被告。

④受税务机关委托的组织所作的税务具体行政行为，委托的税务机关是被告。

⑤税务机关被撤销的，继续行使其职权的税务机关是被告。

（三）诉讼程序

（1）起诉。当事人不服税务机关行政复议决定的，可以在收到复议决定书之日起15日内向法院提起诉讼。复议机关逾期不作决定的，申请人可以在复议期满之日起15日内向法院提起诉讼。不需先经过复议程序、可直接向法院提起诉讼的，当事人可在知道作出具体行政行为之日起3个月内向法院提起诉讼。

税务行政诉讼只能由行政相对人提起，而且被告明确。

（2）受理。法院接到起诉状，应首先进行审查，并在7日内决定立案受理或不予受理。

（3）开庭审理。法院审理行政案件，实行合议、回避、公开审判、两审终结制度。

诉讼期间，一般不停止具体行政行为的执行。当出现下列情形之一的，则停止具体行政行为的执行：被告认为需要停止执行；原告申请停止执行，法院认为该具体行政行为的执行会造成难以弥补的损失而裁定停止执行；法律、法规规定停止执行。

（4）判决。法院一般应在立案之日起3个月内作出一审判决。经过审理，法院根据不同情况，可以作出如下判决：

①具体行政行为证据确凿，适用法律、法规正确，符合法定程序的，判决维持。

②具体行政行为主要证据不足，或适用法律法规错误，或违反定程序，或超越、滥用职权的，判决撤销或部分撤销，并可以判决被告重新作出具体行政行为。

③被告不履行或拖延履行法定职责的，判决其在一定期限内履行。

④行政处罚显失公平的，判决变更。

原告、被告对一审判决或裁定不服的，均有权力提起上诉。当事人不服法院一审判决的，有权在判决书送达之日起15日内向上一级法院提起上诉；当事人不服法院一审裁定的，有权在裁定书送达之日起10日内向上一级法院提起上诉．逾期不上诉的，一审判决或裁定生效。

法院对上诉案件，一般应在收到上诉状之日起两个月内作出终审判决。

（5）执行。已生效的法院判决或裁定，当事人必须在规定期限内如实执行。

若原告不执行，税务机关可向一审法院申请或依法强制执行；若税务机关不执行，一审法院可通知税务机关开户行划款，从期满之日起按日处50~100元罚款，并向其上一级机关提出司法建议，追究刑事责任。

法院判决被告重新作出具体行政行为的，被告不得以同一个事实和理由作出与原具体行政行为基本相同的具体行政行为。

附录六 了解征纳双方违反税收法律制度的法律责任

一、纳税人、扣缴义务人及其他行政相对人违反税收法律制度的法律责任

税收法律责任是指税收法律关系的主体因其违反税收法律法规的行为须承担的处罚，包括行政责任和刑事责任。

（1）纳税人有下列行为之一的，由税务机关责令限期改正，可以处2 000元以下的罚款；情节严重的，处2 000元以上10 000元以下的罚款。

①未按照规定的期限申报办理税务登记、变更或者注销登记的。

②未按照规定设置、保管账簿或者保管记账凭证和有关资料的。

③未按照规定将财务、会计制度或者财务、会计处理办法和会计核算软件报送税务机关备查的。

④未按照规定将其全部银行账号向税务机关报告的。

⑤未按照规定安装、使用税控装置，或者损毁或者擅自改动税控装置的。

⑥未按照规定使用税务登记证件，或者办理换证手续，或者转借、涂改、损毁、买卖、伪造税务登记证件的。

⑦未按照规定的期限办理纳税申报和报送纳税资料的，或者扣缴义务人未按照规定的期限向税务机关报送代扣代缴、代收代缴税款报告表和有关资料的。

（2）扣缴义务人未按照规定设置、保管代扣代缴、代收代缴税款账簿或者保管代扣代缴、代收代缴税款记账凭证及有关资料的，由税务机关责令限期改正，可以处2 000元以下的罚款；情节严重的，处2 000元以上5 000元以下的罚款。

(3) 对纳税人、扣缴义务人不进行纳税申报，少缴或不缴税款的，采取转移或者隐匿财产的手段妨碍税务机关追缴欠缴的税款的，由税务机关追缴其不缴或者少缴的税款、滞纳金，并处不缴或者少缴的税款50%以上5倍以下的罚款；构成犯罪的，依法追究刑事责任。

(4) 纳税人、扣缴义务人编造虚假计税依据的，由税务机关责令限期改正，并处50 000元以下的罚款。

(5) 以假报出口或者其他欺骗手段，骗取国家出口退税款的，由税务机关追缴其骗取的退税款，并处骗取税款1倍以上5倍以下的罚款；构成犯罪的，依法追究刑事责任，可在规定期间内停止为其办理出口退税。

(6) 纳税人抗税的，除由税务机关追缴其拒缴的税款、滞纳金外，依法追究刑事责任。情节轻微，未构成犯罪的，由税务机关追缴其拒缴的税款、滞纳金，并处拒缴税款1倍以上5倍以下的罚款。

(7) 纳税人、扣缴义务人在规定期限内不缴或者少缴应纳或者应解缴的税款，经税务机关责令限期缴纳，逾期仍未缴纳的，税务机关除按规定采取强制执行措施追缴其不缴或者少缴的税款外，可以处不缴或者少缴的税款50%以上5倍以下的罚款。纳税人拒绝代扣、代收税款的，扣缴义务人应当向税务机关报告，由税务机关直接向纳税人追缴税款、滞纳金；纳税人拒不缴纳的，税务机关可依据本条规定处理。

(8) 扣缴义务人应扣未扣、应收而不收税款的，由税务机关向纳税人追缴税款，对扣缴义务人处应扣未扣、应收未收税款50%以上3倍以下的罚款。

(9) 纳税人、扣缴义务人逃避、拒绝、隐匿或销毁有关资料或者以其他方式阻挠税务机关检查的，由税务机关责令改正，可以处10 000元以下的罚款；情节严重的，处10 000元以上50 000元以下的罚款。

(10) 非法印制发票的，由税务机关销毁非法印制的发票，没收违法所得和作案工具，并处10 000元以上50 000元以下的罚款；构成犯罪的，依法追究刑事责任。

(11) 从事生产、经营的纳税人、扣缴义务人有税收违法行为，拒不接受税务机关处理的，税务机关可以收缴其发票或者停止向其发售发票。

二、税务机关和税务人员违反税收法律法规的法律责任

(1) 税务机关擅自改变税收征收管理范围和税款入库预算级次的，责令限期改正，对直接负责的主管人员和其他直接责任人员依法给予降级或者撤职的行政处分。

(2) 税务人员徇私舞弊，对依法应当移交司法机关追究刑事责任的不移交，情节严重的，依法追究刑事责任。

(3) 税务机关、税务人员查封、扣押纳税人个人及其所扶养家属维持生活

必需的住房和用品的，责令退还，依法给予行政处分；构成犯罪的，依法追究刑事责任。

（4）税务人员与纳税人、扣缴义务人勾结，唆使或者协助纳税人、扣缴义务人不进行纳税申报、少缴或不缴税款、妨碍税务机关追缴所欠税款、编造虚假计税依据，构成犯罪的，依法追究刑事责任；尚不构成犯罪的，依法给予行政处分。

（5）税务人员有以下行为，构成犯罪的，依法追究刑事责任；尚不构成犯罪的，依法给予行政处分。

①利用职务上的便利，收受或者索取纳税人、扣缴义务人财物或者谋取其他不正当利益的。

②徇私舞弊或者玩忽职守，不征或者少征应征税款，致使国家税收遭受重大损失的。

③对控告、检举税收违法违纪行为的纳税人、扣缴义务人以及其他检举人进行打击报复的。

④违反法律、行政法规的规定，故意高估或者低估农业税计税产量，致使多征或者少征税款，侵犯农民合法权益或者损害国家利益的。

（6）税务人员滥用职权，故意刁难纳税人、扣缴义务人的，调离税收工作岗位，并依法给予行政处分。

（7）税务机关违反法律、行政法规的规定提前征收、延缓征收或者摊派税款的，由其上级机关或者行政监察机关责令改正，对直接负责的主管人员和其他直接责任人员依法给予行政处分。

（8）税务机关违反法律、行政法规的规定，擅自作出税收的开征、停征或者减税、免税、退税、补税以及其他同税收法律、行政法规相抵触的决定的，除依照本法规定撤销其擅自作出的决定外，补征应征未征税款，退还不应征收而征收的税款，并由上级机关追究直接负责的主管人员和其他直接责任人员的行政责任；构成犯罪的，依法追究刑事责任。

（9）税务人员在征收税款或者查处税收违法案件时，未按照本法规定进行回避的，对直接负责的主管人员和其他直接责任人员，依法给予行政处分。

（10）税务人员未按照本法规定为纳税人、扣缴义务人、检举人保密的，对直接负责的主管人员和其他直接责任人员，由所在单位或者有关单位依法给予行政处分。

参 考 文 献

［1］财政部会计资格评价中心．经济法基础［M］．北京：经济科学出版社，2010.

［2］全国注册税务师职业资格考试教材编写组．税法（Ⅰ）［M］．北京：中国税务出版社，2011.

［3］全国注册税务师职业资格考试教材编写组．税法（Ⅱ）［M］．北京：中国税务出版社，2011.

纳税实务实训教程

主　编　赵文红
参　编　陈养锋　林　琳
　　　　张春瑜　黄　敏

北京理工大学出版社
BEIJING INSTITUTE OF TECHNOLOGY PRESS

目　录

项目1

认 识 税 收

一、单项选择题

1. 税收分配的对象是（　　）。
   A. 流转额　　B. 所得额　　C. 财产　　D. 一部分社会产品
2. 税收分配活动的主体是（　　）。
   A. 国家　　B. 征税对象　　C. 纳税人　　D. 政权
3. 税收“三性”的核心是（　　）。
   A. 强制性　　B. 无偿性　　C. 系统性　　D. 固定性
4. 体现征税深度的税法要素是（　　）。
   A. 征税对象　　B. 税率　　C. 纳税人　　D. 纳税环节
5. 规定了征税对象的具体范围的税法要素是（　　）。
   A. 税目　　B. 计税依据　　C. 税率　　D. 纳税环节
6. 税法是由一系列要素构成的，其中被称为“基本三要素”的是（　　）。
   A. 纳税人、税率、违章处理　　B. 纳税人、税率、税目
   C. 纳税人、税率、征税对象　　D. 纳税人、税率、纳税期限
7. 将征税对象数额划分为若干部分，规定不同的税率，数额越大，税率越高。对每个等级分别按各自对应的税率计征税额。这种税率是（　　）。
   A. 定额税率　　B. 全额累进税率
   C. 超额累进税率　　D. 超率累进税率

二、多项选择题

1. 我国现行税法中使用的税率形式有（　　）。
   A. 比例税率　　B. 累进税率
   C. 定额税率　　D. 超率累进税率

2. 下列税率中属于比例税率的有（　　）。

A. 3‰　　B. 10 元/吨　　C. 17%　　D. 5% ~20%

3. 税收的特征有（　　）。

A. 无偿性　　B. 强制性　　C. 规范性　　D. 固定性

三、判断题

1. 国家凭借政权征税，体现国家意志。（　　）
2. 税收的固定性是指税收在征税对象、征收比例上是固定不变的。（　　）
3. 税收的无偿性是指国家取得税收收入时，既不需要偿还，也不需要对纳税人付出任何人代价。（　　）
4. 目前，不少企业是自觉、及时、足额纳税的，这意味着税收在一定程度上不具有强制性。（　　）
5. 国家是凭借政权取得财政收入的。（　　）
6. 税收分配的目的是为了满足社会的公共需要。（　　）
7. 税收的强制性是税收“三性”的核心。（　　）
8. 扣缴义务人负有代扣代收税款并将税款解缴入库的义务。（　　）
9. 税目是征税对象的范围，计税依据是征税对象的数量。（　　）
10. 税率反映征税的深度，是税制的核心要素。（　　）
11. 纳税期限分为计算期和入库期。（　　）
12. 一般情况下，纳税地点为纳税人机构所在地的主管税务机关。（　　）

四、应用题

A 公司是一家经营家具批发、零售的商场。税务机关核定：以销售收入计征增值税，适用 17% 的税率，按月征收；以商场实际占地面积计征城镇土地使用税，适用 3 元/平方米的税率，按年征收。

要求：根据以上资料填写下表：

纳税人	税种	税率形式	计税依据形式	计税期限
	增 值 税			
	土地使用税			

项目2

增值税的计算与申报

一、单项选择题

1. 我国现行增值税类型是（　　）。
   A. 生产型　　B. 收入型　　C. 消费型　　D. 混合型
2. 增值税的征税对象是销售应税货物的（　　）。
   A. 全部价款和价外费用　　B. 货款
   C. 增值额　　D. 制造成本
3. 下列属于混合销售行为且应征收增值税的是（　　）。
   A. 甲电信局给乙公司提供电话安装的同时销售电话机等物品
   B. 甲建材商店分别向不同的客户销售建材和提供装修劳务的经营活动
   C. 甲塑钢门窗商店向乙客户销售一套门窗并运至买方家中
   D. 汽车制造厂既生产销售汽车，又提供汽车维修服务
4. 甲汽车制造厂6月份动用于4月份已抵扣了进项税额17万元的钢材100万元生产一种农用机械。则应（　　）。
   A. 将该批钢材的进项税额17万元计入6月份进项税额予以抵扣
   B. 按13%计算该批钢材的进项税额
   C. 对进项税额不作任何调整
   D. 按13%计算该批钢材的进项税额并据此调整4月份的进项税额
5. 下列项目中不缴纳增值税的是（　　）。
   A. 电力公司销售电力　　B. 银行销售金银
   C. 邮政部门销售邮票　　D. 典当行销售死当物品
6. 下列项目中应征增值税的是（　　）。
   A. 歌厅销售饮料的收入　　B. 饭店代购车票的手续费收入
   C. 工厂销售货物时收取的储备费　　D. 客轮的歌厅营业收入

7. 自2010年1月1起，增值税一般纳税人申请抵扣的防伪税控发票必须自该发票开具之日起（　　）日内到税务机关认证，否则不予抵扣进项税额。
   A. 15　　B. 60　　C. 90　　D. 180
8. 甲厂（一般纳税人）为促销，将一批办公家具打折销售，发票注明原销售额为12 000元，同时注明打九折。计算销项税额的销售额为（　　）。
   A. 1 836元　　B. 2 040元　　C. 10 800元　　D. 12 000元
9. 甲商店（一般纳税人）为促销，将50台彩电以以旧换新的方式销售。一台新彩电的零售价为2 574元，一台旧彩电折价500元。该商店共取得含税销售额103 700元，收回旧彩电50台。则该商店计算销项税额的销售额为（　　）。
   A. 18 700元　　B. 21 879元　　C. 110 000元　　D. 128 700元
10. 甲啤酒厂（一般纳税人）2月份销售啤酒一批，专用发票注明价款15 000元，税额2 550元。另收取酒桶押金1 170元。4月份，收回酒桶时依据约定不退还押金。则该啤酒厂（　　）。
    A. 将2 550元计为4月份的销项税额
    B. 将2 720元计为2月份的销项税额
    C. 将2 720元计为4月份的销项税额
    D. 将2 550元计为2月份的销项税额，将170元计为4月份的销项税额
11. 甲文具厂（一般纳税人）生产钢笔一批，生产成本15元/支。本期出售了1 000支，专用发票注明价款22 000元，税额3 740元。另赠送了50支。则本期的销项税额为（　　）。
    A. 762. 75元　　B. 3 740元　　C. 3 867. 5元　　D. 3 927元
12. 甲公司（一般纳税人）专销需要安装的某型号生产设备。某日售设备1台给乙公司（一般纳税人），专用发票注明价款85 000元，税额14 450元，另收取安装费5 850元。丙公司将该设备运至乙公司指定地点，开具给乙公司的运费发票注明运费8 000元。乙公司允许抵扣的进项税额为（　　）。
    A. 560元　　B. 850元　　C. 14 450元　　D. 15 860元

二、多项选择题

1. 在境内从事下列业务，属于增值税征税范围的有（　　）。
   A. 销售货物　　B. 提供劳务
   C. 进口货物　　D. 提供加工、修理修配劳务
2. 属于视同销售行为，应缴纳增值税的有（　　）。
   A. 委托他人代销货物　　B. 将自产的货物分配给投资者

C. 将购买的货物对外投资　　D. 将购买的货物用于集体福利

3. 销售方在销售价款外，向购买方收取下列费用，应并入销售额计算销项税额的有（　　）。

A. 违约金　　B. 手续费

C. 单独核算的包装物押金　　D. 包装物租金

4. 以下行为属于增值税征收范围的有（　　）。

A. 进口生产设备　　B. 销售商品房

C. 零售杂货　　D. 生产销售电力

5. 下列进项税额不得从销项税额中抵扣的有（　　）。

A. 用于应税项目的应税劳务的进项税额

B. 用于免税项目的应税劳务的进项税额

C. 用于集体福利的货物的进项税额

D. 发生了非正常损失的在产品所耗用的货物的进项税额

6. 小规模纳税人进口货物，海关代征增值税可能使用的税率有（　　）。

A. 3%　　B. 6%　　C. 13%　　D. 17%

7. 下列购进业务的进项税额允许从销项税额中抵扣的有（　　）。

A. 购进原材料用于应税项目，取得增值税专用发票

B. 进口应税货物用于应税项目，取得海关进口增值税专用缴款书

C. 购进包装物用于免税项目，取得增值税专用发票

D. 购进燃料用于应税项目，取得普通发票

8. 一般纳税人购进下列货物，进项税额的处理不正确的有（　　）。

A. 用于房屋修缮的外购建材，可以凭增值税专用发票抵扣

B. 用于免税项目的外购货物，若取得增值税专用发票，允许抵扣

C. 用于集体福利的外购货物，即使取得增值税专用发票，也不得抵扣

D. 购进用于非应税项目的货物所发生的运输费用，不得抵扣

9. 一般纳税人购进下列固定资产的进项税额不得抵扣的有（　　）。

A. 用于职工食堂的面包机　　B. 用于生产免税货物的设备

C. 用于在建工程的设备　　D. 用于应税业务的设备

三、判断题

1. 增值税定义的“加工”指由委托方提供原料及主要材料，受托方按照委托方的要求制造货物并收取加工费，加工后的货物所有权仍属委托方的业务。（　　）

2. 按照增值税有关规定，销售折扣可以从销售额中扣除。（　　）

3. 已抵扣进项税额的购进货物，如果作为福利发放给职工个人的，发放时应视同销售，应确认一笔销项税额。（　　）

4. 若企业的一笔销售行为既涉及货物又涉及非增值税应税劳务，则该项销售行为均应视为销售货物，征收增值税。（　）

5. 一般纳税人认证通过的防伪税控系统开具的增值税专用发票，应在认证通过的当月申报抵扣，否则不予抵扣进项税额。（　）

6. 一般纳税人销售货物从购买方收取的价外费用，在计征增值税时应视为含税收入，经换算为不含税收入后方能计入销售额。（　）

7. 甲厂受乙公司委托加工产品，合同规定，由甲厂购入原材料后按乙公司的要求生产。这笔业务属于甲厂提供加工劳务，征收增值税。（　）

8. 甲运输公司对自己拥有的一辆客车进行维修，这一行为属于增值税的“提供修理修配劳务”。（　）

9. 按照生产经营规模及财务核算健全程度，增值税的纳税人可分成一般纳税人和小规模纳税人。（　）

10. 销项税额是纳税人销售货物或提供应税劳务时应向税务机关申报缴纳的增值税。（　）

11. 甲厂（一般纳税人）销售货物一批，并提供运输劳务。开具增值税专用发票注明价款为28 000元，税额为4 760元，另收取运输费用3 510元。则该笔业务的销项税额为4 760元。（　）

12. 甲杂货铺（小规模纳税人）本月取得含税销售额4 120元，则应纳增值税为120元。（　）

13. 按规定，一般纳税人计算应纳增值税额时，当期未抵扣完的进项税额不得结转以后纳税期限抵扣。（　）

14. 甲超市（一般纳税人）购置中央空调设备一套，取得增值税专用发票。该设备既服务于应税项目，又服务于非应税项目。则其进项税额可以抵扣。（　）

四、计算题（不考虑票据的认证，所有购销业务均作为“本期”的业务）

1. 甲厂（一般纳税人）9月份销售自产货物，取得不含税销售额700万元，款已收存银行；当月购入原材料、零部件，取得的增值税专用发票上注明税额51万元。当月购进一台机械设备，取得的增值税专用发票上注明价款500万元，税额85万元。另外该企业还把价款为210万元的自产货物投资给乙厂。购、销货物均用17%的税率。

要求：计算甲厂9月份应纳的增值税额。

2. 甲书店从事图书零售业务，为小规模纳税人。8月份购进各类图书，部分购进业务取得了增值税专用发票，合计价款为50 000元，合计增值税额为6 500元。当月销售图书取得含税收入61 800元。

要求：计算甲书店本月应纳的增值税额。

3. 甲公司为生产应税货物，进口了一台设备，海关核定的关税完税价格为150万元，关税为15万元。

要求：计算甲公司应纳的进口环节增值税额。

4. 甲商场为一般纳税人，5月份发生以下业务：

（1）购入服装两批，两张增值税专用发票注明的货款分别为20万元、36万元，增值税额分别为3.4万元、6.12万元，分别已支付运费2万元、4万元，并取得承运部门开具的运费发票。

（2）批发销售服装一批，取得不含税销售额18万元。

（3）零售各种服装，取得含税销售额44.46万元，同时将零售价为1.17万元的服装小饰品作为礼品随零售业务赠送给了顾客。

（4）采取以旧换新方式销售冰箱30台，每台新冰箱的零售价为3 510元，一台旧冰箱可抵顶货款400元，甲商场实际收取款项93 300元。

要求：计算甲商场当月应纳的增值税额。

5. 甲汽车制造公司为一般纳税人。本月，该厂购进用于汽车生产的各种原材料，取得的增值税专用发票上注明的税款共计800万元；进口检测设备一台，取得的海关进口增值税专用缴款书上注明的增值税税款17万元；销售汽车取得不含税销售额9 000万元；兼营汽车修理修配业务取得含税收入35.1万元，用于汽车修理修配业务所购进的零部件、原材料所取得的增值税专用发票注明增值税额共计4万元；兼营汽车租赁业务取得收入50万元。该厂分别核算汽车销售、维修、租赁业务的销售额及租金等。

要求：计算甲公司本月应纳的增值税额。

6. 甲药厂（一般纳税人）3 月份发生以下业务：

（1）购进原料药，增值税专用发票注明价款 2 万元，增值税 0.34 万元。

（2）购进包装物，增值税专用发票注明价款 1 万元，增值税 0.17 万元。

（3）委托小规模纳税人加工原料药，支付含税加工费 1.545 万元，取得税务机关代开的增值税专用发票。

（上述三笔所购进的原材料，在本期应税产品、免税产品的生产中均有领用。）

（4）销售 A 种药 20 箱，取得不含税收入 16 万元。

（5）销售免税的 B 种药 4 箱，取得收入 3 万元。

要求：计算甲药厂当月应纳的增值税额。

7. 甲厂（一般纳税人）3 月份销售酸奶一批，专用发票注明价款为 30 000 元，税额为 5 100 元。另收取包装物押金 1 170 元，合同约定包装物下月收回。本月允许抵扣的进项税额为 4 000 元。

要求：计算甲厂本月应纳的增值税额。

项目3

消费税的计算与申报

一、单项选择题

1. 消费税的征税对象是（　　）。

A. 消费品　　B. 应税消费品　　C. 增值额　　D. 销售额

2. 下列业务中，应征收消费税的是（　　）。

A. 轮胎厂生产销售的轮胎　　B. 商店销售的卷烟

C. 加油站销售的汽油　　D. 汽车制造厂生产销售的卡车

3. 委托加工应税消费品，其消费税一般（　　）。

A. 由委托方收回产品后自己缴纳

B. 由受托方在交付产品时代收代缴

C. 委托方、受托方协议决定如何缴纳

D. 由销售方缴纳

4. 金银首饰缴纳消费税的纳税环节是（　　）环节。

A. 生产　　B. 销售　　C. 消费　　D. 零售

5. 甲委托乙加工啤酒20吨，实际收回18吨，则乙代扣消费税的计税依据是（　　）。

A. 18吨　　B. 20吨　　C. 17 784升　　D. 19 760升

6. 进口应税消费品复合计征消费税时的组成计税价格是（　　）。

A. 关税完税价格＋关税

B. 关税完税价格＋关税＋增值税

C. （关税完税价格＋关税）÷(1－消费税税率)

D. （关税完税价格＋关税＋进口数量×定额税率）÷(1－比例税率)

二、多项选择题

1. 我国现行消费税是对纳税人在我国境内（　　）应税消费品征收的一种税。
   A. 生产　　B. 委托加工　　C. 进口　　D. 购进
2. 下列业务需缴纳消费税的有（　　）。
   A. 木器加工厂自产木制一次性筷子销售
   B. 日化厂自产化妆品用于广告样品
   C. 家具厂将自产实木地板对外投资
   D. 汽车制造厂将自产越野车赞助拉力赛
3. 下列消费品中属于消费税应税消费品的有（　　）。
   A. 洗发水　　B. 金银首饰　　C. 摄像机　　D. 摩托车
4. 下列消费品中，实行复合征收消费税的有（　　）。
   A. 小汽车　　B. 卷烟　　C. 白酒　　D. 游艇
5. 消费税的纳税环节包括（　　）。
   A. 商业批发环节　　B. 报关进口环节
   C. 商业零售环节　　D. 生产销售环节
6. 现行消费税采用的税率形式有（　　）。
   A. 比例税率　　B. 定额税率
   C. 累进税率　　D. 超额累进税率
7. 委托加工应税消费品计征消费税时，确定计税依据的顺序是（　　）。
   A. 组成计税价格
   B. 委托方当月或最近月份同类应税消费品售价
   C. 税务机关核定价格
   D. 受托方当月或最近月份同类应税消费品售价
8. 消费税的计税方法有（　　）计税方法。
   A. 从价定率　　B. 从量定额　　C. 复合　　D. 选择

三、判断题

1. 酒类生产企业销售啤酒、黄酒，收取的包装物押金，因逾期未收回包装物而不退还的，则押金应交增值税和消费税。（　　）
2. 消费税与增值税的计税依据的确定方法是一致的，均为不含增值税销售额。（　　）
3. 现行消费税规定，除卷烟、白酒外，一律不得采用复合计税方法。（　　）
4. 纳税人将自产应税消费品继续生产应税消费品，于移送使用环节计征消费税。（　　）

5. 消费税纳税人发生适用不同税率的纳税义务时，一律从高适用税率。（　）

四、计算题

1. N厂主营手表生产，8月份销售两种手表，甲种手表的不含增值税销售价格为300元/只，销售了500只；乙种手表的不含增值税销售价格为12 000元/只，销售了100只。

要求：计算N厂8月份应纳的消费税。

2. C公司将自产的玉石工艺品一批、钻石首饰一批销售给D金店，增值税专用发票注明销售额分别为5万元、20万元。D金店在本月将其全部销售给消费者，分别取得含税销售额7.02万元、26.91万元。经审核，D金店为从事金银首饰零售业务的纳税人，为增值税一般纳税人。

要求：计算C公司、D金店应纳的消费税。

3. E公司进口两艘游艇，海关核定的关税完税价格为1 000万元/艘。关税税率为10%，关税=关税完税价格×关税税率。

要求：计算当月E公司应纳的进口环节消费税、增值税。

4. F厂为增值税小规模纳税人，既生产木制一次性筷子，也生产塑料包装袋。本月，该厂生产出售木制一次性筷子取得含增值税销售额41 200元，生产出售塑料包装袋取得含增值税销售额20 600元。

要求：计算F厂当月应纳的消费税。

5. B酒厂4月份有以下业务：

（1）自制白酒4 000千克，对外销售了3 000千克，收到不含增值税销售额20万元，另收取单独核算的包装物押金0.5万元。

（2）以自制白酒1 000千克继续加工成药酒1 500千克出售，取得含增值税销售额 9.36 万元。

(3) 特制白酒 1 000 千克发放给职工，无同类产品售价，生产成本 80 元/千克。

要求：计算 B 厂 4 月份应纳的消费税。

6. 甲化妆品公司提供 20 万元、10 万元材料各一批，委托乙化工厂加工 A 种化妆品和 B 种护肤品各一批，加工费分别为 3 万元、1 万元，加工成 A、B 两种成品各 3 000 千克。收回后全部作为原料继续加工成 C 种化妆品。甲公司 A 种化妆品价格 60 元/千克，B 种护肤品价格 30 元/千克，乙厂无同类产品售价。甲公司当月销售 C 种化妆品 1 000 箱，每箱不含增值税价格为 600 元。

要求：计算当月甲公司应纳的消费税。

7. A 汽车制造厂，为增值税一般纳税人。10 月份有以下业务：

(1) 外购汽车轮胎，取得税控专用发票注明价款 100 万元，增值税 17 万元。

(2) 进口汽车发动机一批，海关核定的关税完税价格 300 万元，关税率 20%，海关已代征进口环节税金。A 厂将货物提回时支付境内运输费 1 万元，取得运费发票。

(3) 销售小轿车（汽缸容量 1.8L）一批，开具税控专用发票上注明销售额 400 万元。

(4) 销售污染达标的小轿车（汽缸容量 1.4L），取得价税合计的价款 234 万元。消费税规定，可减征应纳税额的 30%。

(5) 应客户要求，用自产小轿车的底盘改装一辆抢险车（汽缸容量 2.5L），取得含税收入 13 万元，另价税合并收取改装费 2 万元。

各种票据均已通过认证。

要求：计算该汽车厂 10 月份应纳的消费税和增值税。

项目4

营业税的计算与申报

一、单项选择题

1. 下列各项中，属于营业税征收范围的是（　　）。

   A. 销售商品　　B. 进口货物

   C. 转让专利权　　D. 提供修理修配劳务

2. 下列业务中不属于“邮电通信业”的业务是（　　）。

   A. 投递包裹信件　　B. 生产集邮商品

   C. 电信服务　　D. 投递报刊杂志

3. 甲公司与乙公司签订了将甲公司下属的丙旅行社承租经营的合同，约定由乙公司自主经营并承担相应法律责任，甲公司每年收取一定的租金。办妥手续后，乙公司将丙旅行社交与丁经理负责。则营业税的纳税人是（　　）。

   A. 甲公司　　B. 乙公司　　C. 丙旅行社　　D. 丁经理

4. 甲电影院放映一部立体电影，票价为 a 元，内含观看立体电影专用眼镜价款 b 元。则下列说法正确的是（　　）。

   A. 就（$a-b$）元缴纳营业税　　B. 就 b 元缴纳增值税

   C. 就 a 元缴纳营业税　　D. 就 a 元缴纳增值税

5. 甲建筑公司承包一建筑项目，在工程施工中，将乙水泥制品厂（是甲下设的一个生产厂家）生产的一批楼板用于本工程，则（　　）。

   A. 楼板销售征收增值税，工程承包额收入征收营业税

   B. 全部收入征收营业税

   C. 全部收入征收增值税

   D. 未分别核算楼板收入和工程收入的，一并征收营业税

6. 甲航空公司本期取得客运收入 a 元、货运收入 b 元，干租收入 c 元。则

"交通运输业"营业税的计税依据为（　　）。

A. a 元　B. b 元　C. $(a+b)$ 元　D. $(a+b+c)$ 元

7. 下列有关确定营业税计税依据的表述中正确的是（　　）。

A. 外汇买卖业务以卖出价为营业额

B. 参与联运业务的一方以全程运费为营业额

C. 娱乐业以营业收入全额为营业额，包括门票、烟酒等收入

D. 建筑安装工程出现分包时，总承包人以工程总承包额为营业额

8. 下列业务中，应按"娱乐业"缴纳营业税的是（　　）。

A. 旅行社提供旅游服务　B. 文艺团体的演出

C. 电影放映　D. 电子游戏厅提供的服务

9. 以不动产投资入股，参与接受投资方利润分配，共担风险的行为不征营业税。投资后转让其股权的收入（　　）。

A. 应征营业税　B. 减半征收营业税

C. 不征营业税　D. 暂缓征收营业税

10. 某电视台 4 月份收取有线电视节目收视费 12 万元，点歌费 1 万元，广告播映费 5 万元。该电视台当月应纳营业税为（　　）。

A. 0.54 万元　B. 0.64 万元　C. 0.66 万元　D. 0.90 万元

11. 某公园本月取得门票收入 1 万元和游艺场经营收入 3 万元，另外给某民间艺术团表演提供场地取得租金收入 4 万元。该公园对不同业务进行分别核算。已知娱乐业适用税率 20%，则该公园本月应纳营业税为（　　）。

A. 1 150 元　B. 6 250 元　C. 7 500 元　D. 8 300 元

12. 甲公司与乙业主（拥有丙酒店 10% 的产权）约定，在 20 年内，乙业主将其拥有的房产使用权提供给甲公司进行合作经营，每年甲公司除向乙业主支付 50 000 元外，还应付酒店当年税后利润的 3%。则乙业主缴纳营业税时适用的税目为（　　）。

A. 转让无形资产　B. 销售不动产　C. 服务业　D. 建筑业

二、多项选择题

1. 我国营业税是对单位和个人在我国境内（　　）取得的营业额征收的一种税。

A. 提供应税劳务　B. 转让无形资产

C. 销售不动资产　D. 销售有形动产

2. 下列业务中应征营业税的有（　　）。

A. 境内的甲公司给境外的乙公司提供将一批货物从境内的丙市运往境外的丁市的运输劳务

B. 境外的甲公司购买了境内的乙公司的一项专利

C. 境外的甲公司从境内的乙公司处受让了一处境内土地的使用权
D. 境内的甲公司从境外的乙公司处购买了境内的一处不动产

3. 下列业务属于营业税“文化体育业”征税范围的有（ ）。
A. 经营娱乐场所 B. 经营旅游景点
C. 放映电影 D. 举办文艺表演

4. 一饭店服务设施齐全，经营范围包括住宿、餐饮、健身、娱乐、代办机票车票等，其征收营业税适用的税目有（ ）。
A. 邮电通信业 B. 服务业 C. 文化体育业 D. 娱乐业

5. 下列业务属于营业税“服务业”应税范围的有（ ）。
A. 广告业 B. 旅游业 C. 租赁业 D. 加工业

6. 下列业务属于营业税“建筑业”征税范围的有（ ）。
A. 设计建筑物的图纸 B. 承包办公室装修
C. 承包一旧建筑加固工程 D. 自建厂房自用

7. 下列业务属于营业税“金融保险业”征税范围的有（ ）。
A. 存款业务 B. 贷款业务
C. 融资租赁业务 D. 购入金融商品业务

8. 甲旅馆是一家小型企业，经营着住宿、小卖部两类业务，收入未分别核算。下列说法正确的有（ ）。
A. 甲旅馆只能是营业税纳税人
B. 甲旅馆只能是增值税纳税人
C. 甲旅馆既要缴纳增值税，又要缴纳营业税
D. 收入未分别核算的，由主管税务机关核定其应税行为营业额

三、判断题

1. 在我国境内提供各种劳务均应缴纳营业税。（ ）
2. 以人力提供的装卸搬运不属于“交通运输业”。（ ）
3. 旅游景点经营索道取得的收入按“交通运输业”征收营业税。（ ）
4. 营业税规定，对货物期货征收营业税，对非货物期货不征收营业税。（ ）
5. 出版社发行报刊应征收营业税。（ ）
6. 甲电视台本期取得有线电视初装费、播映广告收入和有线电视收视费收入，该台就上述收入应按“文化体育业”缴纳营业税。（ ）
7. 以租赁方式为文化演出提供场所的单位是文化体育业的纳税人，场租收入应按“文化体育业”征收营业税。（ ）
8. 纳税人将自建的房屋对外销售，其自建行为应先按建筑业缴纳营业税，再按“销售不动产”缴纳营业税。（ ）

9. 甲公司将自有的一处建筑物赠送给乙公司用于生产经营，由于甲公司无相应的收入，所以不征收营业税。（　　）

10. 土地使用权随建筑物一并转让的行为，应分别按“销售不动产”和“转让土地使用权”征收营业税。比照销售不动产征税。（　　）

四、计算题

1. A温泉度假酒店是一家综合性餐饮企业，酒店设有餐饮部、客房部、娱乐部等经营部门，各经营部门业务实行独立核算。9月份酒店有如下业务：

（1）餐饮收入150万元。

（2）住宿收入82万元。

（3）出租商业用房租金收入7万元。

（4）卡拉OK门票收入17万元、点歌费收入6万元、烟酒饮料费65万元。已知娱乐业营业税税率为20%。

（5）按税务机关的要求，购买了税控收款机，取得商业零售发票，注明价税合计金额0.351万元。

要求：计算A酒店各项收入应缴纳的营业税。

2. B建材公司为增值税一般纳税人，主营建筑装修材料销售，兼营装修业务和工具租赁业务，各类业务分别核算。确定在本月的购销业务如下：

（1）购进涂料一批用于批发零售，取得的增值税专用发票上注明的价款为6万元，税额1.02万元。

（2）销售各种装修材料，取得含增值税收入39.78万元。

（3）出租装修工具收入1.2万元。

（4）承揽装修业务收入9万元。

要求：①计算B公司本月应缴纳的增值税。

②计算B公司本月应缴纳的营业税。

3. C汽车运输公司本月收入如下：运输业务收入40万元，其中含应支付联运企业5万元；装卸搬运收入8万元；仓储业务收入1万元。

要求：计算C公司本月应缴纳的营业税。

4. D建筑公司承包一项建筑工程。工程总承包额1 000万元。基建过程中，建设单位将其自有的价值200万元的材料提供给建筑公司。竣工结算时，建筑公司收到800万元。

要求：计算D公司应缴纳的营业税。

5. H剧团举办文艺演出共收取收入23万元，支付嘉宾演员A出场演出费2万元，支付L电影院提供演出场所的租金4万元。

要求：计算各纳税人应缴纳的营业税。

6. E银行除以自有本金发放贷款外，还吸收有个人和各单位的存款。本季度共收取贷款利息9万元，支付存款利息4万元，从事金融经纪业务收入2万元。

要求：计算E银行本季度应缴纳的营业税。

7. F有线电视台本月收取本地用户收视费5万元，另外应支付B有线电视台合作费用2万元，应收取C有线电视台合作收入3万元。

要求：计算F有线电视台本月应缴纳的营业税。

8. M旅行社组织100人去景点旅游，每人收取旅游费800元，旅游中由旅行社支付每人房费140元，餐费160元，交通费130元，门票等费用70元。

要求：计算M旅行社应缴纳的营业税。

9. R邮局某月发生以下经济业务：传送函件收入9万元；电话、电传收入3万元；销售电信物品收入4万元；报刊发行收入5万元；销售集邮物品收入2万元。

要求：计算R邮局本月应缴纳的营业税。

10. S广告公司本月代理广告业务收入500万元，其中，支付给广告设计者广告制作费60万元、广告印刷者印刷费30万元、广告发布者发布费200万元、公司人员工资10万元。

要求：计算S公司本月应缴纳的营业税。

11. T公司转让其以25万元受让的专利权一项，取得转让收入30万元。

要求：计算T公司本笔业务应缴纳的营业税。

12. Y公司拖欠X公司货款20万元，经协商，Y公司以一处临街商务用房抵债，经公证，该处房屋价值30万元，X公司补付差额后办妥了过户手续。现由于业务需要，X公司将该处房屋以36万元的价格转让给V公司。

要求：计算各纳税人应缴纳的营业税。

项目5

关税的计算与管理

一、单项选择题

1. 关税属于（　　）。

A. 流转税　　B. 所得税　　C. 行为税　　D. 财产税

2. 关税的征收机关是（　　）。

A. 税务机关　　B. 财政机关

C. 工商行政管理局　　D. 海关

3. 甲公司进口一批货物，海关于3月1日填发关税专用缴款书，但公司迟至3月27日才缴纳500万元的关税。海关应征收关税滞纳金（　　）。

A. 2.75万元　　B. 3万元　　C. 6.5万元　　D. 6.75万元

4. 因收发货人或其代理人违反规定而造成的少征或漏征的关税税款，自纳税义务人应缴纳税款之日起，海关在（　　）内可以追征。

A. 1年　　B. 2年　　C. 3年　　D. 5年

二、多项选择题

1. 下列物资是关税中“物品”的有（　　）。

A. 个人邮物　　B. 入境人员携带的行李

C. 贸易性进口商品　　D. 馈赠物品

2. 下列各项中属于关税法定纳税人的有（　　）。

A. 进口货物的收货人　　B. 进口货物的卖方

C. 出口货物的发货人　　D. 邮寄进境物品的收件人

3. 确定货物原产地是为了正确运用关税税则。我国原产地的确定基本上采用了国际上通用的两个标准，即（　　）。

A. 全部产地生产标准　　B. 产地生产标准

C. 实质性加工标准　　　　　　　　D. 参与加工标准

4. 进口关税的计税方法包括（　　）。

A. 从价定率　　B. 从量定额　　C. 累进计税　　D. 复合计税

5. 进口货物的关税税率形式有（　　）。

A. 最惠国税率　　B. 协定税率　　C. 特惠税率　　D. 普通税率

三、判断题

1. 为了鼓励出口，我国只对进口货物或物品征收关税，不征出口关税。（　　）
2. 进口货物从价计征关税时，以海关审定的货款与运抵我国海关起卸前的各项费用之和为完税价格。（　　）
3. 关税的征税对象是贸易性商品，不包括入境旅客携带的个人行李和物品。（　　）
4. 如果一个国家的境内设有自由贸易港，则其关境大于国境。（　　）
5. 出口货物的完税价格，是由海关以该货物的成交价格为基础审查确定的，包括货物运至我国境内输出地点装载前的运输费用及保险费，但不包括出口关税。（　　）

四、计算题

1. C 企业进口一批小轿车，海关审定的关税完税价格为 500 万元，关税税率为 10%，消费税率为 9%。

要求：计算该批车辆在进口环节应纳的关税、消费税、增值税。

2. A 化妆品生产企业，为增值税一般纳税人。10 月份有如下业务：

（1）进口一批散装化妆品，支付给国外卖方货价 120 万元、相关税金 10 万元、运抵我国海关前的运杂费和保险费 18 万元，进口关税率 20%。

（2）进口设备一套作为生产设备，支付给国外卖方的货价 35 万元，运抵我国海关前的运杂费和保险费 5 万元，进口关税率 10%。

（3）企业将进口的散装化妆品的 80% 领用，共生产化妆品 8 000 件。

（4）将生产的化妆品销售了 6 000 件，取得不含税销售额 300 万元。

（5）将生产的化妆品零售了 1 000 件，取得含税销售额 93. 6 万元。

要求：

①计算 A 企业在进口环节应缴纳的关税、消费税、增值税。

②计算A企业在国内生产销售环节应缴纳的消费税、增值税。

3. D公司进口摩托车100辆，经海关审定的产地合理销售价格为0.58万元/辆，运抵我国海关之前还支付了包装费5万元，运输费8万元，保险费2万元。该批摩托车关税税率为20%。D公司交纳了进口环节相关税金后，将货物提回，支付运费0.1万元，取得运费发票。

要求：计算进口该批摩托车的应纳关税。

4. E贸易公司7月份发生以下业务：

进口小汽车20辆，每辆货价20万元，运抵我国海关之前的运输费、保险费为每辆2万元。公司向海关缴纳了相关税款，并取得了完税凭证。（小汽车关税税率为20%，消费税税率为5%。）

E公司委托F运输公司将小汽车从海关运回本单位，支付运费5万元，取得了F公司开具的运费发票。当月售出小汽车16辆，每辆含税销售额58.5万元，E公司自用了2辆小汽车。

要求：

（1）计算小汽车在进口环节应缴纳的关税、消费税、增值税。

（2）计算国内销售环节7月份应缴纳的增值税。

项目6

企业所得税的计算与申报

一、单项选择题

1. 依照国际惯例，我国企业所得税法按照（　　）标准将纳税人划分为居民纳税人和非居民纳税人。
   A. 有无住所和居住时间　　B. 注册地和实际管理机构所在地
   C. 机构、场所所在地　　D. 注册地和总机构所在地
2. 下列说法正确的是（　　）。
   A. 居民纳税人履行无限纳税义务
   B. 居民纳税人履行无限纳税义务，就境外所得申报纳税
   C. 非居民纳税人履行有限纳税义务，只就境外所得申报纳税
   D. 居民纳税人履行有限纳税义务
3. 下列不是我国企业所得税的纳税人的是（　　）。
   A. 国有企业　　B. 中外合资企业
   C. 集体企业　　D. 合伙企业
4. 下列各项中，不允许在企业所得税前扣除的是（　　）。
   A. 无形资产开发支出未形成资产的部分
   B. 超出标准的捐赠
   C. 未如实履行合同的违约金支出
   D. 经营租入的固定资产的租金支出
5. 不得在计算企业所得税前扣除的税金有（　　）。
   A. 企业所得税和增值税　　B. 消费税和营业税
   C. 资源税和关税　　D. 土地增值税和印花税
6. 允许企业税前弥补的亏损是指（　　）。
   A. 企业申报的亏损额

B. 企业自己核定的亏损额

C. 企业财务报表反映的亏损额

D. 税务机关按税法规定核实、调整后的亏损额

7. 甲公司本年度的销售收入为 1 000 万元，实际发生的符合条件的广告宣传费支出为 200 万元。该公司应按照（　　）万元予以税前扣除。

A. 50　　B. 100　　C. 150　　D. 200

8. 甲厂本年度实现销售收入 4 000 万元，实际发生的与经营活动有关的业务招待费为 100 万元。该公司本年度应按照（　　）万元予以税前扣除。

A. 20　　B. 60　　C. 100　　D. 240

9. 乙公司本年 1 月份以经营租赁方式租入固定资产，支付了 5 年的租赁费 500 万元，则本年度该公司应按照（　　）万元予以税前扣除。

A. 50　　B. 100　　C. 250　　D. 500

10. 下列各项支出中，不允许在企业所得税前扣除的是（　　）。

A. 企业间的管理费用　　B. 劳动保护支出

C. 未履行经济合同的违约金　　D. 广告性赞助支出

11. 企业开发新技术、新产品、新工艺发生的研究开发费用，可以在计算应纳税所得额时（　　）扣除。

A. 全额　　B. 加计 50%　　C. 加倍　　D. 减计 10%

12. 纳税人以《资源综合利用企业所得税优惠目录》规定的资源作为主要原材料，生产国家非限制和禁止并符合国家和行业相关标准的产品取得的收入，在确定应纳税所得额时减按（　　）计入收入总额。

A. 60%　　B. 70%　　C. 80%　　D. 90%

13. 甲公司本年度取得境内应税所得额为 200 万元，已预缴税款 50 万元。来源于 A 国的税前所得 100 万元，境外已纳税款 20 万元。该企业年终应补税（　　）。

A. 5 万元　　B. 10 万元　　C. 12 万元　　D. 79 万元

14. 计征企业所得税时，超过规定标准列支的招待费，应计入（　　）。

A. 营业外支出　　B. 成本　　C. 费用　　D. 应纳税所得额

二、多项选择题

1. 根据不同的原则，税收管辖权可分为（　　）。

A. 属人主义原则　　B. 居民管辖权

C. 属地主义原则　　D. 来源地管辖权

2. A、B 两国均同时行使居民管辖权和来源地管辖权。A 国的居民甲公司有一笔来源于 B 国的所得。下列说法正确的有（　　）。

A. A 国依据居民管辖权对该项所得征税

B. B 国依据来源地管辖权对该项所得征税

C. A 国依据来源地管辖权对该项所得征税

D. B 国依据居民管辖权对该项所得征税

3. 根据企业所得税法规定，下列保险费可以税前扣除的有（ ）。

A. 企业参加财产保险，按规定缴纳的保险费

B. 企业为投资者支付的商业保险费

C. 企业为职工支付的商业保险费

D. 企业依照有关规定为特殊工种职工支付的人身安全保险费

4. 企业的下列支出，不得从收入总额中扣除的有（ ）。

A. 各种非广告性质的赞助支出

B. 企业为他人提供贷款担保而承担的贷款本息

C. 企业因生产需要参加财产保险，按规定缴纳的保险费用

D. 企业直接向灾区的捐赠

5. 下列各项中，在计算应纳税所得额时有加计扣除规定的包括（ ）。

A. 企业开发新技术、新产品、新工艺发生的研究开发费用

B. 创业投资企业从事国家需要重点扶持和鼓励的创业投资项目

C. 企业综合利用资源，生产符合国家产业政策规定的产品

D. 企业安置残疾人员及国家鼓励安置的其他就业人员所支付的工资

三、判断题

1. 对企业的境外所得进行税额抵免时，应当分国不分项计算抵免限额。（ ）

2. 发生年度亏损的企业，不必向税务机关送报会计报表、进行纳税申报。（ ）

3. 企业发生的存货盘亏、毁损、报废等，相关的增值税进项税额应视为企业的财产损失，在计算企业所得税应纳税所得额时准许扣除。（ ）

4. 企业所得税实行按年计征，一个纳税年度为公历 1 月 1 日至 12 月 31 日。（ ）

5. 按现行的企业所得税法的有关规定，企业持有国债所取得的利息收入不计入应纳税所得额。（ ）

6. 我国的企业所得税规定，企业来源于中国境外的所得已在境外缴纳的所得税，准予在汇总纳税时从应纳税所得额中全额扣除。（ ）

7. 企业所得税规定，中外合资经营企业是企业所得税的居民纳税人。（ ）

8. 企业将不征税收入用于支出所形成的费用或资产，在计算应纳税所得额时，不得扣除、计算折旧、计算摊销。（ ）

9. 无形资产应以不低于10年的期限按照直线法计算摊销费用。（　）

10. 在计算企业所得税时，纳税人的财务、会计处理与税法规定不一致的，应按税法规定予以调整。（　）

四、计算题

1. A公司本年产品销售收入100万元，销售成本60万元，销售税金及附加10万元，管理费用20万元，销售费用8万元（包括招待费5万元），国债利息收入1万元，非广告赞助支出3万元，符合扣除条件的捐赠支出2万元。

要求：计算应纳税所得额。

2. B公司计税年度的会计利润为130万元，且有以下资料：

（1）“营业外支出”中有一笔违规经营罚款3万元。

（2）“投资收益”中有一笔国债利息收入8万元。

（3）“财务费用”中列支了经营借款利息费用为17万元。其中有向另一公司借款45万元（利率为7%）而支付的利息3.15万元，相应的一般商业贷款利率为5%。

无其他纳税调整项目。

要求：确定B公司该计税年度应纳税所得额。

3. C厂本年收入总额为350万元，成本、费用、税金和损失为200万元。经查账，得到以下资料：

（1）通过红十字协会向一山区修建医疗机构捐赠5万元；向本省举办的博览会捐赠工艺品，价值10万元；通过市政府向一养老院捐赠经费3万元；均已计入“营业外支出”。

（2）“管理费用”中列支了研究开发费用23万元、广告费80万元、业务宣传费2万元、存货跌价准备金3万元（未经核准）、业务招待费21万元。

（3）在“营业外支出”中有：非广告性赞助1万元、因故未完全履行合同而支付的违约金2.8万元。

要求：计算本年的企业所得税。

4. D公司是我国的居民纳税人，在A、B两国设有分支机构。本年境内机构实现应纳税所得额2 000万元；A国分支机构实现应纳税所得额600万元，税率为20%；B国分支机构实现应纳税所得额400万元，其中生产经营所得为280万元，税率为30%，租金所得为120万元，税率为10%。

要求：计算D公司本年应纳的企业所得税。

5. 下表是E厂8年的盈亏情况。单位：万元。各年适用税率为25%。

年度	第1年	第2年	第3年	第4年	第5年	第6年	第7年	第8年
应税所得	-60	-80	-30	50	10	30	30	80

要求：分别计算E厂各年度应纳的企业所得税。

6. F厂为工业企业，全年经营业务如下：

（1）取得销售收入2 500万元。

（2）销售成本1 343万元。

（3）发生销售费用670万元（其中广告费320万元）；管理费用400万元（其中业务招待费15万元）；财务费用60万元。

（4）销售税金160万元。

（5）营业外收入70万元，营业外支出50万元（含通过公益性社会团体向贫困山区捐款5万元，支付税收滞纳金6万元）。

（6）计入成本、费用中的实发工资总额150万元、拨缴职工工会经费3万元、支出职工福利费24万元、职工教育经费5万元。

根据上述资料回答下列问题：

①在确定应纳税所得额时，企业应就销售费用和管理费用将利润调增（　）万元。

A. 0　　B. 5　　C. 6　　D. 61

②在确定应纳税所得额时，企业应就营业外支出将利润调增（　）万元。

A. 9.6　　B. 10.16　　C. 15.16　　D. 20.16

③在确定应纳税所得额时，企业应就“工会经费、职工教育经费、福利费”将利润调增（　）万元。

A. 7.25　　B. 4.25　　C. 2.25　　D. 1.25

④本年应纳企业所得税为（　）万元。

A. 3.71　　B. 4.48　　C. 5.48　　D. 6.71

项目7

个人所得税的计算与申报

一、单项选择题

1. 依照国际惯例，我国个人所得税法按照（　　）标准将纳税人划分为居民纳税人和非居民纳税人。

   A. 有无住所和居住时间　　B. 有无房屋和居住时间

   C. 有无国籍和居住时间　　D. 注册和总机构所在地

2. 下列属于个人所得税非居民纳税人的是（　　）。

   A. 在中国境内无住所也不居住，但有来源于中国境内所得的个人

   B. 在中国境内无住所，也没有来自中国境内所得的个人

   C. 在中国境内无住所，但居住时间满一个纳税年度的个人

   D. 在中国境内有住所，但目前未居住的个人

3. 下列各项中属于个人所得税应税所得的是（　　）。

   A. 储蓄利息所得　　B. 省政府颁发的教育奖金

   C. 保险赔款所得　　D. 彩票中彩所得

4. 个人所得税规定，个人将其所得通过中国境内非营利机构向公益事业捐赠的，可以从其应纳税所得额中扣除，但捐赠额一般不超过应纳税所得额的（　　）。

   A. 10%　　B. 20%　　C. 30%　　D. 40%

5. 个人所得税规定，应纳税所得额达到一定标准，实行加成征收的应税项目是（　　）。

   A. 劳务报酬所得　　B. 稿酬所得

   C. 特许权使用费所得　　D. 偶然所得

6. 个人所得税规定，实行税额减征的应税项目是（　　）。

   A. 工资薪金所得　　B. 稿酬所得

C. 财产转让所得　　D. 利息股息红利所得

7. 每月以减除费用 800 元或收入的 20% 后的余额为应纳税所得额的应税项目是（　　）。

A. 个人承包承租经营所得　　B. 财产租赁所得

C. 劳务报酬所得　　D. 偶然所得

8. 甲作家的一篇小说在一家报纸上连载 3 个月，每月稿酬收入分别是 3 000 元、4 000 元、5 000 元。该作家应纳个人所得税（　　）。

A. 1 316 元　　B. 1 344 元　　C. 1 568 元　　D. 1 920 元

9. 甲（中国籍人）本月从境内取得两处工资收入，分别为 1 000 元、1 500 元，则计征个人所得税的依据是（　　）。

A. 0 元　　B. 500 元　　C. 900 元　　D. 2 000 元

10. 甲个人承租经营乙企业，合同规定，甲除每月取得工资 1 000 元外，年终还分得 60 000 元，则计征个人所得税的收入总额为（　　）。

A. 12 000 元　　B. 60 000 元　　C. 61 000 元　　D. 72 000 元

二、多项选择题

1. 下列有来自于中国境内所得的个人，属于个人所得税居民纳税人的有（　　）。

A. 在中国境内有住所的个人

B. 在中国境内无住所，但居住满一个纳税年度的个人

C. 在中国境内无住所又不居住的外籍人员及港、澳、台同胞

D. 在中国境内无住所而居住，但居住不满一个纳税年度的外籍人员

2. 下列所得实行按月计征个人所得税的有（　　）。

A. 工资薪金　　B. 财产租赁

C. 连续性劳务报酬　　D. 报刊上连载作品的稿酬所得

3. 下列所得在计征个人所得税时，不得扣除任何费用的有（　　）。

A. 存款利息所得　　B. 股息红利所得

C. 彩票中奖所得　　D. 特许权使用费所得

4. 个人取得下列所得，属于个人所得税的劳务报酬所得的项目有（　　）。

A. 技术服务所得　　B. 发表文章所得

C. 应外单位聘请提供讲学所得　　D. 出版书籍所得

5. 个人对企事业单位的承包承租经营所得包括（　　）。

A. 个人承包承租经营所得　　B. 投资的股息所得

C. 承包人按月取得的工资所得　　D. 个人转包转租取得的所得

6. 下列各项中适用五级超额累进税率计征个人所得税的有（　　）。

A. 个体工商户的生产经营所得

B. 个人独资企业的生产经营所得

C. 对企事业单位的承包承租经营所得

D. 合伙企业的生产经营所得

7. 下列个人所得中，免征个人所得税的有（ ）。

A. 国债利息　　B. 离退休人员领取退休工资

C. 按当地标准取得的通信补贴　　D. 领取住房公积金

8. 个人通过非营利性的社会团体和国家机关进行的下列公益性、救济性捐赠支出中，准予在个人所得税前的所得额中全额扣除的有（ ）。

A. 向贫困地区的捐赠　　B. 向农村义务教育

C. 向公益性青少年活动场所的捐赠　D. 向红十字事业的捐赠

三、判断题

1. 个人所得税的非居民纳税人履行有限纳税义务。（ ）

2. 承包人对企业经营成果不拥有所有权，仅按约定取得一定所得的，其所得计征个人所得税时按工资薪金项目征税。（ ）

3. 个人应税所得的收入额是指以现金形式取得的收入。（ ）

4. 企业实行个人承包，若工商登记仍为企业的，不论其分配形式如何，均应先缴纳企业所得税，然后对承包人所得征收个人所得税。（ ）

5. 按个人所得税法规定，我国的居民纳税人来源于中国境内和境外的所得，应当合并计算应纳税额。（ ）

6. 个人转让财产时，以收入总额扣除收入的20%后的余额为个人所得税的计税依据。（ ）

7. 多人共有一项应税所得收入时，应先纳税，后分给每个人。（ ）

8. 李某承揽一项房屋装修工程，工程3个月完工。业主按月分别付给李某20 000元、10 000元、8 000元，则李某应缴纳个人所得税6 080元。（ ）

9. 我国个人所得税采取源泉扣缴、自行申报相结合的缴纳方式。（ ）

四、计算题

1. 张华本月在甲单位领取工资收入3 600元、奖金1 000元，其中包括应按规定缴纳的养老金、失业保险金100元、每月发放公务交通、通信补贴200元（当地税务机关核定的标准为150元/月）；另在乙单位领取工资2 000元。

要求：计算张华本月应纳的个人所得税额。

2. 王英本年 12 月份领取本月工资 4 200 元、第四季度出勤奖 400 元，全年一次性奖金 12 000 元。

要求：计算王英本月应纳的个人所得税额。

3. 周素秦和甲公司签订了一份承包经营一个招待所的合同。合同规定：每年向甲公司上缴承包费 5 万元，其余经营成果归周素秦支配。本年年终，该招待所税后利润为 15 万元。

要求：计算周素秦应纳的个人所得税额。

4. 郑康乐是甲歌舞团的歌唱演员。本月：在甲团领取工资 6 000 元；与乙歌舞厅签约，双休日每晚在歌舞厅演唱一场，每场酬金 800 元，本月共演出 8 场，总收入为 6 400 元；受邀参加一次丙团的文艺演出，取得出场费 100 000 元。

要求：计算郑康乐本月应纳的个人所得税额。

5. 寒冬将自己创作的一部文学作品交付甲出版社出版发行，先得到出版社预付稿酬 4 000 元，出版后最终结算又得到稿酬 31 000 元。半年后经协商加印 2 000册，再得到稿酬 2 500 元。另外，本月还收到乙报社连载该作品的稿酬 2 000元。

要求：计算寒冬本月应纳的个人所得税额。

6. 杨璐将自己的一项专利转让给甲公司，取得收入 50 万元。

要求：计算杨璐应纳的个人所得税额。

7. 李波本年 1 月份将自有的一套单元房出租给王金居住，租期 1 年，月租金为 3 000 元，李波每月缴纳的有关税费 200 元，均有完税凭证；当年 7 月份由李波负责支付修缮费 1 000 元。

要求：计算李波本年应纳的个人所得税额。

8. 张丽华建造房屋一栋，造价36万元，缴纳有关税费2万元，建成后将其转让，取得收入60万元，支付转让过程中有关税费2.5万元。

要求：计算张丽华应纳的个人所得税额。

9. 甲公司于5月份将实际购置成本为20万元的一处房产赠送给许景。许景受赠时支付相关税费11.2万元，之后，于8月份以40万元价格出售该处房产，转让过程中承担的2万元费用经税务机关核定是合理的，同时缴纳了营业税金及附加2.2万元。

要求：计算许景应纳的个人所得税额。

10. 何松购买彩票中奖20万元，将其中5万元通过有关部门捐赠给社会福利事业。

要求：计算彩票销售单位应代扣代缴的个人所得税额。

11. 甲学校3位教师共同编写一部教材，共取得稿酬收入1万元，其中主编一人分得收入的50%，另外参编两人各分得收入的25%。

要求：计算各作者应纳的个人所得税额。

12. 我国居民苏军，从A国有如下收入：取得本年度工薪收入69 600元，取得特许权使用费收入30 000元，两项所得分别已在A国缴纳个人所得税额1 200元、4 000元；在B国出版著作获得稿酬收入15 000元，在B国缴纳个人所得税额1 720元。（均已换算为人民币）

要求：进行个人所得税业务处理。

项目8

资源税类的计算与申报

一、单项选择题

1. 下列自然资源中，应征资源税的是（　　）。

A. 森林资源　　B. 水资源　　C. 矿产资源　　D. 风力资源

2. 下列产品中列为资源税征税对象的是（　　）。

A. 人造石油　　B. 天然石油　　C. 汽油　　D. 机油

3. 对天然气征收资源税，是指对（　　）的天然气征税。

A. 煤矿开采　　B. 专门购买

C. 从境外购买　　D. 专门开采或与原油同时开采

4. 在资源税中，煤炭的征税范围包括（　　）。

A. 选煤　　B. 洗煤　　C. 煤炭制品　　D. 原煤

5. 甲矿3月份共开采锡矿石5万吨，销售了4万吨，资源税率为6元/吨。3月份应纳资源税为（　　）。

A. 16.8万元　　B. 21万元　　C. 24万元　　D. 30万元

6. 资源税采用（　　）的办法征收。

A. 从量定额计征　　B. 从价计征　　C. 从租计征　　D. 定时计征

7. 由扣缴义务人代收代缴资源税的纳税环节为（　　）。

A. 收购环节　　B. 销售环节　　C. 开采环节　　D. 转移使用环节

8. 城镇土地使用税的计税依据是（　　）。

A. 实际占用的土地面积　　B. 纳税人申报面积

C. 评估面积　　D. 建筑面积

9. 不征城镇土地使用税的区域是（　　）。

A. 城市　　B. 县城　　C. 工矿区　　D. 农村

10. 下列应征城镇土地使用税的是（　　）。

A. 国家机关公务用地　　B. 军队办公用地

C. 商场经营用地　　D. 农业生产用地

11. 我国现行城镇土地使用税的税率形式为（　　）。

A. 比例税率　　B. 累进税率　　C. 定额税率　　D. 复合税率

12. 甲公司的一栋建筑物，占地面积 2 000 平方米，城镇土地使用税年税率为 5 元/平方米。该公司本年应纳城镇土地使用税为（　　）。

A. 0 元　　B. 2 000 元　　C. 8 000 元　　D. 10 000 元

13. 城镇土地使用税的征收机关是（　　）。

A. 土地使用单位机构所在地的地方税务机关

B. 土地所在地的地方税务机关

C. 土地所在地的国家税务机关

D. 土地使用人住所所在地的地方税务机关

14. 下列属于土地增值税征税范围的是（　　）。

A. 房产所有人将房屋产权无偿赠送给女儿

B. 房产所有人将房屋产权有偿转让给他人

C. 甲厂通过希望工程基金会将土地使用权赠送给某贫困小学

D. 乙公司将土地使用权出租给丙养老院

15. 下列各项业务中需要缴纳土地增值税的是（　　）。

A. 出让国有土地使用权　　B. 转让国有土地使用权

C. 继承房地产　　D. 出租房地产

16. 下列各项中不属于土地增值税纳税人的是（　　）。

A. 以房屋抵债的甲公司

B. 转让国有土地使用权的乙学校

C. 出租写字楼的丙房地产开发公司

D. 转让住房的丁个人

17. 我国现行土地增值税的税率形式是（　　）。

A. 比例税率　　B. 超额累进税率

C. 全额累进税率　　D. 超率累进税率

18. 土地增值税是以纳税人转让房地产所取得的（　　）作为计税依据的。

A. 增值额　　B. 收入　　C. 货币收入　　D. 货币和实物收入

19. 计算土地增值税时可扣除的税费是（　　）。

A. 房地产开发企业转让房地产应缴纳的所得税

B. 房地产开发企业转让房地产时缴纳的教育费附加

C. 个人购买房地产时缴纳的契税

D. 个人转让房地产时缴纳的个人所得税

20. 对于房地产开发公司，可以作为加计20%扣除的基数的是（　　）。
    A. 销售费用　　B. 与房地产开发相关的财务费用
    C. 建筑工程安装费　　D. 与房地产开发相关的管理费用
21. 土地增值税由（　　）征收。
    A. 房产管理部门　　B. 纳税人所在地主管税务机关
    C. 房产坐落地主管税务机关　　D. 纳税人经营地税务机关
22. 纳税人应在转让房地产合同签订后的（　　）内，向税务机关办理土地增值税纳税申报。
    A. 5 日　　B. 7 日　　C. 10 日　　D. 15 日

二、多项选择题

1. 下列关于资源税的正确表述有（　　）。
   A. 资源税实行一次课征制
   B. 缴纳资源税的产品，也是缴纳增值税的货物
   C. 资源税与增值税的计税依据一致
   D. 资源税实行从量定额征收
2. 根据我国资源税法律制度规定，应征收资源税的有（　　）。
   A. 开采井矿盐　　B. 开采地下水
   C. 开采原煤　　D. 开采原油
3. 下列单位和个人应纳资源税的有（　　）。
   A. 冶炼企业进口铁矿石　　B. 个体经营者开采煤矿
   C. 中外合作开采天然气　　D. 军工企业开采石油
4. 资源税的纳税义务人包括从事应税资源开采或生产的所有单位和个人，但不包括（　　）。
   A. 外商投资企业和外国企业　　B. 进口应税产品的单位
   C. 进口应税产品的个人　　D. 私有企业
5. 城镇土地使用税的纳税人包括（　　）。
   A. 拥有土地使用权的单位　　B. 拥有土地使用权的个人
   C. 土地使用权共有的双方　　D. 土地代管人
6. 城镇土地使用税的征税对象包括（　　）。
   A. 占用或使用国有土地的行为　　B. 国有土地
   C. 农业用地　　D. 政府办公用地
7. 下列占用城镇土地的行为中，需征城镇土地使用税的有（　　）。
   A. 军办企业的用地　　B. 机场飞行区用地
   C. 水利设施及管扩用地　　D. 水电站发电厂厂房用地
8. 下列项目中，属于土地增值税征税范围的有（　　）。
   A. 出让国有土地使用权

B. 地上建筑物及附着物连同国有土地使用权一并转让
C. 转让国有土地使用权
D. 转让农村集体所有的土地

9. 下列房地产转让行为中不征收土地增值税的有（　　）。
A. 个人之间互换自有居住用房
B. 无偿赠与房屋给直系亲属
C. 被兼并企业将房屋并入兼并企业中
D. 合作建房有偿转让的

10. 转让国有土地使用权、地上建筑物及附着物并取得收入的（　　），都是土地增值税的纳税人。
A. 学校　B. 税务机关　C. 外籍个人　D. 国有企业

11. 计算土地增值税计税依据时，可扣除有（　　）。
A. 取得土地使用权所支付的金额
B. 房地产开发项目实际发生的成本
C. 与转让房地产有关的税金
D. 房地产开发完工后的利息支出

12. 土地增值税的纳税人转让房地产取得的收入，包括（　　）。
A. 利息收入　B. 货币收入　C. 实物收入　D. 其他收入

13. 下列项目中属于房地产开发成本的有（　　）。
A. 土地征用及拆迁补偿费　B. 建筑安装工程费
C. 公共配套设施费　D. 前期工程费

14. 下列项目中，应征收土地增值税的有（　　）。
A. 以房地产抵债而发生房地产产权转移的
B. 建造普通标准住宅出售，增值额超过扣除项目金额20%的
C. 以土地（房地产）作价入股进行投资或作为联营
D. 国家收回国有土地使用权、征用地上建筑物及附着物

15. 土地增值税的特点包括（　　）。
A. 采用扣除法计算增值额　B. 采用评估法计算增值额
C. 实行超额累进比例税率　D. 征收管理上实行按次征收

三、判断题

1. 资源税的征税范围是初级应税资源产品，故对加工过的应税资源产品不征资源税。（　　）
2. 资源税纳税人开采应税资源自用的，以自用数量为应税数量。（　　）
3. 资源税实行差别税额，从量征收。（　　）
4. 纳税人开采应税产品直接用于生产加工的部分不计缴资源税。（　　）

5. 资源税扣缴义务人代扣代缴税款的纳税义务发生时间为支付货款的当天。（ ）
6. 土地使用权未确定或权属纠纷未解决的土地，暂不缴纳城镇土地使用税。（ ）
7. 城镇土地使用税的征税范围是市区、县政府所在城镇的土地，不包括市郊、农村土地。（ ）
8. 使用国有土地的任何单位都应缴纳城镇土地使用税。（ ）
9. 城镇土地使用税征税方式是按年计征、分期缴纳。（ ）
10. 凡在城市、县城、建制镇、工矿区范围内的土地，不论是属于国家所有的土地，还是集体所有的土地，都是城镇土地使用税的征税对象。（ ）
11. 土地增值税的计税依据为转让房地产的全部收入。（ ）
12. 房地产开发费用是指相关的销售费用、管理费用、财务费用。（ ）
13. 若转让的房地产所在地与纳税人机构所在地或经营所在地不一致时，可由转让的房地产所在地税务机关委托纳税人机构所在地税务机关代收代缴土地增值税。（ ）
14. 土地增值税的纳税人应在转让房地产合同签订后的10日内，到房地产所在地主管税务机关办理纳税申报。（ ）
15. 土地增值税的纳税人为转让国有土地使用权、地上的建筑物及其附着物并取得收入的单位和个人。（ ）
16. 一方以房地产与另一方的房地产进行交换，虽然这种行为发生了房产产权、土地使用权的转移，但交换双方只取得了实物形态的收入，而未取得货币收入，因此不属于土地增值税的征税范围。（ ）
17. 外商投资企业是不缴纳土地增值税的。（ ）
18. 凡不能按转让房地产项目计算分摊利息支出或不能提供金融机构证明的，房地产开发费用以土地使用权费和房产开发成本的金额之和的10%以内计算扣除。（ ）
19. 个人之间交换房地产，经税务机关核实，可免征土地增值税。（ ）
20. 甲公司将一处房地产赠与一营利单位，按土地增值税的规定，应以该处房地产的市场价值扣除相应的允许扣除项目金额后的余额计征土地增值税。（ ）

四、计算题

1. A油田11月份开采原油10万吨（单位税额8元/吨），销售了7万吨，用于加热、修井的原油1万吨，待销售2万吨。当月在采油过程中回收并销售伴生天然气2 000万立方米（单位税额8元/千立方米）。

要求：计算A油田11月份应纳的资源税税额。

2. B盐场8月份以自产液体盐3.6万吨和外购液体盐2万吨（已按5元/吨缴纳了资源税）加工固体盐1.8万吨对外销售，取得收入1 080万元。已知：固体盐税额30元/吨。

要求：计算B盐场8月份应纳的资源税税额。

3. C公司位于本市城区，提供的土地使用证书显示：A公司实际占地面积50 000平方米，其中：企业内学校和医院共占地1 000平方米；厂区以外的公用绿化用地5 000平方米，厂区内生活小区的绿化用地500平方米，其余土地均为A公司生产经营用地。当地的城镇土地使用税每半年征收一次，该地每平方米土地年税额2元。

要求：计算C公司今年上半年的城镇土地使用税。

4. D公司实行统一核算，其总部设在一等地段，占用土地5 000平方米；第一分公司设在二等地段，占用土地3 000平方米；第二分公司设在三等地段，占用土地4 000平方米；经营的幼儿园设在一等地段，占用土地2 000平方米。当地城镇土地使用税年税率为：一等地段8元/平方米，二等地段6元/平方米，三等地段4元/平方米。

要求：计算D公司今年应纳的城镇土地使用税。

5. E房地产开发公司建造商品楼出售，取得销售款5 000万元，公司缴纳了有关税金（营业税率5%，城建税率7%，教育费附加税率3%，印花税率0.5‰）。按规定，E公司将印花税列入“管理费用”。该公司为取得土地使用权支付的地价款和按国家统一规定缴纳的有关费用为500万元，房地产开发成本为2 000万元。借款利息不能按项目分摊。

要求：计算E公司应缴纳的土地增值税。

五、案例分析题

本年10月，市区内甲公司（非房地产开发单位）转让办公楼一幢，共取得转让收入10 000万元，公司按国家税法规定缴纳了营业税、城建税、教育费附加税、印花税（按相关规定，印花税不计入“管理费用”）。已知该单位为取得土地使用权而支付的地价款和按国家统一规定缴纳的有关费用为2 000万元；投入的房地产开发成本为3 000万元；房地产开发费用中的利息支出为500万元（能够按转让房地产项目计算分摊并提供金融机构证明），但其中有50万元属加罚的利息；其他房地产开发费用的计算扣除比例为5%。该单位在申报缴纳土地增值税时作如下计算：

（1）扣除项目金额 = 2 000 + 3 000 + 500 + (2 000 + 3 000) × 5% + 10 000 × 5% + 10 000 × 5% × (7% + 3%) + (2 000 + 3 000) × 20% = 7 300（万元）

（2）增值额 = 10 000 − 7 300 = 2 700（万元）

（3）增值额占扣除项目金额的比率 = 2 700/7 300 = 37%

（4）土地增值税税额 = 2 700 × 30% = 810（万元）

要求：根据《土地增值税暂行条例》及有关规定，具体分析该公司计算缴纳的土地增值税税额是否正确。如不正确，请指出错误之处，并列出步骤计算应纳的土地增值税税额。

项目9

财产税类的计算与申报

一、单项选择题

1. 纳税人自有自用的房屋计征房产税的计税依据是（　　）。
   A. 房屋原值　　B. 房屋净值　　C. 市场价格　　D. 计税余值
2. 不征房产税的地域是（　　）。
   A. 城市　　B. 县城　　C. 工矿区　　D. 农村
3. 纳税人缴纳房产税时，应根据规定在（　　）所在地纳税。
   A. 房产　　B. 税务机关　　C. 当事人　　D. 产权所有人
4. 下列关于房产税纳税人的表述不正确的是（　　）。
   A. 房屋产权出典的，以出典人为纳税人
   B. 产权属于国家的，以经营单位为纳税人
   C. 产权所有人不在房屋所在地的，以代管人或使用人为纳税人
   D. 房屋产权未确定的，以代管人或使用人为纳税人
5. 房产税实行按（　　）计征、分期缴纳。
   A. 年　　B. 季度　　C. 月　　D. 周
6. 甲厂本年度自有生产用房原值5 000万元，账面已提折旧1 000万元。当地政府房产余值扣除比例为30%。该企业本年度应纳房产税（　　）万元。
   A. 18　　B. 33.6　　C. 42　　D. 48
7. 甲公司，其生产用房原值8 000万元，还拥有1个内部职工医院、1个幼儿园、1个超市和1个学校，房产的原值分别为280万元、100万元、100万元和120万元。已知当地政府规定的扣除比例为20%，该企业应纳房产税（　　）万元。
   A. 76.8　　B. 77.76　　C. 78.72　　D. 82.56

8. 王某自有一处平房，共16间，其中用于个人开餐馆的7间（房屋原值为20万元）。本年1月1日，将4间出典给李某，取得出典价款12万元，将剩余的5间出租给A公司，每月收取租金1万元。已知该地区规定按照房产原值一次核定的扣除比例为20%。则王某本年应纳房产税额为（　　）万元。

A. 0. 516　　B. 0. 816　　C. 1. 632　　D. 1. 652

9. 契税是向（　　）征收的一种税。

A. 产权承受人　　B. 产权所有人　　C. 产权中介人　　D. 产权登记人

10. 甲公司本年以自己价值500万元的办公用房与乙厂交换一处厂房，并支付差价款200万元，同年政府有关部门批准向甲公司出让土地一块，甲公司支付土地出让金300万元。该地区契税税率为5%。甲公司应缴纳的契税为（　　）万元。

A. 10　　B. 15　　C. 25　　D. 40

11. 甲、乙双方发生房屋交换行为，当交换价格相等时，契税（　　）。

A. 由甲方缴纳　　B. 由乙方缴纳

C. 由甲、乙双方各缴纳一半　　D. 甲、乙双方都不缴纳

12. 契税的纳税义务发生时间为（　　）。

A. 纳税人签订土地、房屋权属转移合同的当天

B. 纳税人支付土地、房屋权属转让价款的当天

C. 办理土地、房屋权属变更登记手续的当天

D. 实际取得土地、房屋使用权的当天

13. 下列行为不缴纳契税的是（　　）。

A. 以房产抵债

B. 以获奖方式取得房屋产权

C. 房屋赠与

D. 以自有房产作股投入本人经营企业

14. 契税实行的是（　　）税率。

A. 定额　　B. 幅度　　C. 超率累进　　D. 超额累进

15. 车船税实行（　　）。

A. 比例税率　　B. 定额税率　　C. 累进税率　　D. 累退税率

16. 下列各项中，属于载货汽车计税依据的是（　　）。

A. 排气量　　B. 自重　　C. 净吨位　　D. 购置价格

17. 纳税人新购置车辆的，其车船税的纳税义务发生时间为（　　）。

A. 购置的当月起

B. 车船登记证书或行驶证记载日期的当月

C. 购置的次月起

D. 车船登记证书或行驶证记载日期的次月

18. 下列免征车船税的是（　　）。

A. 工业企业拥有并使用的车船　　B. 行政单位拥有并使用的车船

C. 商业企业拥有并使用的车船　　D. 警用车船

19. 下列车辆应征收车船使用税的有（　　）。

A. 人力三轮车　　B. 外商投资企业拥有车辆

C. 残疾人专用车　　D. 各种消防车

20. 跨省、自治区、直辖市使用的车船税的纳税地点为（　　）。

A. 车辆所在地　　B. 车辆行驶地

C. 纳税人所在地　　D. 车船登记地

二、多项选择题

1. 房产税的计税依据有（　　）。

A. 房产原值　　B. 房产年租金

C. 房产计税余值　　D. 房产售价

2. 下列房产中可以免征房产税的有（　　）。

A. 已停止使用的损坏不堪使用的房屋

B. 居民个人出租的房产

C. 独立核算的高校后勤实体自用的房产

D. 地下人防设施

3. 房产税纳税义务的发生时间为（　　）。

A. 新建房屋办理竣工手续并出借出租，从出租出借次月起缴纳房产税

B. 新建房屋办理竣工手续并出借出租，从出租出借当月起

C. 原有房产用于生产经营，从生产经营之月起

D. 自建新房用于生产经营，从建成之次月起

4. 属于契税征税范围的有（　　）。

A. 土地使用权赠与　　B. 房屋买卖

C. 以房产抵债　　D. 房产做股权转让

5. 下列属于契税纳税人的有（　　）。

A. 个人　　B. 国有企业　　C. 外资企业　　D. 个体工商户

6. 契税计税依据正确的有（　　）。

A. 房屋买卖的成交价格　　B. 房屋交换的价格差额

C. 房屋赠与的市场价格　　D. 土地使用权受让价格

7. 下列有关契税的征税范围表述正确的有（　　）。

A. 国家将国有土地使用权出让的不征契税

B. 将土地使用权赠与和交换的不征契税

C. 以自有房产作股投入本人经营的企业免征契税

D. 买房拆料或翻建新房应征收契税

8. 下列土地使用权或房屋产权的承受者，可免征契税的有（　　）。

A. 购买房屋用作教学楼的高等院校

B. 购买房屋用作办公楼的社会团体

C. 按规定第一次购买公房的城镇职工

D. 承受荒山土地使用权并用于农业生产的

9. 居民甲有三套住房，将一套住房出售给居民乙，成交价格为60 000元；将一套住房与居民丙交换，得到另一套住房和对方支付的换房差价款4 000元；将第三套住房无偿赠送其亲戚丁，该住房市场价格80 000元。当地政府规定契税税率为4%，则下列关于所缴契税的说法中正确的有（　　）。

A. 甲不缴纳契税　　　　　　B. 乙应缴纳契税2 400元

C. 丙应缴纳契税160元　　　　D. 丁应缴纳契税3 200元

10. 下列关于车船税的计税依据说法不正确的是（　）。

A. 载人汽车以辆为计税依据

B. 载货汽车以自重吨位为计税依据

C. 三轮汽车以辆为计税依据

D. 机动船以净吨位为计税依据

11. 下列情况符合车船税计税依据的有（　　）。

A. 车辆自重尾数在0.5吨（含）以下的，按照0.5吨计算；超过0.5吨的，按照1吨计算

B. 船舶净吨位尾数在0.5吨（含）以下的不予计算，超过0.5吨的按照1吨计算

C. 1吨以下的小型车船，一律不计算

D. 拖船按照发动机功率每2马力折合净吨位2吨确定计税依据

三、判断题

1. 本市郊区居民甲，将他在本村价值15万元的楼房出租给他人用于经营，取得年租金收入30 000元。则甲当年应纳房产税3 600元。（　　）

2. 对个人按市价出租的居民住房，可暂按租金收入征收4%的房产税。（　　）

3. 融资租赁的房屋，以该房产的计税余值计算房产税。（　　）

4. 以房产投资联营，投资者参与投资利润分红、共担风险的，按照房产原值作为计税依据计征房产税。（　　）

5. 甲将本人拥有产权的房屋出典给乙，则乙为该房屋房产税的纳税人。（　　）

6. 房产税征税对象是房屋，包括与房屋不可分割的各种附属设备和独立于房屋之外的建筑物。 ( )
7. 房屋交换，双方都不缴纳契税。 ( )
8. 契税的纳税人是我国境内土地、房屋权属的承受者，但不包括国有单位和在我国境内承受土地权属的外国企业。 ( )
9. 各省、自治区、直辖市主管税务机关可以在3%～5%的幅度税率规定范围内，按照本地区的实际情况决定契税税率。 ( )
10. 买旧房翻建新房的，应当按旧房的买价缴纳契税。 ( )
11. 以土地、房屋权属作价投资、入股的，按规定可以免征契税。 ( )
12. 车船税采取按年计征、分期预缴的办法。 ( )
13. 车辆所有人或管理人未缴纳车船税的，由使用人代为缴纳。 ( )
14. 车船使用税实行从量定额征收。 ( )

四、计算题

1. A厂本年年初房产原值4 000万元，7月1日起，企业将原值300万元、占地面积200平方米的一栋仓库出租，租期1年，每月租金收入1万元。8月1日，委托施工单位建设的一生产车间竣工并验收转入固定资产，原值500万元。房产税计算余值的扣除比例为20%。

要求：计算A厂本年度应纳的房产税。

2. B厂对原有甲、乙、丙三处房产进行改建扩建，三处房产原值分别为10万元、15万元和20万元。对甲房产进行扩建，增加房产价值8万元；更换乙房产的采暖设施，原设施原值2.2万元，更换的新设置价值4.1万元；更换丙房产的照明线（属零配件），该配件原值0.1万元，新配件价值0.16万元。

要求：计算B厂应缴纳房产税的计税依据。

3. A集团将两处房产投资于甲、乙两公司。投资于甲公司的房产价值100万元，与甲公司约定该集团参与投资利润分红并承担相应风险，本年取得分红5万元；投资于乙公司的房产价值200万元，与乙公司约定该集团不承担联营风险，每年取得固定红利2万元。另外，该A集团以融资租赁方式租入一处房产，期限

5 年，共应付租金 120 万元。当地规定允许减除房产原值的 20% 。

要求：计算 A 集团应缴纳房产税的计税依据。

4. A 公司本年发生下列房地产交易业务：

（1）出售土地使用权，取得收入 1 000 万元。

（2）购买房屋一栋，成交价格为 900 万元。

（3）受赠房屋一栋，评估价格为 500 万元。

（4）受让一面积为 600 平方米的土地使用权，缴纳全部费用为 900 万元。

要求：计算 A 企业应纳的契税税额（契税税率为 4%）。

5. B 公司于本年 5 月确认了 A 公司以土地使用权作价 1 000 000 元投入本公司作为资本。11 月又收到当地政府无偿划拨的土地一块，用于最新引进的外国果木的种植示范基地。参照同样土地市价，确定该土地使用权价格为 2 000 000 元。

要求：计算 B 公司申报缴纳的契税（契税税率为 5%）。

6. C 公司于本年 4 月购入办公楼一幢，价值 52 000 000 元，10 月份该公司将其拥有的仓库 5 间，与 D 企业拥有的一座临街厂房相交换，以用作本公司的门市部。双方协议由 C 公司补付现金 1 000 000 元。

要求：计算 C 公司申报缴纳的契税（契税税率为 4%）。

7. 员工甲获得单位奖励房屋一套，后将其与乙拥有的一套房屋进行交换。经房产评估机构评估，甲房屋价值 30 万元，乙房屋价值 35 万元，两人协商后，甲向乙支付差价 5 万元。

要求：计算甲应缴纳的契税（契税税率为 3%）。

8. 居民A于本年7月25日购小轿车一辆，至12月31日未到车辆管理部门登记。

要求：计算王某本年应缴纳的车船税（小轿车年单位税额480元）。

9. D运输公司拥有并自用以下车辆：从事运输用的自重吨位为2吨的挂车5辆，5吨的载货卡车10辆，4吨的汽车挂车5辆。

要求：计算该公司应缴纳的车船税（载货汽车的车船税为60元/吨）。

项目10

行为税类的计算与申报

一、单项选择题

1. 应纳印花税的凭证应于（　　）贴花。

A. 年度内　　B. 书立或领受时

C. 履行完毕时　　D. 开始履行时

2. 根据印花税的有关规定，营业账簿的纳税人是（　　）。

A. 立合同人　　B. 会计　　C. 立据人　　D. 立簿人

3. 在印花税的税目中，企业和个人签订的出租门店、柜台的合同，属于（　　）。

A. 技术合同　　B. 财产租赁合同

C. 仓储保管合同　　D. 产权转移书据

4. 根据印花税的有关规定，下列凭证中实行从量计征印花税的是（　　）。

A. 财产租赁合同　　B. 货物运输合同

C. 记载资金的营业账簿　　D. 其他营业账簿

5. 甲厂与乙公司签订一份运输保管合同，合同载明的费用为 50 万元（运费和保管费未分别记载）。该项合同双方各应缴纳的印花税税额为（　　）。

A. 250 元　　B. 375 元　　C. 500 元　　D. 1 000 元

6. 甲运输公司与乙生产厂家签订一份运输合同，将一批货物从丙地运往丁地，合同分别记载运输费 30 万元、保险费 10 万元、装卸费 14 万元。甲运输公司该次运输业务应缴纳印花税（　　）。

A. 120 元　　B. 150 元　　C. 200 元　　D. 270 元

7. 甲公司从乙公司租入一栋办公楼，合同约定，办公楼价值 3 200 万，月租金 20 万，租期一年，则甲公司应纳的印花税为（　　）。

A. 0. 12 万　　B. 0. 24 万　　C. 0. 32 万　　D. 0. 72 万

8. 甲乙双方签订一份保管合同，规定甲代乙保管其货物 100 吨，价值 300 万，凡是保管期间货物发生损失的，由甲赔偿，保管期 1 年，保管费 22 万。则双方就该合同各应纳印花税（　　）。

A. 220 元　B. 440 元　C. 660 元　D. 1 320 元

9. 车辆购置税的税率是（　　）。

A. 10%　B. 13%　C. 17%　D. 33%

10. 车辆购置税应纳税额的计算公式为（　　）。

A. 应纳税额 = 计税价格 × 税率　B. 应纳税额 = 计税数量 × 税率

C. 应纳税额 = 计税数量 × 单位税额　D. 应纳税额 = 计税价格 × 单位税额

11. 纳税人进口自用应征消费税的小汽车，其组成计税价格为（　　）。

A. 关税完税价格 + 关税

B. （关税完税价格 + 关税）÷（1 − 消费税税率）

C. （关税完税价格 + 关税）÷（1 + 消费税税率）

D. （关税完税价格 + 关税）÷（1 + 增值税税率）

12. 纳税人购买自用或者进口自用应税车辆，申报的计税价格低于同类型应税车辆的最低计税价格且又无正当理由的，按照（　　）计算车辆购置税。

A. 同类产品价格　B. 最低计税价格

C. 市场价格　D. 调拨价格

13. 进口自用应税车辆的纳税期限为进口之日起（　　）。

A. 10 日内　B. 20 日内　C. 30 日内　D. 60 日内

14. A 公司接受捐赠小汽车 10 辆，国家税务总局核定的同类型车辆的最低计税价格为 100 000 元/辆，小汽车的成本为 80 000 元/辆，成本利润率为 8%。则该公司应纳的车辆购置税额为（　　）。

A. 80 000 元　B. 86 400 元　C. 93 919. 04 元　D. 100 000 元

15. 纳税人购置应税车辆，应当向（　　）的主管税务机关申报纳税。

A. 车辆注册地　B. 售车方所在地　C. 购车地　D. 纳税人所在地

16. 下列车辆不属于车辆购置税征收范围的是（　　）。

A. 挂车　B. 电车　C. 农用运输车　D. 防汛部门专用车

17. A 公司购买一辆小轿车自用，支付的含税价款为 117 000 元。A 公司应纳的车辆购置税税额为（　　）。

A. 10 000 元　B. 11 000 元　C. 11 700 元　D. 12 700 元

二、多项选择题

1. 印花税的征税对象包括（　　）。

A. 合同　B. 产权转移书据　C. 账簿　D. 权利许可证照

2. 下列各项中，应当征收印花税的有（　　）。

A. 产品加工合同　　B. 工商营业执照

C. 卫生许可证　　D. 房屋产权证

3. 印花税的纳税人主要有（　　）。

A. 立合同人　　B. 立据人　　C. 立账簿人　　D. 证件领受人

4. 根据印花税有关规定，各类合同的纳税人包括（　　）。

A. 合同的当事人　　B. 合同的证人

C. 合同的担保人　　D. 合同当事人的代理人

5. 根据印花税有关规定，书立应税凭证的纳税人只涉及单方的有（　　）。

A. 立合同人　　B. 立账簿人

C. 立据人　　D. 权利许可证照的领受人

6. 印花税税率形式有（　　）。

A. 定额税率　　B. 超额累进税率　C. 比例税率　　D. 复合税率

7. 记载资金的账簿按（　　）合计金额为印花税的计税依据。

A. 实收资本　　B. 固定资金　　C. 资本公积　　D. 流动资金

8. 根据印花税法律制度的规定，下列各项中按照“产权转移数据”税目征收印花税的有（　　）。

A. 土地使用权出让合同　　B. 土地使用权转让合同

C. 商品房销售合同　　D. 融资租赁合同

9. 属于车辆购置税的应税车辆有（　　）。

A. 汽车　　B. 摩托车　　C. 电车　　D. 自行车

10. 车辆购置税的计税依据有（　　）。

A. 不含增值税的价款和价外费用　B. 最低计税价格

C. 关税完税价格 + 关税 + 消费税　D. 含增值税的全部价款

11. 下列人员中属于车辆购置税的纳税人的有（　　）。

A. 应税车辆的馈赠人　　B. 应税车辆的购买人

C. 免税车辆的受赠者　　D. 应税车辆的进口使用者

12. 下列行为中属于车辆购置税应税行为的有（　　）。

A. 应税车辆的购买使用行为

B. 应税车辆的销售行为

C. 自产自用应税车辆的行为

D. 以获奖方式取得并自用应税车辆的行为

三、判断题

1. 纳税人购买了印花税税票，就等于履行了纳税义务。（　　）

2. 对应税凭证，凡由当事人共同书立的，当事人各方都是印花税的纳税人，

应各就其所持凭证的计税金额履行纳税义务。（　　）

3. 甲、乙公司签订一份加工合同，甲公司提供价值30万元的辅助材料并收取加工费25万元，乙公司提供价值100万元的原材料。甲公司应纳印花税275元。（　　）

4. 货物运输合同印花税的计税依据包括所运货物的价款、运输费、装卸费、保险费。（　　）

5. 对房地产管理部门与个人订立的租房合同，凡用于生活居住的，暂免贴花。（　　）

6. 印花税实行由纳税人自行计算应纳税额，并按期向税务机关缴纳。（　　）

7. 无论合同是否兑现或能否按期兑现，都应当缴纳印花税。（　　）

8. 车辆购置税的纳税人是销售应税车辆的单位和个人。（　　）

9. 甲公司进口小轿车用于在国内销售，其在进口环节应缴纳车辆购置税。（　　）

10. 只要购置机动车辆，均应缴纳车辆购置税。（　　）

11. 车辆购置税税负不能转嫁，只能由纳税人负担。（　　）

四、计算题

1. A建设单位与B公司签订一份有关甲项目的勘察设计合同，勘察设计费200万元；与C公司签订一份有关甲项目的工程建设合同，工程总投资2 000万元。C公司承接A项目后，又将其中的装饰工程转包给D公司，转包合同上注明的转包工程总造价500万元。

要求：计算该工程承包中各方应纳的印花税。

2. A厂于本年3月开业经营，领受房产证、工商营业执照、商标注册证、土地使用证各一件。企业经营账册中，实收资本2 000 000元，其他营业账簿38本。当月企业与其他单位签订产品购销合同两份，合同金额分别为200 000元和500 000元。12月末，企业经批准增加投资，实收资本增加3 000 000元，资本公积增加500 000元。

要求：计算A厂应缴纳的印花税。

3. A公司购进一辆小轿车自用，普通发票注明价税合计金额117 000元。

要求：计算公司应纳的车辆购置税。

4. B 厂将自产的甲型号卡车自用于生产经营，同类车辆不含增值税价格为 5 万元/辆。

要求：计算应纳的车辆购置税。

5. C 集团进口小轿车 3 辆自用，海关核定的关税完税价格为 12 万元/辆，关税税率为 30%，消费税率 9%。

要求：计算进口环节和登记环节应纳的各种税。

附

税收征收管理法概述

一、单项选择题

1. 从事生产经营、领取营业执照的纳税人，自领取营业执照之日起（　　）日内办理税务登记。

A. 30　　B. 60　　C. 90　　D. 180

2. 停业、复业税务登记适用于实行（　　）征收方式的纳税人。

A. 查账征收　　B. 查定征收　　C. 查验征收　　D. 定期定额

3. 税务机关核发的《外出经营活动税收管理证明》（以下简称《外管证》）的有效期限一般为（　　）日。

A. 30　　B. 60　　C. 120　　D. 180

4. 纳税人在（　　）后，即可向主管税务机关申请领购发票。

A. 领取工商登记证　　B. 领取税务登记证件

C. 按规定设置账簿　　D. 按规定上报会计制度和软件

5. 若发生发票丢失，应于丢失（　　）书面报告主管税务机关，并在报刊和电视等传播媒体上公告声明作废。

A. 当日　　B. 次日　　C. 15 日内　　D. 30 日内

6. 甲单位的营业执照颁发日期为 4 月 3 日，税务登记证的颁发日期为 4 月 25 日。则应将财务会计制度、办法报送税务机关备案的法定期限为（　　）以前。

A. 4 月 18 日　　B. 5 月 10 日　　C. 5 月 24 日　　D. 5 月 30 日

7. 甲单位 2010 年 4 月份应纳税额 10 000 元，应于 2010 年 5 月 15 日前申报缴纳，但甲单位将税款延迟到 2010 年 5 月 25 日缴纳。则应缴纳的滞纳金为（　　）。

A. 50 元　　B. 55 元　　C. 500 元　　D. 550 元

8. 纳税人未按期进行纳税申报，经责令限期申报，仍逾期不办理申报。则税收机关采取的税款征收措施是（　　）。

A. 核定其应纳税额　　B. 采取税收保全措施

C. 采取强制执行措施　　D. 责令提供纳税担保

9. 从事生产经营的纳税人应自领取税务登记证件之日起（　　）内将其财务会计制度、办法报送税务机关备案。

A. 5 日　　B. 15 日　　C. 30 日　　D. 60 日

10. 根据发票管理的有关规定，纳税人已开具的发票存根和发票登记簿的保存期限是（　　）。

A. 3 年　　B. 5 年　　C. 7 年　　D. 9 年

11. 账簿、会计凭证、报表、发票、完税凭证等涉税资料，不得伪造、变造、擅自损毁。除另有规定外，应妥善保存（　　）。

A. 3 年　　B. 5 年　　C. 10 年　　D. 15 年

12. 因纳税人、扣缴义务人非主观故意的失误导致未缴或少缴税款的，税务机关在（　　）年内可以追征税款及滞纳金。

A. 1　　B. 3　　C. 5　　D. 10

13. 税务行政复议的申请人可以以口头或书面的方式，在（　　）之日起 60 日内，向复议机关提出申请。

A. 发生违法行为　　B. 结清税款及滞纳金

C. 报送纳税申报表及相关资料　　D. 接到处罚决定

二、多项选择题

1. 构成税收法律关系的要素有（　　）。

A. 主体　　B. 客体　　C. 征税对象　　D. 内容

2. 税务管理是税收征收管理工作的基础，主要包括（　　）。

A. 税务登记管理　　B. 账簿凭证管理

C. 纳税申报　　D. 纳税检查

3.（　　）是税收征收管理的起点，也是税务机关掌握税源的手段。

A. 税务登记　　B. 税务登记证

C. 设立税务登记　　D. 变更税务登记

4. 纳税人在办理停业税务登记时（　　）。

A. 如实填写停业申请登记表

B. 结清应纳税款

C. 滞纳金、罚款可暂不结清

D. 交由税务机关保管其税务登记证件、发票领购簿、所有发票

5. 根据税收征收管理的相关规定，纳税人必须持税务登记证才能办理的事

项有（　　）。

A. 开立银行账户　　B. 领购发票

C. 申请减免税　　D. 申请税务行政复议

6. 纳税人应当办理变更税务登记的事项有（　　）。

A. 到外省进行临时经营　　B. 需停业一定时期

C. 法定代表人更换　　D. 变更经营范围

7. 纳税人、扣缴义务人遗失税务登记证件的，应（　　）。

A. 自遗失税务登记证件之日起30日内向税务机关报告

B. 以书面或口头的形式报告主管税务机关

C. 如实填写《税务登记证件遗失报告表》

D. 就税务登记证件的相关信息在税务机关认可的报刊上登出遗失声明

8. 实行查账征收的纳税人，可选择的纳税申报方式有（　　）。

A. 自行申报　　B. 数据电文申报

C. 简易申报　　D. 简并征期

9. 税务机关可以要求纳税人提供纳税担保的情形有（　　）。

A. 税务机关有根据认为从事生产经营的纳税人有逃避纳税义务行为

B. 欠缴税款、滞纳金的纳税人或其法定代表人需要出境

C. 纳税人未缴清税款，就纳税争议申请行政复议

D. 纳税人未办理税务登记

10. 根据税收征收管理法的相关规定，纳税人不办理税务登记的，税务机关可以采取的措施有（　　）。

A. 处以2 000元以下的罚款　　B. 提请工商管理机关吊销其营业执照

C. 责令限期改正　　D. 没收其经营所得

11. 税务机关实施强制执行措施时，不得涉及的财产、物品包括（　　）。

A. 古玩字画　　B. 单价在1 000元以下的生活用品

C. 唯一生活住房　　D. 所抚养家属的生活必需用品

12. 税务机关采取强制执行措施的前提条件有（　　）。

A. 纳税人未按规定期限缴纳税款

B. 税务机关已责令限期缴纳税款

C. 在税务机关的限期内还未缴纳税款

D. 经县以上税务局（分局）长批准

13. 须经县以上税务局（分局）局长批准方可实施的措施有（　　）。

A. 依法拍卖、变卖所扣押的商品、货物

B. 书面通知纳税人开户行冻结纳税人相当于应纳税额的存款

C. 责成纳税人提供纳税担保

D. 查询个人的储蓄存款

14. 若纳税人自结算缴纳税款之日起 3 年内发现其缴纳的税款超过应纳税额的，可以向税务机关要求（　　）。

A. 退回多缴税款　　B. 加倍退回多缴的税款

C. 加算同期银行活期存款利息　　D. 加算同期银行定期存款利息

15. 纳税人领购发票时应提供的证件有（　　）。

A. 税务登记证件　　B. 经办人身份证明

C. 纳税人法定代表人身份证证明　　D. 财务印章或发票专用章印模

16. “税收优先权”是指征税权优先于（　　）。

A. 债权　　B. 抵押权　　C. 罚款　　D. 没收违法所得

17. 税务机关实施“阻止出境”这种税款征收措施，是针对纳税人的（　　）情形。

A. 纳税人未进行税务登记　　B. 税款已结清但未结清滞纳金

C. 有未结清税款且未提供纳税担保　　D. 未提供纳税担保

18. 税务机关可以对纳税人少缴的税款在规定的期限内追征。可以无限期追征的有因（　　）而少缴的税款。

A. 偷税　　B. 抗税　　C. 骗税　　D. 计算错误

19. 当事人对税务机关（　　）不服的，应当先申请行政复议，对行政复议决定不服的，再向法院提起行政诉讼。

A. 确认的适用税率　　B. 加收滞纳金

C. 确认的征税范围　　D. 实施的强制执行措施

三、判断题

1. 税收与税法不同，税收是法学概念，税法是经济学概念。（　　）
2. 税收法律关系的主体分为征税主体和纳税主体。（　　）
3. 在税收法律关系中，征税主体和纳税主体的法律地位是平等的。（　　）
4. 依法负有扣缴税款义务的扣缴义务人，若已办理税务登记，可不办理扣缴税款登记。（　　）
5. 各级税务机关均是税务登记的主管机关，负责办理各项税务登记，以及税务登记证的验证、换证等事项。（　　）
6. 从事生产经营、未领取营业执照、但经有关部门批准设立的纳税人，自纳税义务发生之日起 30 日内办理税务登记。（　　）
7. 外出经营报验登记是指从事生产经营的纳税人，到外县（市）进行生产经营活动时，按规定办理的税务登记。（　　）
8. 纳税人发生解散，依法终止纳税义务的，应先办理工商注销手续，再向原税务管理机关办理注销税务登记。（　　）
9. 纳税人因住所或经营地点变动需改变税务登记机关的，应在向工商管理机关办理变更、注销登记前，或住所、经营地点变动前向原税务机关办理注销税务登记，并自注销税务登记之日起30日内向迁达地税务机关办理税务登记。（　）

10. 纳税人办理变更税务登记的，经税务机关核定后，按新登记内容重新核发税务登记证件。（　）
11. 从事生产经营的纳税人，应自领取税务登记证之日起15日内设置账簿。（　）
12. 临时到本省、自制区、直辖市以外从事生产经营活动的纳税人，可凭《外管证》将从机构所在地税务机关领购的发票带至经营地填开。（　）
13. 一般纳税人应通过增值税防伪税控系统领购、开具、缴销、认证增值税专用发票。（　）
14. 增值税专用发票实行最高开票限额管理。（　）
15. 税务机关行使代位权或撤销权时，可免除纳税人尚未履行的纳税义务。（　）
16. 纳税人在减免税期间或申报期限内无应纳税额的，可不办理纳税申报手续。（　）
17. 纳税人与关联企业有业务往来时，应按实际收付款项进行收入和费用的结算，否则税务机关有权进行纳税调整。（　）
18. 担保人为纳税人提供纳税担保时，只就纳税人应纳的税款和滞纳金提供担保。（　）
19. 因税务机关的责任，使纳税人、扣缴义务人未缴或少缴税款的，税务机关在3年内可以要求纳税人、扣缴义务人补缴税款，但不得加收滞纳金。（　）
20. 合并企业继续履行被合并企业尚未履行的纳税义务。（　）
21. 纳税人在停业期间发生纳税义务的，可待复业后一并办理纳税申报。（　）
22. 税务机关在纳税检查中享有交通邮政检查权，即税务机关有权到车站、码头、机场、邮政部门等场所检查纳税人托运、邮寄的应税商品、货物。（　）
23. 税务行政复议的申请人必须是行政相对人本人，只要申请人认为其权益受到侵犯，就可以申请复议。（　）
24. 《行政复议决定书》送达申请人之日即生效。若申请人不服处理决定，可在接到决定书之日起15日内起诉。（　）
25. 为了保证税款的及时足额征收，在税务行政诉讼期间，无论何种原因，均不停止具体行政行为的执行。（　）